NUEVA EDICIÓN

GENTE JOVEN 2

LIBRO DEL PROFESOR

Pilar Carilla Cajal

Francisco Lara González

Matilde Martínez Sallés

Gente joven Nueva edición 2
Libro del profesor

Autores
Pilar Carilla, Francisco Lara y Matilde Martínez.

Coordinación editorial y redacción
Gema Ballesteros y Laia Sant

Diseño y maquetación:
Besada+Cukar y Aleix Tormo

Ilustraciones:
Javier Andrada, David Carrero, Òscar Domènech, Enric Font, Emilio Fradejas, Man, David Revilla y Martín Tognola

Fotografías:
Saul Tiff, excepto: pág. 83 www.bekia.es, p. 101 ACI/Agencia de fotografía, Gerry Pacher/ibytes.es; p. 117 www.diariodemallorca. es; p. 120 Mon y Marc Javierre; p. 124 Richard Gunion/ Dreamstime, Packelle/Fotolia, Patryck Kosmider/Fotolia, Gonzalo Cáceres Dancuart/Photaki, Flik74/Dreamstime, www.kalamazoo. es, Wavebreak Media/Photaki.

© Los autores y Difusión S.L. Barcelona 2013
ISBN: 978-84-15620-93-8
Reimpresión: mayo 2016
Depósito legal: B 24522-2013
Impreso en España por Prodigitalk

difusión
Centro de
Investigación y
Publicaciones
de Idiomas, S. L.

C/ Trafalgar, 10, entlo. 1ª
08010 Barcelona – España
Tel.: (+34) 932 680 300
Fax: (+34) 933 103 340
editorial@difusion.com

www.difusion.com

Estimado profesor, estimada profesora:

Bienvenido a **GENTE JOVEN NUEVA EDICIÓN**. Este es un método de español para adolescentes de 11 a 15 años basado en el **enfoque por tareas** y por lo tanto, en el **Marco común europeo de referencia para las lenguas: aprendizaje, enseñanza, evaluación**. Su objetivo es favorecer la adquisición de la lengua apoyándose en actividades auténticamente comunicativas, adaptadas a la edad y a la realidad de los jóvenes.

Este **Libro del profesor** contiene varios materiales que le iremos describiendo a lo largo de estas páginas:

- la *Guía didáctica*, donde le sugerimos distintas y variadas estrategias para que pueda presentar y trabajar con los materiales del método en el aula;
- las *Fichas de trabajo fotocopiables*, donde encontrará un amplio abanico de recursos para complementar las actividades que propone el método;
- las *Tablas de evaluación y autoevaluación*;
- las *Soluciones del Cuaderno de ejercicios* y
- las *Transcripciones* de todos los audios del **Libro del alumno** y del **Cuaderno de ejercicios**.

El alumno y la alumna adolescentes, ejes de todo el proceso de enseñanza

La enseñanza de ELE para adolescentes debe tener en cuenta tanto los aspectos lúdicos del aprendizaje como los objetivos globales del mismo: la formación integral de los estudiantes como futuros ciudadanos y ciudadanas y su formación intelectual para acceder a otros campos de aprendizaje, ya sean universitarios o de formación profesional.

Por esta razón, **GENTE JOVEN NUEVA EDICIÓN** da mucha importancia a la reflexión sobre las **estrategias de aprendizaje** ya que, a partir de estas, el adolescente encontrará una vía para incrementar su autonomía en el aprendizaje. Además, con el objetivo de conseguir un mayor nivel de implicación por parte del alumnado, los distintos componentes del método presentan un **aspecto gráfico** atractivo y adecuado para esta franja de edad.

También se ha tenido en cuenta la inclusión sistemática de **temas transversales** que vinculan el aprendizaje del español a otros tipos de conocimientos del mundo y tiene en cuenta la discusión de temas sociales y éticos en la programación: el respeto por el medio ambiente, la amistad, el conocimiento de uno mismo, la diversidad cultural, el acceso a las realidades culturales partiendo de las vivencias, etc.

GENTE JOVEN NUEVA EDICIÓN quiere asimismo ofrecer materiales que impliquen un aprendizaje variado y lúdico sin olvidar el imprescindible mantenimiento de la disciplina y del rigor. Las dinámicas de grupo que propone esta *Guía didáctica*, así como la diversas fichas de trabajo, de observación y de evaluación que se ofrecen, son **recursos que apoyan al profesorado** en su ardua labor de imprimir a su enseñanza un enfoque ameno y atractivo y, al mismo tiempo, de mantener pautas de conducta ordenadas y exigentes.

El enfoque por tareas

En la didáctica de las lenguas extranjeras, el **enfoque por tareas** se ha ido afianzando como el modelo actual de la enseñanza y el aprendizaje orientados al desarrollo de las competencias. Como su nombre indica, se trata de un enfoque, no de un método. El enfoque por tareas parte de la convicción de que **las personas aprendemos lenguas para hacer cosas con ellas** y, además, **aprendemos lenguas haciendo cosas con ellas: actuando**. Por eso, todo el aprendizaje se organiza alrededor de una tarea final: diseñar una página web o un anuncio publicitario, preparar un concurso cultural, inventar una civilización, participar en un concurso de relatos misteriosos, hacer un póster con consejos, etc.

El aprendizaje se articula a partir de los contenidos lingüísticos que se necesitan para realizar esa tarea final. Las actividades y los ejercicios —llamados también *tareas facilitadoras* o *intermedias*— que los alumnos deben realizar para llegar a asimilar estos contenidos lingüísticos les permitirán abordar el reto comunicativo que presenta la tarea final.

Las ventajas de este enfoque son múltiples, entre otras:

- contribuir al desarrollo de la **competencia comunicativa** ya que, de manera intrínseca, al "hacer hacer" algo a los alumnos, facilita la ejercitación de los procesos de comunicación;
- permitir vincular el proceso de aprendizaje al proceso de **uso de la lengua**;
- posibilitar la **diversidad** en el aula, ya que permite la realización de actividades de aprendizaje desde niveles de competencias diferentes.

Si desea profundizar en el tema del enfoque por tareas podrá encontrar bibliografía seleccionada, así como ejemplos de producción de algunos estudiantes en la **Web de Gente joven (http://gentejoven.difusion.es)**.

El Marco común europeo de referencia

El **Marco común europeo de referencia (MCER) para las lenguas: aprendizaje, enseñanza, evaluación** es el fruto de la investigación llevada a cabo por especialistas en lingüística aplicada y en pedagogía procedentes de todos los estados miembros del Consejo de Europa. Esta investigación se plasmó en un documento que fue editado por primera vez en 2001. La finalidad de este documento es proporcionar una **base común** para la elaboración de programas de lenguas, orientaciones curriculares, exámenes, manuales y materiales de enseñanza en Europa. Esta base común proporciona un instrumento de medición y de evaluación supranacional de las competencias de los alumnos de lenguas.

A partir de las recomendaciones del Consejo de Europa, el MCER se ha impuesto como una base didáctica común en muchos países europeos en la enseñanza de lenguas, como en su día pasó con el Nivel Umbral. Por este motivo, actualmente, autores de materiales, profesores (y, como consecuencia, los alumnos) no podemos prescindir de conocer su contenido ni de aplicarlo como guía en nuestras programaciones, ya que es el programa común europeo de enseñanza-aprendizaje de las lenguas.

El MCER se basa también en el enfoque por tareas.

"El enfoque aquí adoptado, en sentido general, se centra en la acción en la medida en que considera a los usuarios y alumnos que aprenden una lengua principalmente como agentes sociales, es decir, como miembros de una sociedad que tienen tareas (no sólo relacionadas con la lengua) que llevar a cabo en una serie determinada de circunstancias, en un entorno específico y dentro de un campo de acción concreto. Aunque los actos de habla se dan en actividades de lengua, estas actividades forman parte de un contexto social más amplio, que por sí solo puede otorgarles pleno sentido. Hablamos de «tareas» en la medida en que las acciones las realizan uno o más individuos utilizando estratégicamente sus competencias específicas para conseguir un resultado concreto. El enfoque basado en la acción, por lo tanto, también tiene en cuenta los recursos cognitivos, emocionales y volitivos, así como toda la serie de capacidades específicas que un individuo aplica como agente social."
(MCER, capítulo 2. 2.1. Centro Virtual Cervantes. Enlace: http://cvc.cervantes.es/obref/marco/cap_02.htm)

El Portfolio europeo

Como sugiere el Consejo de Europa y siguiendo las orientaciones del MCER, le recomendamos que cada alumno disponga de un **dossier** o carpeta personal (su **portfolio**) para guardar sus textos, trabajos, proyectos y cualquier tipo de material que considere oportuno. Recomendamos que se guarden en el portfolio todos los productos fruto de la sección *Nuestro proyecto*. Asimismo, le aconsejamos tener un **portfolio digital** para todos los materiales (grabaciones en audio o vídeo, presentaciones...) que van a realizar en este formato.

Además, en la sección *Aprendo lenguas* del **Cuaderno de ejercicios** se trabajan las distintas partes del Portfolio europeo: la biografía, el pasaporte y el dossier.

Si en su centro educativo ya se usa algún modelo de portfolio, usted podrá adaptar nuestras sugerencias a ese modelo.

Las tecnologías de la información y de la comunicación: TIC

En la actualidad, las TIC se han convertido en una herramienta imprescindible para la enseñanza y el aprendizaje en general y, por lo tanto, también para la enseñanza y el aprendizaje de las lenguas extranjeras. En el caso de los estudiantes adolescentes, además, las TIC suponen una fuente de motivación extra que no podemos ni debemos olvidar.

GENTE JOVEN NUEVA EDICIÓN parte de la base de que los jóvenes estudiantes a los que este curso va dirigido se mueven en un mundo tanto analógico como digital y, por lo tanto, integra el uso de las TIC de forma natural a lo largo de todo el libro y de los materiales complementarios. Sin embargo, somos conscientes de que muchos centros y aulas no disponen todavía de la dotación técnica necesaria para realizar un curso que requiera usar constantemente las tecnologías digitales sin dar alternativas.

Teniendo todo esto en cuenta, todos los Proyectos propuestos en las unidades pueden realizarse en versión analógica y en versión digital. Los alumnos podrán elaborar y presentar sus proyectos haciendo uso de los medios tecnológicos a su alcance (vídeo, grabadora, ordenador, cámara digital, teléfono móvil, pizarra digital, etc.) pero, si lo prefieren, también podrán hacerlos todos en versión analógica, es decir: actuando en directo en la clase y usando materiales como papeles, cartulinas, rotuladores, fotografías, dibujos, etc.

Algunos proyectos y actividades del libro requieren un trabajo previo de investigación y recopilación de información para el que se podrá hacer uso de internet, pero también de libros, atlas, enciclopedias, diccionarios, etc.

Finalmente, el material que ofrece la **Biblioteca USB** permite usar el **Libro del alumno** en la pizarra digital para así explotar al máximo las múltiples posibilidades que ofrecen las TIC en el aula.

La evaluación

GENTE JOVEN NUEVA EDICIÓN ofrece una evaluación al final de cada unidad. Estas evaluaciones se plantean como una herramienta que permite al profesor objetivar la evolución de los alumnos de forma continuada en las cinco competencias básicas. A la vez, Y lo que es más importante, las evaluaciones representan para los alumnos un repaso de la unidad y un medio para tomar conciencia de sus progresos.

Las evaluaciones se podrán plantear en dos sesiones de clase. En la primera se podrán realizar las actividades de comprensión lectora, comprensión oral y expresión escrita. En una segunda sesión, ya sea en la clase o bien de forma individual con el profesor, los estudiantes realizarán las actividades de expresión e interacción oral, que se habrán podido preparar en casa.

Para agilizar y facilitar la corrección de las actividades orales le proponemos que grave a sus alumnos (en audio o en vídeo) para poder escucharlos con más tranquilidad y atención. Estas audiciones también pueden servirle para trabajar la pronunciación con ellos.

Materiales de Gente joven Nueva edición

1. **Libro del alumno** (+ CD audio)
2. **Cuaderno de ejercicios**
3. **Libro del profesor**
4. **Biblioteca USB**
5. **Web de Gente joven**

1. LIBRO DEL ALUMNO

GENTE JOVEN NUEVA EDICIÓN está constituido por cuatro niveles. Cada nivel tiene un **Libro del alumno** que consta de las siguientes secciones:

1.1. UNIDADES
- *Portadilla.* Se explicitan los nuevos contenidos lingüísticos y la descripción de la tarea final. A partir de una serie de imágenes y de ejemplos de lengua en contexto se entra en contacto con el tema de la unidad con una pequeña actividad de tipo receptivo.

- *Páginas de actividades.* En las siguientes cuatro páginas se ofrecen actividades receptivas y productivas. En cada doble página se presentan nuevos contenidos, se ofrecen actividades de práctica y de reflexión y se sistematizan las cuestiones lingüísticas tratadas. Contienen, además, una sección de ayudas léxicas y gramaticales (situada en la parte inferior de cada doble página) en la que se ofrecen ejemplos cuadros. Finalmente, un **Miniproyecto** permite entrenar todos los recursos en una tarea significativa compleja.

- *Reglas, palabras y sonidos.* Se ofrecen sistematizaciones y actividades focalizadas en la forma para seguir practicando las estructuras lingüísticas de la unidad. Se profundiza en el vocabulario con presentaciones muy visuales de aspectos léxicos importantes y actividades para practicarlos y memorizarlos. Además, se destacan algunos aspectos del sistema fonético del español y se aprende a discriminarlos, a pronunciarlos y a escribirlos correctamente.

- *La Revista.* Esta sección ofrece temas relacionados con el contenido de la unidad en formatos muy diversos: textos informativos, canciones, poemas, una pequeña sinopsis del vídeo y un cómic protagonizado por una pandilla de amigos, "La Peña del garaje". Todo ello orientado a presentar de una forma amena algunos aspectos de la cultura y de la sociedad hispanohablante.

- *Nuestro proyecto.* Aquí se propone la tarea o las tareas finales que culminarán el trabajo de la unidad. Las tareas pueden hacerse individualmente o en grupo, en formato analógico o digital, y requieren poner en juego varias competencias y usar lo que se ha aprendido a lo largo de la unidad.

- *Evaluación.* Al final de cada unidad se ofrecen cinco actividades que recogen los contenidos esenciales de la misma para cuya realización se deberán usar las cinco competencias básicas: la comprensión escrita, la comprensión oral, la expresión escrita, la expresión oral y la interacción oral. La *Guía didáctica* sugiere criterios de evaluación para las mismas.

1.2. GRAMÁTICA Y COMUNICACIÓN
En el compendio de gramática y de recursos para la comunicación situado al final del libro, el alumno puede consultar sus dudas y encontrar ejemplos de todos los recursos para comunicar en español. Incluye una lista de verbos conjugados.

1.3. MI VOCABULARIO
En *Mi vocabulario esencial* se encuentran las palabras más importantes libro ordenadas por unidades. A continuación, *Mi vocabulario A-Z* ofrece las mismas palabras ordenadas alfabéticamente. Finalmente se ofrece un *Glosario de términos gramaticales*.

1.4. MAPAS
Los *Mapas culturales, físicos y políticos de España y de Hispanoamérica* son un material de consulta que se podrá usar en cualquier momento del curso.

1.5. EL CD AUDIO
Estas grabaciones de diálogos y de situaciones de comunicación diversas podrán ser explotadas en clase o bien en casa de manera individual por los propios alumnos, usando el **Cuaderno de ejercicios** o bien las actividades interactivas de la **Web de Gente joven**. Contiene las audiciones del **Libro del alumno** y del **Cuaderno de ejercicios**.

2. CUADERNO DE EJERCICIOS

Con el **Cuaderno de ejercicios** los alumnos podrán practicar todos los temas de la unidad tanto en clase como en casa. Puesto que cada aprendiz tiene distintas capacidades y necesita un ritmo y un tiempo distinto de entrenamiento para aprender, las actividades ofrecen distintos niveles de dificultad y atienden a formas y estrategias de aprendizaje diversas.

En las unidades del **Cuaderno de ejercicios** podrá trabajar con estas secciones:

- *Descubro, observo y uso.* Siete páginas con ejercicios de observación, descubrimiento de la lengua y práctica de las estructuras y la gramática que complementan las propuestas del **Libro del alumno**.

- *Leo, escribo y escucho.* Dos páginas que ponen especial atención en las competencias con las que se puede trabajar de forma autónoma: la comprensión escrita, la expresión escrita y la comprensión oral.

- *Practico mi vocabulario.* Actividades creativas, lúdicas y que permiten la personalización para recoger, memorizar y practicar el vocabulario de la unidad.

- *Yo y mis cosas.* Una sección que permite a los alumnos expresar su mundo personal en español.

- *Aprendo lenguas.* Una sección para reflexionar sobre sobre la propia forma de aprender lenguas, siempre siguiendo las pautas del MCER.

- *Mapas de España y de Latinoamérica.* Mapas políticos mudos para ayudar al estudio de los principales países y capitales.

3. LIBRO DEL PROFESOR

El **Libro del profesor** contiene:

3.1. GUÍA DEL PROFESOR

Le ofrecemos sugerencias de explotación para cada una de las actividades del Libro. Estas sugerencias se han agrupado según los tres tiempos posibles del trabajo en clase: ANTES DE EMPEZAR, CÓMO LO HACEMOS y PARA IR MÁS LEJOS; en algunos casos, además, estarán encabezadas por el apartado HAY QUE SABER.

A continuación, le ofrecemos la descripción de estos apartados, además de la explicación de cada una de las secciones o de los iconos que usted encontrará en esta **Guía.**

HAY QUE SABER:

En este apartado se facilitan explicaciones y claves para entender algunos temas culturales relacionados con el contenido de las actividades.

Antes de empezar

Se ofrecen propuestas de actividades previas a la realización de la actividad propuesta en el Libro.

Cómo lo hacemos

Se sugieren las dinámicas y los procedimientos de clase que se pueden seguir para realizar las actividades del Libro.

Para ir más lejos

Orienta sobre posibles ampliaciones de cada actividad, dentro o fuera del aula. El profesor encontrará en este apartado recursos para atender a la diversidad de sus alumnos.

Solución

Se facilitan las soluciones de las actividades de las unidades y de algunas actividades propuestas en la Guía.

Criterios de evaluación (sugerencia)

Cuando es conveniente, se ofrecen sugerencias de criterios de evaluación de la producción oral y escrita, además de unas fichas y tablas de evaluación (en el **Material complementario fotocopiable**), que explicaremos más adelante.

➤ CE: 1, 3 y 4 (p. 22)

Se hace referencia a los ejercicios del **Cuaderno de ejercicios** que están relacionados con la actividad que se está trabajando.

Fichas de trabajo fotocopiables

 F1 Se ha preparado un repertorio de fichas fotocopiables con actividades y recursos que apoyan las actividades del Libro que usted encontrará al final del mismo, en el apartado con este nombre. Para facilitar su localización y su uso, el icono con el número de ficha correspondiente aparece en el lugar y momento en que la *Guía didáctica* recomienda su uso.

Fichas de trabajo proyectables

 P1 El hecho de disponer de un proyector en el aula abre un mundo de posibilidades de trabajo en gran grupo, fundamentalmente de puesta en común y recogida de resultados. La *Guía didáctica* sugiere distintos momentos y maneras de usar estas diapositivas reforzando el planteamiento previo o posterior de las actividades del libro. Los proyectables se encuentran en la **La biblioteca USB**.

Tablas de evaluación

 Te1 - **Tablas de evaluación (Te) para el profesor.** Se ofrecen tres modelos de tablas de evaluación para que el profesor evalúe y co-evalúe la expresión oral espontánea y las actividades orales en grupo.

 Ta1 - **Tablas de autoevaluación (Ta)**, en las que se pide al alumno que evalúe diferentes estrategias y competencias, con el fin de que tome las riendas

de su aprendizaje. Con este icono, le sugerimos el momento en el que puede hacer uso de la ficha.

TeNP1
- **Tablas de evaluación de Nuestro proyecto (TeNP).** Sirven para evaluar cada de las tareas propuestas en las unidades, tanto por parte del alumno como por parte del profesor.
- **Tarjetas.** Sirven para premiar a los alumnos o a los grupos que han destacado en distintas habilidades relacionadas con el español: la expresión oral espontánea, la colaboración en grupo, la presentación de los trabajos, la solidaridad, los conocimientos de gramática o de ortografía...

3.2. MATERIAL COMPLEMENTARIO FOTOCOPIABLE

- **Fichas fotocopiables**
Entre seis y ocho fichas de trabajo por unidad para repartir en la clase y trabajar con las propuestas de la *Guía didáctica*.

- **Tablas de evaluación**
Tres tablas de evaluación para el profesor, cinco tablas de autoevaluación para los alumnos y seis tablas para evaluar los todos los Proyectos de las unidades.

3.3. SOLUCIONES DEL CUADERNO DE EJERCICIOS
Se dan las soluciones a todos los ejercicios del **Cuaderno de ejercicios**.

3.4. TRANSCRIPCIONES
- Se facilitan las transcripciones de los documentos audio que contiene el CD.

4. BIBLIOTECA USB
Está concebida como un compendio de material apto para ser proyectado (con pizarra digital o simplemente con un proyector) o bien impreso que ayudará al profesor a trabajar con los materiales de **GENTE JOVEN NUEVA EDICIÓN**. Con este material el profesor no solo podrá sacar el máximo partido de sus clases, sino que también podrá atender a las necesidades específicas de los estudiantes que tienen distintos ritmos y requieren, por ejemplo, un trabajo más centrado en elementos visuales, más lento o individualizado.

La **Biblioteca USB** es la herramienta que reúne todo material complementario que existe en el método **GENTE JOVEN NUEVA EDICIÓN** en un solo soporte:

- *Libro del alumno para pizarra digital*
- *Fichas de trabajo proyectables*
- *6 Vídeos (con y sin subtítulos) + Fichas de trabajo*
- *2 Unidades de repaso + Soluciones*
- *Exámenes*
- *Glosarios traducidos a varios idiomas*
- *Guía didáctica*
- *Soluciones del Cuaderno de ejercicios*
- *Transcripciones*
- *Fichas de trabajo imprimibles*

- *Tablas de evaluación*

La **Biblioteca USB** es un material práctico e imprescindible para sacar todo el partido a la gran cantidad de recursos que ofrece el método.

5. WEB DE GENTE JOVEN
http://gentejoven.difusion.com

Los usuarios de **GENTE JOVEN NUEVA EDICIÓN**, tanto alumnos como profesores, encontrarán en la web materiales de apoyo que posibilitarán el trabajo totalmente autónomo de los alumnos y ofrecerán a los profesores más recursos para sus clases y la posibilidad de estar en contacto con otros profesores usuarios del método.

- **Para el alumno**: actividades interactivas de léxico y gramática, ejercicios para trabajar con los audios y los vídeos y otros materiales de apoyo al aprendizaje.

- **Para el profesor**: numerosos recursos de apoyo para sus clases, bibliografía sobre metodología y didáctica y un foro para compartir experiencias con otros usuarios de **GENTE JOVEN NUEVA EDICIÓN**.

Consejos y deseos finales

La libreta y el cuaderno oral. Consideramos importante que los alumnos trabajen habitualmente en una **libreta** o cuaderno de hojas troqueladas para que puedan ser clasificadas posteriormente con anillas. También nos parece muy recomendable que los alumnos tengan un "**cuaderno oral**", es decir, sus producciones orales guardadas en su ordenador o en cualquier dispositivo (teléfono móvil, mp3...) en el que puedan almacenarlas. Consideramos que es un instrumento vital porque apoya, estimula y fija de alguna manera la competencia oral, cuyo seguimiento y evaluación siempre se dejan un poco de lado por falta de instrumentos objetivos.

Estimado profesor, estimada profesora. Este **Libro del profesor** quiere ser una manera de compartir lo que inventamos para mejorar nuestra práctica de docentes. Una estrategia para animarnos mutuamente en la dirección que nos hemos fijado: motivar a nuestros alumnos en el aprendizaje del español y motivarnos a nosotros mismos utilizando nuevos materiales para dinamizar nuestra clase de lengua. Les deseamos una aventura apasionante, en su clase, cada día. Y para todos nosotros, una docencia lúdica.

Índice

Guía didáctica

Fichas de trabajo fotocopiables

Tablas de evaluación

Soluciones del Cuaderno de ejercicios 145

Transcripciones 161

Nota sobre el tratamiento del masculino y del femenino en GENTE JOVEN NUEVA EDICIÓN.

A lo largo de este libro nos referimos muchas veces a *los alumnos* utilizando el plural genérico. De la misma manera, solemos hablar de *los profesores*. Sabemos que, a pesar de que la utilización del genérico en masculino es gramaticalmente correcta, no siempre lo es políticamente. Para atender a este problema nos planteamos varias soluciones: utilizar términos colectivos (*el alumnado, el profesorado*); utilizar la barra para separar el masculino del femenino (*los / las alumnos/as*); utilizar siempre la doble apelación (*los alumnos y las alumnas*), pero ninguna de ellas nos satisfacía por ser artificiales y farragosas. Decidimos, por lo tanto, usar el genérico masculino para no sobrecargar el texto con inevitables repeticiones en cada enunciado.

UNIDAD 1
¡ADIÓS AL VERANO!

- Presentarse. Le sugerimos dos actividades para memorizar los nombres de todos sus alumnos, para integrar a los nuevos y para crear o reforzar el sentimiento de pertenencia al grupo. Antes, preséntese a sus alumnos: diga su nombre y pídales que digan el suyo, uno a uno. Puede hacerlo lanzando una pelota.

- El apretón de manos. Una vez que ya conocen el nombre de todos, dígales que disponen de tres minutos para saludar a todas las personas de la clase mediante un gesto físico (apretón de manos, beso, abrazo, palmada...) y diciendo unas palabras de toma de contacto y su nombre: **Hola, Peter, ¿qué tal...?** Después, puede preguntarles cómo creen que suelen saludarse los chicos de su edad en España o en Latinoamérica. Si puede, proyecte una escena de una serie televisiva o película para que lo vean.

- Me voy de viaje con... Esta actividad para memorizar los nombres es muy útil cuando hay muchos alumnos nuevos en clase. Sirve, también, para repasar el vocabulario aprendido el año anterior. Disponga a sus alumnos en círculo. Empiece usted con la primera frase: **Me voy de viaje con Michael y me llevo una maleta roja.** Michael repite la frase y añade el nombre de un compañero y de un objeto: **Me voy de viaje con el profesor y con Eva y me llevo una maleta roja y unas gafas de sol.** Eva repite la frase, añadiendo un compañero y un objeto: **Me voy de viaje con el profe, con Michael y con Paul y me llevo una maleta roja, unas gafas de sol y un chubasquero azul.** Y así sucesivamente.

Dos semanas en Venezuela

Antes de empezar
- Pida a sus alumnos que observen la portadilla y pregúnteles qué ven. Como suponemos que todos los alumnos conocen Facebook y, además, seguramente participan en alguna red social, dígales que expliquen para qué usan ellos las redes sociales. Escriba una lista en la pizarra con todas las ideas que vayan saliendo: compartir información, chatear, colgar fotos, escribir comentarios, pinchar o seleccionar información, etc.

- Coménteles a continuación que una chica ha colgado en su portal algunas fotos sobre sus últimas vacaciones. Pregúnteles cómo se llama la chica y qué creen que ha hecho en sus últimas vacaciones. Aproveche cualquier información que los alumnos le den para activar su participación y repasar contenidos de las lecciones estudiadas en el primer nivel. Intente darles desde el principio el máximo de *input* en español que pueda con comentarios y preguntas del tipo: **¿Cómo es María Elena? ¿Cuántos años tiene? ¿Qué le gusta?¿Dónde ha estado de vacaciones? ¿Se habla español en Venezuela? ¿Dónde está Venezuela? ¿A qué estación del año pertenecen las fotos?**

- Si nunca lo han comentado y le parece oportuno, recuérdeles dónde está situado Venezuela (en el trópico). En esa zona del planeta la temperatura es cálida, bastante regular a lo largo de todo el año y hay dos estaciones diferenciadas: la estación seca (de octubre a marzo) y la lluviosa (de abril a septiembre).

Cómo lo hacemos
- Lea con los alumnos las frases sobre lo que ha hecho María Elena en Venezuela y explique todas las palabras que no conozcan. Dígales que deberán relacionar las frases con las imágenes. Comente a sus alumnos que algunas frases las podrán relacionar con más de una imagen. Pueden hacerlo individualmente o en parejas.

P1

- Si dispone de los medios necesarios y desea hacer la actividad en gran grupo y con algunas frases más, muestre el proyectable 1 con las distintas fotos de la portadilla y pida a sus alumnos que digan qué frase corresponde a cada imagen.
- Aunque la siguiente actividad profundizará sobre el tema, puede comentar ya a los alumnos que en todas las frases aparece el pretérito perfecto. Recuerde las formas si lo considera oportuno.
- Corrija el ejercicio en gran grupo.

Solución

Información	Fotos
Ha visitado a sus familiares.	2, 5, 7
Ha visto animales.	8
Ha hecho deporte.	5
Ha descansado.	2, 3
Ha probado la comida tradicional de Venezuela.	4, 6
Ha estado en una gran ciudad.	1

F1

Para ir más lejos

- <u>Bingo del verano.</u> Este juego debe ser realizado por todo el grupo y es un buen sistema para recordar el pretérito perfecto y vocabulario sobre las vacaciones. Si lo cree necesario, escriba en la pizarra los participios de los verbos que aparecen en la ficha para que puedan consultarlos. Se trata de encontrar a diferentes personas de la clase que hayan hecho, durante el verano, las actividades indicadas en las casillas de la ficha 1. Tienen que formular la pregunta con el verbo conjugado (en la hoja, los verbos están en infinitivo). Por ejem-

plo: **viajar al extranjero > ¿Has viajado al extranjero este verano?** Si la respuesta es afirmativa, se le pedirá al compañero que firme en la casilla correspondiente. Gana el alumno que consiga completar primero su ficha con las firmas de sus compañeros. Muy importante: uno no puede firmar en su propia hoja. ¡Y el profe también juega!
- Pida a los alumnos que al día siguiente traigan fotos de sus vacaciones para mostrarlas al resto de la clase. Sería una buena idea si usted trajera también algunas fotos para compartir con la clase. Van a usarlas para realizar la actividad 1D.

LAS VACACIONES DE MARTÍN

1. ¿Qué has hecho este verano?

Antes de empezar

- Escriba en la pizarra la palabra **vacaciones** y pida a sus alumnos que realicen una lluvia de ideas sobre qué les sugiere la palabra. Por turnos, pueden levantarse y escribir todas sus ideas o puede usted mismo ir escribiendo lo que los alumnos vayan comentando. Deje esta selección de vocabulario escrita en la pizarra porque les servirá un poco más tarde. Es muy posible que algún alumno sugiera la palabra **campamento** en algún momento. Si no, propóngala usted mismo y pregúnteles por su significado.
- Intente, en la medida de lo posible, dar las explicaciones en español. Es la mejor forma de que los alumnos vayan acostumbrándose a la dinámica de usar el español en clase. Sea constante y anímelos a que le pregunten también en español

P2

- Si lo desea, use el proyectable 2 para completar los dos mapas mentales sugeridos con la ayuda de algunas imágenes. Encontrará un mapa con la palabra **vacaciones** en el centro y otro con la palabra **campamento**.

Cómo lo hacemos

A.
- Explique a sus alumnos que Martín, el protagonista de esta actividad, es un chico que ha ido de vacaciones a un campamento durante dos semanas. Aunque lo van a conocer un poco más adelante, en la actividad 2, pregunte a sus alumnos cómo se lo imaginan. Dígales que después podrán comprobar todas sus suposiciones.
- A continuación pregúnteles si alguno ha estado alguna vez en un campamento. Como actividad de vocabulario, los alumnos tendrán cinco minutos para, en parejas y con la ayuda del dicciona-

rio, escribir en sus libretas una lista de actividades que pueden hacerse en un campamento. Haga que todas las parejas lean por turnos sus listas.

B.
- Explique a sus alumnos que algunas personas aprovechan sus viajes y vacaciones para escribir un diario. Pregúnteles si alguno de ellos sabe qué es y/o ha escrito alguna vez un diario o cuaderno de viaje. Luego, coménteles que van a leer, individualmente y en silencio, el diario de Martín.
- Antes de leerlo, retome la lluvia de ideas sobre la palabra vacaciones, las listas de vocabulario de la actividad anterior y comente a sus alumnos que, como estrategia previa a la lectura de un texto, es una buena idea recordar de alguna forma (lista de palabras, mapa mental, esquema, lluvia de ideas, etc.) el vocabulario que ya conocen.
- Seguidamente, y una vez leído el texto, pida a los alumnos que escojan las dos informaciones correctas de entre las cinco posibilidades propuestas y que justifiquen sus respuestas.

Solución

> Martín...
> 2. ha estudiado una lengua extranjera en el campamento.
> 5. se ha duchado con agua fría.

- Corrija la actividad en gran grupo y luego pregunte a sus alumnos si recuerdan el nombre del tiempo del pasado (pretérito perfecto) que aparece en el texto. Si lo considera oportuno puede recordar en este momento con sus alumnos las formas de este tiempo o esperar hasta el siguiente apartado.

C.
- Haga observar a sus alumnos que en el texto han visto un tiempo verbal y una perífrasis que ya conocían (el pretérito perfecto e **ir a** + infinitivo) y una perífrasis nueva: **estar** + gerundio. Infórmeles de que en esta unidad van a repasar y a ampliar el pretérito perfecto con formas nuevas de usarlo, y van a conocer la perífrasis nueva. Llámeles

la atención sobre el gerundio que aparece en el ejemplo, **pasando**, y dígales que seguro que podrán deducir qué verbos están en gerundio.

- Pida a sus alumnos que dibujen en sus libretas una tabla como la del ejercicio y que la completen con los verbos del diario de Martín.

Solución

Ir a + infinitivo	Pretérito perfecto	Estar + gerundio
vamos a construir	ha sido	estamos durmiendo
va a mandar	(lo) he pasado	(lo) estoy pasando
va a ayudar	hemos montado	estamos aprendiendo
	hemos cenado	
	hemos parado	
	hemos hecho	
	nos hemos bañado	
	han dicho	
	han empezado	
	ha pasado	
	he conocido	
	han enseñado	
	ha terminado	

P3

- Corrija la actividad en la pizarra. Si lo desea, puede mostrar el proyectable 3 con la corrección.
- Una vez hecha la corrección, pregunte a sus alumnos: **¿Para qué usa Martín estos tiempos y perífrasis verbales en su diario?** Pida a sus alumnos que lean las tres frases de la cajita y las completen con el nombre de los tiempos o de las perífrasis verbales de la tabla.

Solución

Con **ir a** + infinitivo habla de algo futuro.

Con **estar** + gerundio habla de algo que pasa durante el tiempo en el que escribe el diario.

Con el **pretérito perfecto** habla de algo pasado.

- Tras la corrección, comente a sus alumnos que en el curso pasado vieron el pretérito perfecto para hablar de cosas que habían o no habían hecho alguna vez en su vida (**Nunca he ido en kayak**). Explíqueles que ahora van a ver que, el pretérito perfecto se usa, además, para hablar del pasado cuando lo vinculamos, en cierta forma, al presente, al momento en el que hablamos. Dígales que en este caso se usa muchas veces con marcadores temporales como **este verano**, **este fin de semana**, **este año**, etc. Invítelos a localizar marcadores de este tipo en el diario de Martín.
- Para recordar la perífrasis **ir a** + infinitivo, diga a sus alumnos que hagan la actividad 1 (p. 15) del Cuaderno de ejercicios. Puesto que se puede usar también para expresar intenciones, puede reservar esta actividad para más adelante, cuando explique el apartado *Expresar intenciones*.

- Puede revisar ahora con sus alumnos el apartado *Estar + gerundio* (p. 13) para que se familiaricen con la formación de esta perífrasis. Pida a sus alumnos que den algunos ejemplos más usando la misma estructura. Para seguir trabajando con esta perífrasis, diga a sus alumnos que en casa o en clase realicen los ejercicios 6 (p. 8) y 2 (p. 15) del Cuaderno de ejercicios. Si lo considera oportuno dígales que existen algunos gerundios irregulares como **leyendo**, **durmiendo** o **diciendo**.
- Si lo desea, puede profundizar ahora en el trabajo sobre este tiempo y perífrasis verbal en los apartados *Usos de estar + gerundio* y *El pretérito perfecto. Formación y usos* de la sección REGLAS, PALABRAS Y SONIDOS (p. 16). Pida a sus alumnos que, en clase o en casa, realicen los ejercicios 3 y 4.

D.

- A continuación remítalos al apartado *Las vacaciones* (p. 12), lea los ejemplos y pida a sus alumnos que den algunos ejemplos más usando los mismos marcadores.
- Diga a sus alumnos que se agrupen en parejas y que hablen sobre sus últimas vacaciones de verano. Deberán escribir en sus libretas tres cosas que el compañero haya hecho.
- Remita también a sus alumnos al apartado *Preguntar por las vacaciones* (p. 12), donde aparece una selección de preguntas muy prácticas para hablar sobre el tema y dígales que las usen.
- Si sus alumnos y usted han traído fotografías o material gráfico sobre sus vacaciones a clase, pueden hacer esta actividad con el apoyo de este material. Pídales que describan las fotos a sus compañeros y que les cuenten qué han hecho, dónde han estado, qué han comido, etc. Tenga en cuenta que la evaluación de la interacción oral que se propone al final de esta unidad es una actividad muy parecida a esta, que puede servirles como preparación.
- Para finalizar, haga una puesta en común en gran grupo con las experiencias de todos los alumnos.
- Puede sugerir a sus alumnos que en casa o en clase realicen el ejercicio 2 del Cuaderno de ejercicios.

Para ir más lejos

F2

- ¿Qué tal las vacaciones? Distribuya a sus alumnos en grupos de cuatro y reparta una copia de la ficha 2 y un sobre para cada grupo. Dígales que recorten la ficha por las líneas de puntos y que metan todos los papelitos en el sobre. Cada miembro del grupo debe sacar un papelito del sobre y hablar sobre la información escrita en el papel. Si lo cree necesario, haga hincapié en que deben usar el pretérito perfecto para hablar de **este verano**.
- Para activar de nuevo y recordar de una forma visual y "artística" el vocabulario sobre las vacaciones puede hacer un acróstico con sus alumnos. Reparta hojas de papel de diferentes colores a sus alumnos y dígales que escriban la palabra **vacaciones** verticalmente, de arriba hacia abajo. Los alumnos deberán buscar una palabra o expresión

relacionada con el tema, que empiece por **v**, **a**, **c**, **a**, etc. y escribirla en su hoja de papal. Al final, haga que sus alumnos lean todos los acrósticos y decoren el aula con ellos.

V iajar
A migos
C ampamento
A campar
C omer helados
I talia
O toño
N adar
E scribir un diario
S andalias

2. El blog de Lalatina

HAY QUE SABER:

■ La Latina: para informarse sobre las peculiaridades de este barrio de Madrid, le sugerimos que remita a sus alumnos al texto que figura en la página 39 del Libro del alumno.

Antes de empezar

- Pida a sus alumnos que lean el título de la actividad. Pregúnteles si saben qué es un blog y qué tipo de información suele aparecer en ellos. Pregúnteles también si pueden deducir qué es Lalatina.
- Coménteles que al final de la unidad ellos mismos tendrán que crear el blog de su clase como proyecto final.

Cómo lo hacemos
A.
- Diga a sus alumnos que miren la foto que ilustra el blog de Lalatina y lean el texto en el que se presenta al grupo. Pídales que observen esta forma de presentarse y que la comparen con la que ellos ya conocen de unidades anteriores. Pregúnteles qué persona verbal (**nosotros**) se usa en el texto y por qué.
- Comente a sus alumnos que hasta ahora ellos han aprendido a presentarse de forma individual usando la primera persona (**yo**) pero que esta vez el texto presenta y describe a todo un colectivo o grupo.
- Para activar y repasar conocimientos anteriores, pregúnteles qué información pueden dar sobre este blog. Para ayudarles, pregúnteles qué es, quiénes integran el grupo, cómo son, cuántos son, qué hacen, dónde estudian, etc.

Pista 01
B.
- Anuncie que van a escuchar una entrevista radiofónica a Martín y a Adriana, dos integrantes del grupo, en la que ellos mismos se presentan.

- Pase la grabación una vez y pida a sus alumnos que completen la ficha personal de Martín según sus respuestas. Ponga la audición una segunda vez.
- Corrija el ejercicio de la manera que crea conveniente: en parejas, en gran grupo, en la pizarra…

Solución

Ficha personal
Me llamo **Martín Salamanca**. Tengo **15** años. Vivo en **Madrid, en el barrio de Lalatina**. Lo que más me gusta es **hacer deporte y leer**. Lo que menos me gusta es **estudiar Matemáticas**. Actualmente **estoy preparando una obra de teatro**. Mi sueño es **viajar por todo el mundo**.

C.
- Vuelva a poner la entrevista. Los alumnos deberán anotar en sus libretas las preguntas que la locutora realiza a Martín.

Solución

¿Cuáles son tus aficiones? ¿Qué es lo que más te gusta? ¿Qué clase de libros te gustan? ¿Qué es lo que menos te gusta? ¿Qué estás haciendo actualmente? ¿Cuáles son tus sueños?

- Llámeles la atención sobre la pregunta de la locutora **¿Qué estás haciendo actualmente?** y pregúnteles por la perífrasis **estar** + gerundio. Pregúnteles por qué creen que se usa en esta pregunta.
- Pregunte a sus alumnos qué creen que significa la palabra **sueño** y llámeles la atención sobre los dos significados de esta palabra (uno relacionado con dormir y otro relacionado con los deseos). Estos dos significados aparecen en el nombre del grupo El sueño de Morfeo y en la letra de la canción que aparece en la sección LA REVISTA.
D.
- Repase con sus alumnos el apartado *Pedir información personal* (p. 13) y agrupe a sus alumnos en parejas para que practiquen estas preguntas y sus respuestas. Asigne a cada miembro de las parejas una letra, A o B.
- Deles un par de minutos para que practiquen y, transcurrido este tiempo, dígales que solo los alumnos B deberán cambiar de pareja y sentarse con un alumno A. Y así sucesivamente. Esta es una buena forma de ir cambiando de parejas de una forma rápida y ordenada.

Para ir más lejos
- Preguntando se conoce a la gente. Para activar sus conocimientos de unidades anteriores, pida a sus alumnos que individualmente escriban en sus libretas otras preguntas que recuerden y que

también sirvan para pedir información personal sobre una persona.

- Para corregir y completar sus listas, los alumnos deberán ir moviéndose por la clase y comparar sus libretas con las del resto de los compañeros. Anímelos a que interactúen en español. Propuestas posibles:

  - ¿De dónde eres?
  - ¿Qué / Cuántas lenguas hablas?
  - ¿Tienes hermanos?
  - ¿Tienes alguna mascota?
  - ¿En qué colegio estudias?
  - ¿Cómo es tu carácter?
  - ¿Tienes aficiones?
  - ¿Cuál es tu color favorito?
  - …

- Distribuya a la clase en parejas y dígales que se pregunten entre ellos usando las preguntas que han recopilado en sus libretas.

F3

- Hablando se conoce a la gente. Haga copias de la ficha 3, recórtela y meta todos los trozos de papel en un sobre para cada grupo. Distribuya a sus alumnos en grupos de cuatro o cinco. Cada miembro del grupo saca un papelito del sobre y habla

sobre el aspecto de su personalidad que aparece indicado en el papel.

MINIPROYECTO

- Diga a sus alumnos que cada uno de ellos, con la información que le ha dado su compañero en la actividad 2D, deberá realizar una ficha como la de Martín. Los alumnos comprobarán que todo lo que se escriba sobre él o ella sea correcto.
- Explique a sus alumnos que este material les servirá para la realización del proyecto final de esta unidad. Podrán pegar todas las fichas que hayan escrito en un cartel o colgarlas en el blog de la clase.

F4

- Esta actividad puede ser interesante para repasar el vocabulario del curso pasado y para conseguir, desde principio de curso, que sus alumnos se sientan cómodos haciendo actividades teatrales. En grupos de seis u ocho, los alumnos preparan su juego de roles a partir de las consignas que reciben en su ficha de estudiante (Ficha 4A). Todos los alumnos actúan también como observadores (Ficha 4B) de los otros grupos.

▶ CE: 1 (p. 5), 2 (p. 6), 4 (p. 7) y 1 (p. 12)

TENGO GANAS DE EMPEZAR

1. Los vecinos del número 13

Antes de empezar

- Diga a sus alumnos que no abran el libro. Infórmeles de que van a leer una historieta (o cómic) ambientada en los últimos días de vacaciones y en los primeros días del nuevo curso, y que en ella ocurre una aventura.

P4

F5

- Muestre a sus alumnos el proyectable 4 o distribuya fotocopias de la ficha 5. Déjeles que la miren y estimule su imaginación ayudándoles con las siguientes preguntas:

  ¿Cómo se llaman? ¿Cuántos años tienen? ¿Quiénes son? ¿Qué hacen? ¿Dónde están? ¿Te parece que se divierten o que se aburren? ¿Te gustaría estar con ellos? ¿Por qué?, etc.

- Haga una puesta en común de forma oral. Tendrá que ayudarlos facilitándoles el vocabulario necesario. Insista en que pregunten: ¿Cómo se dice … en español? y que lo repitan después otra vez ellos solos.

- Si sus alumnos han utilizado GENTE JOVEN NUEVA EDICIÓN 1 en el curso anterior, ya conocerán el nombre de los personajes de la historieta, excepto a Ártemis y a su familia, que son los personajes nuevos. Hágales preguntas para que recuerden a los protagonistas y el argumento del cómic. Tras la puesta en común, anote únicamente los nombres que le hayan dicho en la pizarra o en el proyectable. Por último, pida a sus alumnos que atribuyan un nombre a cada personaje y que lo escriban en la ficha. Únicamente deben tener en cuenta si es nombre de chico o de chica.
- Si lo desea, pida a sus alumnos que inventen una historia con las viñetas que ven. No es necesario que escriban texto en cada viñeta, únicamente deberán explicar qué creen que sucede.

Cómo lo hacemos
A.

- Diga a sus alumnos que a continuación van a descubrir lo que el dibujante del cómic ha imaginado.

Pista 02

- Dígales que abran el Libro del alumno por la página 14 y pídales que escuchen la grabación y que sigan el texto con el libro pero solo hasta el final de la página 14. Pare la audición en ese punto y pregunte:

¿A vosotros también os parecen raros Ártemis y su familia? ¿A qué creéis que se dedican sus padres? ¿Por qué creéis que se cambian de casa?

- Haga una puesta en común rápida y anote las posibles profesiones de los padres en la pizarra.
- Dígales que pasen a la página siguiente y que lean y escuchen hasta el final. Si lo considera oportuno, ponga la audición de nuevo y hágales leer y escuchar otra vez la historieta.
- Tras la audición, los alumnos deberán abrir sus libretas y, en parejas, completar por escrito las frases de la actividad. No olvide recordarles que hay varias posibilidades para su realización.
- Después, en grupos de cuatro, pondrán en común sus informaciones durante cinco minutos.
- Mientras tanto, paséese por la clase y anime a los alumnos a que hablen español entre ellos.
- Al final, haga una puesta en común con toda la clase en la que habrá un "portavoz" de cada grupo.

Solución (sugerencia)

1. La peña del garaje" es un grupo de amigos que viven en la misma calle, van al mismo cole y forman un grupo musical de hip-hop.
2. Las clases empiezan el lunes 13 de septiembre.
3. Hugo no tiene ganas de empezar el curso porque no ha terminado los deberes de verano.
4. Tienen una compañera nueva que vive en el número 13 y se llama Ártemis.
5. Los chicos creen que la familia de Ártemis es muy rara.
6. Ártemis invita a los chicos a merendar a su casa.
7. Allí descubren la verdad: la madre de Ártemis es escultora y el padre es violinista.

B.

- Ahora diga a sus alumnos que se agrupen en grupos de tres personas y que dibujen una tabla como la del libro en sus libretas. Intente que participen todos sus estudiantes y tenga en cuenta a los posibles alumnos nuevos que haya en clase a la hora de organizar los grupos. Organice los grupos con un alumno nuevo en cada uno o haga algún grupo solo con alumnos nuevos.
- Pídales que comparen el curso pasado con el presente y déjeles unos minutos para pensar. Los integrantes de cada grupo deberán discutir y completar la tabla con cosas que han cambiado y cosas que han permanecido igual.
- Para la correcta realización de esta actividad le sugerimos que remita a los alumnos al apartado *El mismo / otro* (p. 15) para una reflexión gramatical conjunta. Dígales que lean y observen los ejemplos y pregúnteles qué particularidades aprecian en el uso gramatical de estas formas.
- Remarque la importancia de la concordancia con el nombre, cambiando el artículo (**el, la, los, las**) en el caso de **el mismo**, y las terminaciones (**-o, -a, -os, -as**) dependiendo del género y el número del nombre al que acompaña. Insista en que el

uso de **otro** no requiere el artículo indefinido **un, una, unos, unas** como sí ocurre en otras lenguas.

- Haga una puesta en común en la que un portavoz de cada grupo podría leer las informaciones de sus tablas según la estructura **Este año tenemos...** y usando **el mismo / otro.**
- Dígales que en casa o en clase realicen el ejercicio 3 (p. 6) del Cuaderno de ejercicios.
- Retome ahora la primera viñeta del cómic y recuerde a sus alumnos que los personajes están a punto de empezar el curso y que algunos hablan de las cosas que están esperando con ilusión. Dígales que encuentren la expresión que sirve para expresarlo (**tener ganas de**).
- Una vez encontrada, escriba en la pizarra **tener ganas de** + infinitivo y hágales observar cómo se forma esta expresión. Pregúnteles si alguno de ellos conoce otra forma para expresar lo mismo en español (**querer** + infinitivo).
- Remítalos al apartado *Expresar intenciones* (p.15), lea y explique los ejemplos y pida a sus alumnos que formulen algunas intenciones usando **tener ganas de** + infinitivo y **querer** + infinitivo. Haga hincapié en el uso del infinitivo en ambas expresiones.
- Finalmente, coménteles que la perífrasis **ir a** + infinitivo también puede servir para expresar intenciones, por ejemplo: **Este año voy a estudiar mucho.**
- Diga a sus alumnos que en casa o en clase realicen los ejercicios 2 (p. 13) y 1 (p. 15) del Cuaderno de ejercicios.

MINIPROYECTO

- Comente a sus alumnos que, a principio de curso, es importante que piensen en lo que quieren hacer y aprender en clase. Dígales también que es importante para usted, para poder preparar sus clases teniendo en cuenta sus gustos, intereses y expectativas. Por ello, diga a sus alumnos que van a realizar un mural creativo de la clase con las buenas intenciones y buenos propósitos para el nuevo curso.
- Pida a sus alumnos que cada uno escriba en su libreta dos buenas intenciones o propósitos para este curso de español. Deles algunos ejemplos como: **quiero hablar más español en clase, tengo ganas de ver películas en español, voy a participar en clase, tengo ganas de hacer teatro en clase, etc.**
- Agrupe a la clase en grupos de cuatro personas para que lean sus propósitos, discutan y elijan cinco. Después, pida a cada grupo que lea sus cinco propósitos y buenas intenciones para luego, entre toda la clase, elegir diez.
- Diga a sus alumnos que escriban sobre una cartulina estas diez últimas buenas intenciones, decoren el mural y que lo cuelguen en una de las paredes del aula. Así, podrán ir revisando a lo largo del curso si se van cumpliendo o no.
- Si usted no tiene inconveniente, podría ser una buena idea, dividir el mural en dos partes, una

para los estudiantes y otra para el profesor, también con sus propósitos y buenas intenciones para la clase.

- Quizá este puede ser un buen momento para comentar la importancia de hablar español en clase,

dando argumentos para convencerles como: **a hablar se aprende hablando**, o **es más fácil hablar en español si en el aula siempre lo hacemos así que si solo nos esforzamos de vez en cuando**, etc.

▶ CE: 7, 8 Y 9 (p. 9), 10 (p. 10)

REGLAS, PALABRAS Y SONIDOS

EL PRESENTE DE INDICATIVO. ALGUNOS VERBOS IRREGULARES

- Proponemos abordar el presente de indicativo como repaso del curso anterior y trabajar con algunos verbos irregulares muy frecuentes.
- Recuerde a sus alumnos que ya conocen las formas del presente regular y anímelos a recordar las formas de las tres conjugaciones, comparando terminaciones y mostrando algunos ejemplos.
- Pídales que observen los verbos irregulares que aparecen en este apartado y pregúnteles qué pueden decir sobre las irregularidades, las diferentes formas y sus terminaciones.
- Llame la atención sobre el hecho de que la **g** aparece en las tres primeras personas de **tener**, **decir** y **venir** y coménteles que algunos verbos cambian totalmente en la primera persona, como **dar** o **saber**. Haga ver igualmente que las irregularidades son cambios vocálicos (**e > i**) y diptongaciones (**e > ie**) que siguen el esquema 1ª, 2ª y 3ª personas del singular y 3ª persona del plural, permaneciendo la 1ª y la 2ª personas del plural sin cambios.
- Diga a sus alumnos que, en clase o en casa, hagan el ejercicio 1 de este apartado.

Solución

mi hermana y yo / **b**
ellas / **a, e**
usted / **g, h**
él / **g, h**
vosotros / **c, f**
yo / **d**
tú y Susana / **c, f**
Andrés y Tania / **a, e**

USOS DE ESTAR + GERUNDIO

- Retome la explicación que inició con la actividad 2 sobre **estar** + gerundio (p. 13). Pregunte a sus alumnos en qué situaciones creen que se usa esta perífrasis y pídales que le den algunos ejemplos. Luego, lea los ejemplos del libro y explique que puede usarse para hablar de lo que hacemos en el momento exacto en el que estamos hablando, y también para referirnos a un periodo de tiempo que incluye el momento presente.
- Haga hincapié en que el pronombre, en el caso de

los verbos reflexivos, puede colocarse en dos posiciones: **Me estoy duchando**. = **Estoy duchándome**.
- Diga a sus alumnos que en casa o en clase realicen el ejercicio 2 de este apartado.

Solución

a. ¿Dónde está Javi?   Está bañándose en la piscina.
b. ¿De dónde es Julián?   Es de Bilbao pero ahora está pasando unos meses en Madrid
c. ¿Hablas inglés?   Sí, bastante bien. He vivido en Irlanda.
d. Normalmente compro ropa por internet.
e. ¿Qué haces? ¿Vienes a dar una vuelta?   Ahora no puedo; estoy estudiando.

EL PRETÉRITO PERFECTO. FORMACIÓN Y USOS

- El pretérito perfecto y sus usos pueden explicarse al terminar las actividades 1 y 2 o bien al terminar todas las actividades.
- Repase de nuevo las formas del presente del verbo **haber** y la formación de los participios regulares. Aproveche para recordarles los participios irregulares que aparecen en este apartado y comentar su alta frecuencia de uso.
- Para la explicación del nuevo uso del pretérito perfecto vinculado a marcadores temporales como **hoy**, **esta mañana**, **este verano**, etc. encontrará varios ejemplos en el apartado *Las vacaciones* (p. 12). Amplíe los ejemplos de los otros dos apartados con frases como:

  - **He terminado mi trabajo sobre el ciclo del agua.**
  - **¿Has visto *El señor de los anillos*?**
  - **No he estado nunca en África.**

- Recuerde a sus alumnos que, en español, hay varios tiempos verbales que sirven para hablar de cosas que ocurren en el pasado y que en este curso van a ver tres. Dígales que no es fácil saber qué tiempo del pasado se puede usar en cada caso, y que esto es algo que aprenderán poco a poco, y que deben fijarse al leer y escuchar textos.
- Diga a sus alumnos que en casa o en clase realicen los ejercicios 2 y 3 de este apartado.

LAS VACACIONES DE LAURA Y DE MIGUEL

- El objetivo de este apartado es ofrecer distintas expresiones muy comunes a la hora de hablar de viajes o de vacaciones.

P5

- Si dispone de proyector, muestre el proyectable 5 y observen las expresiones en gran grupo con la ayuda de las imágenes y de la corrección.
- Lea con los alumnos los ejemplos del apartado para describir las vacaciones de Laura y pregúnteles por su significado. Haga hincapié en el uso de las preposiciones **en / por** en las expresiones **pasar por / hacer excursiones por** y **estar en / pasar ... días en**, remarcándolas de alguna forma (visualmente, oralmente, con movimiento, etc). La preposición **por** es "dinámica" en comparación con la preposición **en** que es "estática".
- Comente también la diferencia de significado y estructuras con el verbo **pasar**: **pasar por, pasar ... días** y **pasarlo bien / regular / mal...** Recuérdeles que con esta última expresión el pronombre (**lo**) es invariable y deben usarlo siempre.

1.
- Con las estructuras propuestas y todos los contenidos que han visto en la unidad, pida a sus alumnos que, en casa o en clase, describan las vacaciones de Miguel con la ayuda los dibujos.
- Aunque es una actividad de respuesta abierta, invite a sus alumnos a usar las expresiones que aparecen en las vacaciones de Laura.

LA MELODÍA DEL ESPAÑOL
1.

Pista 03

- Explique a sus alumnos la importancia de la entonación en español para diferenciar entre una afirmación y una pregunta. Deles un ejemplo: **Hablas bien español. / ¿Hablas bien español?**
- Pida a sus alumnos que busquen algunos ejemplos de preguntas en sus respectivas lenguas y que observen si ocurre lo mismo o tienen otros medios para diferenciar preguntas de afirmaciones.
- A continuación, diga a sus alumnos que van a escuchar diez frases. Deberán decir si se trata de preguntas o de afirmaciones.

Solución

1. Afirmación	**6.** Pregunta
2. Pregunta	**7.** Afirmación
3. Afirmación	**8.** Pregunta
4. Pregunta	**9.** Afirmación
5. Afirmación	**10**. Pregunta

- Una vez escuchadas, diga a sus alumnos que traten de dibujar las frases según la entonación que hayan escuchado.

P6

- Si dispone de proyector, muestre el proyectable 6 e invite a sus alumnos a observar los esquemas mientras escuchan otra vez las frases. Pregúnteles si notan la diferencia y practique con ellos con más frases.
- Aproveche, igualmente, para recordar a los alumnos el uso de los dos signos de interrogación en español a la hora de escribir una pregunta.

2.

Pista 04

- Dibuje en la pizarra los tres esquemas melódicos que aparecen en el ejercicio.
- Diga a sus alumnos que escuchen las tres frases de la audición y que las repitan.
- Pregúnteles qué diferencian encuentran desde el punto de vista melódico.

3.

Pista 05

- Ponga la audición. Los alumnos deberán decidir si las frases pertenecen al esquema melódico 1, 2 o 3 del ejercicio anterior.

Solución

1. ¿Tienes hermanos?	1
2. ¿Cuándo empiezan las clases?	2
3. Alberto es muy guapo, ¿no crees?	3
4. ¿Vas a venir a la excursión?	1

- Diga a sus alumnos que practiquen la entonación de estas frases y las repitan en voz alta. Si lo desean pueden practicar con otras preguntas.
- Coménteles lo importante que es la pronunciación y entonación a la hora de hablar una lengua extranjera y anímelos a que traten de imitar como "papagayos" las melodías de las personas hispanohablantes cuando hablan. Es una buena y divertida forma de aprender a hablar como nativos.

F6

- Puede repartir la ficha 6 para que sus alumnos hagan las actividades de la sección REGLAS, PALABRAS Y SONIDOS en ella.

LA REVISTA

Escuelas solidarias
Antes de empezar
- Diga a sus alumnos que lean el título del artículo y que miren las fotos que lo ilustran. Pregúnteles qué ven, dónde están, quiénes son y cuál creen que es el tema del texto.
- Coménteles brevemente que el adjetivo **solidario/a** tiene la misma raíz que el nombre **solidaridad** y pregúnteles si saben qué significa. Una vez explicado su significado, pregúnteles si creen que sus escuelas y ellos mismos son solidarios o no y que intenten argumetar sus respuestas.

Cómo lo hacemos

- Distribuya toda a la clase en grupos de 3 alumnos y asigne a cada miembro del grupo una letra A, B o C.
- Fotocopie los 3 textos del artículo Escuelas solidarias, recórtelos y escriba en el primer texto una A, en el segundo una B y en el tercero una C.
- Dé a cada integrante A, B o C del grupo su texto correspondiente y dígales que tendrán unos quince minutos para leerlo atentamente y recordar el máximo de información. Para ello podrán usar el diccionario. A continuación, cada uno de ellos, por turnos, tendrá que contar al resto del grupo la información que esté en sus respectivos textos. Lógicamente empezará el alumno A, luego el B y finalmente el C.

Para ir más lejos

- Con toda la información recopilada, pida a los alumnos que de forma individual y por escrito, traten de resumir el contenido del todos los textos.

Esta soy yo
Antes de empezar

- Explique a sus alumnos que van a escuchar una canción del grupo de pop español El sueño de Morfeo. Pregunte a sus alumnos si lo conocen y si han escuchado alguna vez alguna canción del grupo.
- A continuación dígales que miren la foto de los tres integrantes del grupo y que de forma oral los describan, digan cómo son, cuántos años creen que tienen, qué tipo de música creen que hacen, etc. Coménteles que para conocer mejor al grupo pueden visitar su página web oficial, http://www.elsuenodemorfeo.com. En ella, por ejemplo, encontrarán letras de canciones, fotos, fechas de conciertos o vídeos.
- Dígales que el título de la canción es *Esta soy yo*. Pregúnteles qué significa, qué les sugiere y cómo sería el título si se tratara de un chico (**Este soy yo**).

Cómo lo hacemos

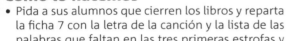
F7

- Pida a sus alumnos que cierren los libros y reparta la ficha 7 con la letra de la canción y la lista de las palabras que faltan en las tres primeras estrofas y en el estribillo.
- En parejas, los alumnos deberán discutir y decidir qué palabras van en cada hueco para completar la canción. Pueden simplemente escribirlas o, si lo prefieren, recortarlas y pegarlas.

Pista 06
- Ponga la canción para que los alumnos comprueben sus propuestas. Si fuera necesario, realice una corrección colectiva en la pizarra.
- Ponga la canción una vez más para que puedan leer la canción completa mientras la escuchan y si lo desean, pueden ir cantándola.
- Si lo considera oportuno, traduzca la canción con sus alumnos. Pueden hacerlo en grupos, utilizando diccionarios. Cada grupo traduce una parte de la canción. Y luego hacen una puesta en común.

- Finalmente diga a sus alumnos que la palabra **sueño**, que ya han visto en la actividad 2B, aparece dos veces (en el nombre del grupo y en la canción) con significados distintos. Puede decirles que se trata de una palabra polisémica.

- <u>Metáforas</u>. Como alternativa a la actividad anterior, puede poner la canción sin que sus alumnos lean la letra y preguntarles si les gusta y de qué creen que trata. Después de escuchar sus hipótesis dígales que volverán a escuchar la canción mientras leen la letra y comente las hipótesis que han hecho con la primera escucha al tiempo que resuelve las posibles dudas de vocabulario. Dígales que en esta canción una chica habla de sí misma, es decir, se presenta.
- Si sus alumnos han trabajado las metáforas en otras asignaturas de lengua, propóngales la siguiente actividad. En gran grupo, dígales que identifiquen las palabras o expresiones con las que la protagonista se describe. Dibuje una tabla de dos columnas en la pizarra y escriba en una columna **Sentido real** y en la otra **Sentido figurado o metáfora**. Dígales que la copien y que clasifiquen lo que dice la protagonista de la canción. Finalmente, discuta con ellos los posibles significados de las metáforas. Insista en que hay varios significados posibles. Como conclusión, pregúnteles si creen que podrían ser amigos de esta chica o no y por qué.

Para ir más lejos

- Explique a sus alumnos que, como acaban de ver, una canción puede ser una forma de presentarse. Otra manera de hacerlo puede ser de forma visual.

F8
- Reparta una copia de la ficha 8 y pídales que completen el dibujo con toda la información personal que se les pide. Si lo desea, puede ponerlo como tarea para casa.
- Forme parejas y haga que los alumnos que no se conocen mucho intercambien sus informaciones. Si lo cree oportuno, puede proponer una pequeña puesta en común en la que cada alumno elegirá libremente cinco aspectos de su personalidad que quiera comentar a sus compañeros de clase y los dirá en voz alta.

Una banda de música en San Lorenzo de el Escorial

FV
- Pueden ver el vídeo en clase o bien pedir a sus alumnos que lo miren en casa. En la Biblioteca de Gente joven Nueva edición encontrará propuestas de actividades (**Fichas de trabajo para los vídeos**) con una breve guía didáctica y soluciones.

NUESTRO PROYECTO

EL BLOG DE LA CLASE

Antes de empezar

- Explique a sus alumnos que el proyecto consistirá en crear un blog con información sobre la clase. Si no disponen de los medios necesarios se podrán realizar uno o varios carteles con la misma finalidad. Se hará una votación sobre los diferentes proyectos presentados y se realizará el proyecto ganador.
- Lea con ellos la lista del material que necesitan para realizar la tarea y dígales que es muy importante que al día siguiente tengan todas estas cosas en la clase, que cada uno sepa lo que debe tener para realizar su proyecto.
- Es un buen momento para anunciar a sus alumnos que a lo largo de todo el curso irán archivando todos sus trabajos (textos, audiciones, vídeos y cualquier tipo de proyecto en español) en una carpeta física y otra digital a la que llamarán **carpeta personal** (o bien **portfolio**). Este portfolio es una extraordinaria herramienta para hacer un (auto) seguimiento de las competencias de los estudiantes y para (auto) valorar su progreso.
- Anime a los alumnos a que hablen en español mientras realizan el proyecto comentándoles que usted lo valorará al puntuar su trabajo o en la evaluación global del curso. Si no es posible, adviértales que, por lo menos, la presentación al resto de la clase sí tendrá que ser en español.

TeNP1
- Si lo considera oportuno, reparta la tabla de evaluación correspondiente, comente los criterios de evaluación y anímelos a ir completándola mientras realizan el proyecto.

Cómo lo hacemos

A.
- Distribuya a la clase en grupos de trabajo de cuatro o cinco alumnos y dígales que deberán preparar un proyecto para el blog de la clase.
- Para orientarlos, lea con ellos las sugerencias propuestas sobre los aspectos que tendrán que tener en cuenta y decidir entre todos: título del blog, logo, lista de contenidos, frecuencia con la que piensan actualizarlo, etc.
- Vaya pasando de vez en cuando por los diferentes grupos e intente que todos los alumnos participen. Es conveniente que en este tipo de proyectos usted dinamice y facilite, en lo que cabe, el trabajo de los diferentes grupos con ideas, sugerencias, asignando tareas, reconduciendo el trabajo o ayudando en la solución de posibles problemas.

F9
- Puede resultar muy útil que los grupos completen la ficha 9 para tener más elementos e ideas que poner en su proyecto.

B.
- Una vez preparados los esbozos de los proyectos de blog, cada grupo deberá presentarlos y exponerlos oralmente ante el resto de la clase. Recuérdeles que el blog de Lalatina puede ser un buen ejemplo, como punto de partida, y también el blog que ven en la página 20. Entre todos se elegirá el mejor.

C.
- En esta parte del proyecto se asignarán funciones a los diferentes grupos de trabajo. Cada grupo será responsable de una sección del blog, ocupándose de escribir los textos, buscar material fotográfico e imágenes, hacer entrevistas y grabarlas, etc.

D.
- Aunque este tema puede ser discutido en clase, consideramos que para optimizar el proyecto es conveniente que un solo grupo se encargue de la parte técnica. Este grupo se responsabilizará de poner los contenidos y todo el material visual en el blog y de actualizarlo regularmente.

EVALUACIÓN

- Esta evaluación se podrá plantear en dos sesiones de clase. La primera, para las actividades de comprensión lectora, comprensión oral y expresión escrita. En una segunda sesión, ya sea en la clase o bien de forma individual con el profesor, se realizarán las actividades de expresión e interacción oral, que se habrán podido preparar en casa.
- Comprensión lectora: dígales cuánto tiempo van a tener para leer el texto y para responder. Los alumnos deberán responder si las informaciones son verdaderas o falsas y justificar sus respuestas.

Pista 07
- Comprensión oral: aclare que van a escuchar un diálogo entre dos amigos sobre la vuelta al colegio. Deberán marcar en la tabla quién ha hecho o está haciendo estas cosas. Deles tiempo para leer las informaciones antes de escuchar e infórmeles de que podrán escuchar la audición dos veces.
- Expresión escrita: aclare que deberán escribir una ficha personal como la del modelo con toda la información requerida.

F10

- Reparta la ficha 10 para que escriban sus respuestas. Al finalizar las actividades puede pasarles una fotocopia con las soluciones para que corrijan ellos mismos.
- Antes de terminar la sesión, explíqueles en qué consisten las actividades de expresión e interacción oral y dígales cuándo las van a hacer. Dígales que van a preparar la expresión oral en casa.
- Expresión oral: dígales que cuenten sus vacaciones, o una parte, con la ayuda del material del

que dispongan. Deberán traer a clase fotos, mapas, dibujos, pósters, etc. con los que ilustrar su presentación.
- Interacción oral: dígales que deberán hablar con un compañero sobre tres cosas que tengan ganas de hacer este año relacionadas con la escuela o con otros aspectos de sus vidas.
- Exponga cuáles van a ser los criterios de evaluación para todas las actividades, haciendo hincapié en las actividades de expresión e interacción oral.

Corrección y criterios de evaluación

COMPRENSIÓN LECTORA

Criterios de evaluación (sugerencia)

8 punto por ítem contestado correctamente	...... / 8

Solución

a. El campamento está cerca del mar.	V
b. En el campamento han jugado al fútbol.	F
c. Los chicos han preparado una obra de teatro de un autor famoso	F
d. Álvaro forma parte de un grupo de teatro.	F
e. A Álvaro le gusta mucho comer carne.	V
f. En el campamento ha hecho un nuevo amigo.	V
g. En el campamento han dormido hasta las ocho.	F
h. No tiene ganas de ver a sus compañeros de clase.	F

COMPRENSIÓN ORAL

8 punto por ítem contestado correctamente	...... / 8

Solución

	Alicia	Agustín
a. Ha estado en el extranjero.	x	
b. Ha visitado a sus abuelos.		x
c. Ha ido a la playa.		x
d. Ha estado con su familia.		x
e. Ha conocido a mucha gente.	x	
f. Está escribiendo en inglés.	x	
g. Está haciendo un curso de inglés	x	
h. Está jugando al tenis.		x

EXPRESIÓN ORAL

Criterios de evaluación (sugerencia)

Contenido Habla de sus vacaciones y da explicaciones sobre dónde, cuándo, con quién ha estado, qué ha hecho y cómo lo ha pasado.	...... / 4
Lenguaje Formula frases correctas, usa el pretérito perfecto y el léxico sobre las necesario para dar toda la información.	...... / 4
Coherencia y cohesión Usa los conectores necesarios para formar un discurso trabado, aunque sea con frases cortas.	...... / 3
Pronunciación y entonación	...... / 1
Total	...... / 12

INTERACCIÓN ORAL

Criterios de evaluación (sugerencia)

Estructura Dialogan de forma eficaz para encontrar tres buenos propósitos que tienen intención de llevar a cabo los dos en el próximo curso.	...... / 4
Contenido Formulan buenos propósitos o intenciones de hacer actividades positivas en el próximo curso.	...... / 4
Lenguaje Formulan frases correctas, usan las expresiones que conocen para hablar de intenciones y propósitos (**querer** + infinitivo, **tener ganas de** + infinitivo, **ir a** + infinitivo). Usan el léxico necesario para expresarlos.	...... / 3
Pronunciación y entonación	...... / 1
Total	...... / 12

EXPRESIÓN ESCRITA

Criterios de evaluación (sugerencia)

Contenido Completa todos los ámbitos con información pertinente, adecuada y completa.	...... / 5
Lenguaje Frases escritas correctamente y léxico suficiente para completar todos los ámbitos.	...... / 5
Total	**...... / 10**

PROPUESTA DE EVALUACIÓN TOTAL

- El valor otorgado a cada una de las actividades es orientativo y da un resultado total de 50 puntos. Usted puede decidir ponderar cada una de estas actividades de manera diferente según sus propios criterios, las necesidades de sus alumnos, la manera en que se han desarrollado las clases, etc.

Comprensión lectora	...... / 8
Comprensión oral	...... / 8
Expresión escrita	...... / 10
Expresión oral	...... / 12
Interacción oral	...... / 12
Total	**...... / 50**

unidad 2
¿QUIÉN Y CUÁNDO?

(40 minutos)

Montañas, expediciones, cuentos y camisetas

Antes de empezar

- Dibuje un rectángulo grande en la pizarra como si fuera la página de un libro y escriba dentro **¿Quién? y ¿Cuándo?**
- Pregunte a sus alumnos qué significan estas dos palabras. A continuación, escriba también **¿Qué?** en el rectángulo, pregúnteles por su significado y coménteles que esta palabra también será muy importante para la unidad que están empezando. Finalmente escriba arriba del rectángulo la palabra **biografía** y pregunte a sus alumnos si saben qué significa. Pida a quien lo sepa que explique el significado en español o en otra lengua que todos conozcan.

BIOGRAFÍA

```
¿QUIÉN?
¿QUÉ?
¿CUÁNDO?
```

- Para que todos lo entiendan, diga a sus alumnos que como ven esquemáticamente en la pizarra, una biografía es un texto con la historia de la vida de una persona, sus actos y hechos más importantes y los momentos y fechas en los que ocurrieron.
- Esta presentación le servirá para la actividad 1.

Cómo lo hacemos

- Explique a sus alumnos que, como pueden ven en la portadilla, para esta primera actividad trabajarán con algunas informaciones y datos biográficos sobre una montañista española, Araceli Segarra. Pídales que miren las fotografías y digan qué cosas creen que ha hecho Araceli en su vida.
- Pídales que lean las informaciones de la actividad y explique en clase abierta todo el vocabulario que no conozcan. Si lo prefiere, pida a sus alumnos que trabajen individualmente con la ayuda del diccionario.
- Señale en la pizarra la secuencia **¿Quién? + ¿Qué? + ¿Cuándo?** y explíqueles que deberán relacionar cada texto con las fotos de la portadilla y escribirlo en sus libretas.

- La corrección puede hacerla en parejas o en clase abierta, preguntando por turnos a algunos alumnos, que deberán responder diciendo las frases enteras.
- Escriba los marcadores referentes a la edad y al tiempo en la pizarra y llámeles la atención sobre ellos.
- Aunque la siguiente actividad abordará el pretérito indefinido, si lo cree oportuno, hágales notar la aparición del nuevo tiempo en las frases (el pretérito indefinido) y coménteles su uso para dar información biográfica sobre las personas.

Solución

A los 18 años, Araceli Segarra empezó a practicar la escalada y el montañismo.

En 1996 fue la primera mujer española que subió al Everest, la montaña más alta del mundo.

En 2008 participó en una expedición con kayaks a Alaska.

A los 39 años escribió una serie de cuentos infantiles, con dibujos hechos por ella misma, sobre temas de montaña.

En 2009 subió al Kilimanjaro, la montaña más alta de África.

En 2010 inauguró una tienda virtual de camisetas con sus propios diseños.

Para ir más lejos

- Pida a sus alumnos que dibujen en sus libretas una tabla con tres columnas como la siguiente:

¿QUIÉN?	¿QUÉ?	¿CUÁNDO?

- Dígales que vayan anotando en la tabla todos los marcadores temporales, nombres de personas y verbos más usuales para dar datos biográficos que vayan apareciendo a lo largo de toda la unidad.
- Recuérdeles que toda la información recogida en esta tabla les servirá para la realización del proyecto final.

40 min + 40 min   *seleccionar los irregulares + subrayer*
hacer fotocopias

VIDAS INTERESANTES

1. Biografías

Antes de empezar

- Retome la palabra **biografía** y explique a sus alumnos que su origen es griego y que está compuesta por las palabras *bio* 'vida' y *grafía* 'escrito', 'texto'. Pregúnteles si conocen otras palabras que contengan *bio* y *grafía* .

Cómo lo hacemos

A.

- Diga a sus alumnos que miren las fotografías de los tres personajes. Pregunte si conocen a alguno (probablemente no los conocerán) y qué creen que hacen en la vida. Puede introducir ahora la palabra **profesión**: **¿Cuál es la profesión de estas personas? ¿Qué hacen?**
- Dé a sus alumnos unos 15 o 20 minutos para que lean individualmente y en silencio los datos biográficos que aparecen en la actividad.
- Remítalos al apartado *Profesiones* de esta página para que puedan contestar ahora a la pregunta. Una vez hayan formulado sus hipótesis, confírmelas o bien explique brevemente quiénes son y a qué se dedican Laia Sanz, Albert Casals y Gustavo Dudamel (una **motorista**, un **viajero** y **escritor** y un **director de orquesta**). Explique cómo se forman el masculino y el femenino de este tipo de sustantivos.
- A continuación, agrúpelos en parejas y dígales que hablen con su compañero sobre qué persona les ha parecido más interesante y por qué. Comente algunas de sus impresiones en gran grupo.

B.

- Diga a sus alumnos que lean detenidamente las informaciones del apartado B. Los alumnos deberán decidir a qué personajes corresponden las únicas tres informaciones correctas.

Solución

3. Gustavo Dudamel / **5.** Laia Sanz / **6.** Albert Casals

C.

- El objetivo de esta actividad es descubrir la tercera persona del pretérito indefinido.
- Pida a sus alumnos que escriban en sus libretas una tabla como la del libro y que la completen, individualmente o en parejas, con todas las formas en pasado (y sus infinitivos) que aparecen en los textos de la actividad 1A.

Solución

Regulares	Irregulares
nació → nacer	fue → ser / ir
aprendió → aprender	estuvo → estar
empezó → empezar	tuvo → tener
ganó → ganar	
participó → participar	
se curó → curarse	
perdió → perder	
recuperó → recuperar	
viajó → viajar	
escribió → escribir	
(se) filmó → filmar(se)	
dirigió → dirigir	
recibió → recibir	

P1

- Cuando hayan terminado, realice una corrección colectiva en la pizarra. Para ello puede usar el proyectable 1.
- Remítalos al apartado *El pretérito indefinido* de la página 25 y haga que observen y comparen la formación de la primera persona del singular de los verbos regulares con la tercera, que ya conocen un poco por los textos.
- Aproveche para explicarles la importancia de la acentuación en las terceras personas de los verbos en **-ar**. Pregúnteles si saben por qué es importante pronunciar **estudió** en lugar de **estudio** y forme frases de ejemplo: **(Ayer, Ángel) Estudió dos horas. / (Yo, normalmente) Estudio en la biblioteca**. Para comprobar si lo han entendido bien, pídales que hagan varias frases como las del ejemplo.
- Explique a sus alumnos que este tiempo se utiliza para hablar en pasado y, por tanto, es el tiempo que van a necesitar para comprender y formular datos biográficos.
- Si lo desea, puede explicar ahora el apartado *El pretérito indefinido* de la sección REGLAS, PALABRAS Y SONIDOS. Anímelos a recordar cómo se forman la mayoría de los irregulares haciéndoles prestar atención al sistema de acentuación de las distintas personas de los verbos irregulares y subrayando que las terminaciones casi siempre son iguales.

P2

- Si tiene la posibilidad, use el proyectable 2 para mostrar las diferencias entre la conjugación de los verbos regulares y de los verbos irregulares de una forma visual.
- Para seguir trabajando con modelos de biografías y con las formas del pretérito indefinido, diga a sus alumnos que, en clase o en casa, hagan los ejercicios 5 (p. 20) y 8 (p. 21) del **Cuaderno de ejercicios**.

Deberes

D.

Pistas 08-09

- Diga a sus alumnos que van a escuchar una audición en la que dos personas hablan sobre uno de los tres personajes de esta actividad. Los alumnos deberán decir de quién hablan y cómo lo describen.

Solución

> Albert Casals.
> Es su amigo. Estudiaron en el mismo instituto. Es valiente, inteligente, muy generoso. Le apasiona la aventura.

E.

- Lea con sus alumnos las citas que aparecen en las fotos de los tres personajes y explíqueles el vocabulario que no entiendan.
- En clase abierta, pregúnteles si están de acuerdo o no y pídales que argumenten y expliquen sus respuestas.

Para ir más lejos

- Pida a los alumnos que en parejas o en grupos y con la ayuda de internet o del diccionario, confeccionen un mural con fotos, dibujos, etc., sobre las profesiones. Los nombres deberán aparecer en sus formas masculina y femenina.

- Si lo considera oportuno, aproveche esta actividad para preguntar a sus alumnos sobre las profesiones de sus padres, sus profesiones favoritas, qué quieren ser cuando sean mayores, etc. Anímelos a que hablen en español y a que argumenten sus opiniones. Si lo considera oportuno, introduzca una forma de expresar qué profesión desean tener de mayores dándoles una muestra de lengua como:

> - **Yo quiero ser... porque me gusta/n...**

MINIPROYECTO

- En gran grupo, elijan a ocho personajes famosos para jugar a adivinar biografías. Una vez elegidos, escriba sus nombres en la pizarra.
- Agrupe a los alumnos en grupos de tres. Cada grupo deberá elegir a uno de los personajes y escribir tres datos biográficos sobre él. Recuérdeles que deben utilizar el pretérito indefinido.
- Cada grupo deberá leer sus datos en voz alta y el resto de la clase tendrá que adivinar el personaje, si es necesario, con preguntas de respuesta cerrada (**sí** o **no**).

▶ CE: 1 y 2 (p. 17), 3 (p. 18), 11 y 12 (p. 23), 1 (p. 24), 3 (p. 25)

¿EN QUÉ AÑO?

40 min.

2. Picasso y el *Guernica*

Antes de empezar

P3

- Lleve a clase una fotografía de Picasso o muestre el proyectable 3. Enséñela a sus alumnos y pregunte si saben quién es.
- Pídales que, por turnos, se levanten y vayan escribiendo alrededor de la foto todo lo que sepan sobre Picasso. Anímelos a participar con cualquier tipo de información.
- Haga una breve presentación general sobre Picasso con todas las informaciones aportadas sin dar demasiados datos. En el apartado D de esta actividad los alumnos tendrán que recabar información sobre el artista para escribir algunos datos sobre su vida.

Cómo lo hacemos

A.

P4

- Proyecte en la pizarra el *Guernica* de Picasso (proyectable 4). Si no dispone de los medios adecuados, diga a sus alumnos que abran el Libro por la página 26 y observen la ilustración que aparece.

- Pídales que observen el cuadro y que, en parejas y con la ayuda del diccionario, escriban una lista con todos los objetos, personas y animales que vean.

Solución

cuatro mujeres	un toro	una mesa
un niño	una espada	una ventana
un hombre	una flor	una lámpara
un caballo	una paloma	un candil

B.

- A continuación, en gran grupo, pregunte a sus alumnos por los sentimientos que el cuadro les produce. Para facilitarles la tarea, explique el significado de los ejemplos que aparecen en el libro y deles unos minutos para que busquen otros en el diccionario.
- Haga una puesta en común y escriba en la pizarra lo que le vayan diciendo.

C.

- Pida a los alumnos que, de forma individual y con la ayuda del diccionario si lo desean, lean el texto sobre el *Guernica*. Si lo cree oportuno, y adaptándose al nivel de conocimientos de Historia que tengan sus alumnos, aproveche para explicar brevemente que en España hubo una guerra civil en la que lucharon los republicanos contra los fascistas que duró tres años (1936-1939) y terminó con una dictadura de 40 años (hasta 1975).

- Dígales que lean el texto y comente y explique las informaciones nuevas. Teniendo en cuenta la información del mismo, los alumnos deberán elegir uno de los títulos propuestos en la actividad o inventar uno nuevo.
- Haga una puesta en común y pregúnteles el por qué de sus propuestas. Pueden votar el título que más guste a la clase y hacer un póster con el *Guernica* y su nuevo título.

D.

- Remítalos a los apartados *Contar hechos pasados* y *Situar en el pasado* de la página 26 y dígales que hasta ahora, en la unidad han visto varias expresiones para contar hechos pasados y para situarlos. Hágales conscientes de que ellos ya son capaces de contar hechos pasados y biografías breves porque ya conocen también el pretérito indefinido.
- Lea el breve relato del apartado *Contar hechos pasados* y aclare lo necesario. Anímelos a contar algunas de las cosas que aparecen en el texto sobre el *Guernica* usando las palabras destacadas en negrita. Pueden hacerlo de forma oral en gran grupo, o bien por escrito, individualmente.
- Lea los ejemplos del apartado *Situar en el pasado* y haga preguntas sobre hechos que ellos conozcan con las mismas expresiones que aparecen en el libro. Ellos deberán responder usando las expresiones de los ejemplos.

> - **¿En qué año naciste?**
> - **¿Cuándo empezaste a ir a la escuela?**
> - **¿A qué escuela has ido desde entonces?**
> - **¿En cuántas casas has vivido hasta ahora?**

- Finalmente, puede remitirlos al apartado *Marcadores temporales* de la sección REGLAS, PALABRAS Y SONIDOS.
- Pida a los alumnos que, individualmente o en parejas, escriban algunos datos biográficos sobre Picasso siguiendo los modelos de la actividad 1. Para ello, deberán buscar en internet o en una enciclopedia información relevante sobre la vida del pintor.

Para ir más lejos

F1

- Breve historia de España. Si sus alumnos están estudiando Historia en la escuela y tienen algún conocimiento de la historia de España, o bien si usted cree interesante abordar el tema ahora, puede trabajar con la ficha 1.
- Esta actividad tiene como objetivo que sus alumnos se acostumbren a decir los años con soltura. Organice la clase en parejas y reparta a cada una fotocopia de la ficha 1A y 1B respectivamente. Explíqueles que deben completar sus fichas sobre momentos importantes de la historia de España y que la información que les falta se la deberá facilitar su compañero. Recuérdeles que tienen

que preguntar y contestar en español y usar los verbos en pretérito indefinido. Pueden tener diálogos como estos:

> A1: **¿Qué pasó en el año 218 a. C.?**
> A2: **Que empezó la romanización de la Península Ibérica.**

F2

- Crucigrama cooperativo. Haga esta actividad si han trabajado con la biografía de Pablo Picasso y la historia del *Guernica*, y sus alumnos están algo familiarizados con la historia de España. Organice la clase en grupos de tres y reparta a cada alumno una parte de las definiciones (A, B, C) y el crucigrama que aparecen en la ficha 2. Dígales que deben resolverlo en el menor tiempo posible. Aclárelas que se trata del mismo crucigrama, pero que los tres tienen pistas diferentes para encontrar las palabras, así que lo realizarán más rápidamente si comparten la información. Gana el grupo que termine primero y que tenga todas las palabras correctas.

Solución

VERTICALES	HORIZONTALES
1. esculturas	**1.** Guerra Civil
2. azul	**2.** cuadro
3. Guernica	**3.** cubismo
4. Málaga	**4.** rosa
5. símbolo	**5.** Madrid
6. trabajando	**6.** Franco
7. Barcelona	**7.** creatividad
8. famoso	**8.** exposiciones
9. País Vasco	**9.** Francia
10. Ruiz	**10.** grabados

- En la dinámica que crea conveniente (individualmente, en parejas o en grupos), proponga a sus alumnos que escriban (o busquen en internet) un texto o poema en una cartulina sobre la guerra y la paz y lo decoren con fotos y dibujos. Si lo desean, pueden presentarlo de forma oral al resto de la clase y colgar sus trabajos en las paredes de la clase.

▶ CE: 9 (p. 22)

3. Momentos importantes

Antes de empezar

- Previamente, por ejemplo el día anterior a la realización de esta actividad, pida a sus alumnos que traigan a clase fotos de ellos mismos en diferentes situaciones, lugares y con sus familiares, amigos, etc. No olvide traer usted también algunas fotos con momentos importantes de su vida. Las van a usar para hacer el apartado C de esta actividad.

Cómo lo hacemos

A.

- Pida a sus alumnos que observen las imágenes de la página y que lean el título de la actividad. Pregúnteles qué creen que son esas imágenes (son fotografías de algunos momentos importantes de la vida de una persona que se llama Encina).
- Pida a sus alumnos que lean las frases sobre Encina que aparecen en la actividad y que las relacionen con las fotografías sobre su vida. Aclare posibles dudas de vocabulario solo si es necesario y comente, si sus alumnos no conocen la tradición católica, qué es la primera comunión. Dé también alguna información sobre los trajes de flamencas (muchas personas, especialmente en algunas fiestas señaladas de Andalucía, se visten con este tipo de traje tradicional).

Solución

1. c.	**2**. b.	**3**. a.	**4**. d.	**5**. e.

B.

Pista 10

- Explique a los alumnos que van a escuchar un diálogo en el que Encina, la protagonista de esta actividad, enseña a una amiga unas fotos y le cuenta algunas cosas de su vida.
- Pídales que escuchen la grabación y que anoten en sus libretas qué otras fotografías le ha enseñado, aparte de las cinco que ilustran la actividad.

Solución

1. Premio por buenas notas
2. En un internado femenino en Inglaterra

- Lea con los alumnos el apartado *Usos del pretérito indefinido y del pretérito perfecto* de la página 27. Recuérdeles que ya conocen el pretérito perfecto y pregúnteles en qué situaciones lo han usado en las unidades 6 del volumen 1 y en la unidad 1 de este libro (para contar lo que han hecho en sus vacaciones, lo que han hecho el pasado fin de semana, si han hecho algo alguna vez en su vida...). Hágales la misma pregunta sobre el pretérito indefinido en la unidad 2 (lo han usado para hablar de datos biográficos, de hechos históricos...). Hágales observar que, además de las situaciones, es útil fijarse en los marcadores temporales para elegir cuál de estos dos tiempos verbales necesitan.
- No olvide comentar a sus alumnos que en las variantes del español hablado en América Latina, el uso de estos dos tiempos verbales es más flexible y todos los marcadores temporales de pasado suelen combinarse con el pretérito indefinido.
- Diga a sus alumnos que, en clase o en casa, hagan el ejercicio 1 (p. 27) del **Cuaderno de ejercicios** de este apartado.

C.

- Para esta actividad, diga a sus alumnos que se agrupen en parejas o en pequeños grupos y que se muestren las fotos que han traído a clase. Pídales que entre ellos, se expliquen de cuándo son, con quién están, etc.
- Una buena idea es que usted mismo comience mostrando y describiendo sus propias fotos para dar a los alumnos un modelo para la realización de la actividad.

- Mirad chicos. Aquí estoy de vacaciones en Sri Lanka. En 2009 estuve allí con unos amigos. Y esta foto es del día de mi boda. Me casé con 34 años. Y en esta foto ...

Para ir más lejos

P5

- Concurso de perfecto e indefinido. Distribuya a su clase en 4 o 5 grupos y muestre el proyectable 5. Deles unos minutos para pensar frases con los marcadores temporales que están viendo. A la señal que dé usted, deberán parar de escribir. Usted llamará a un miembro de cada grupo por turnos, y este deberá escribir una frase en la casilla del marcador que quiera. Al finalizar, cada grupo habrá escrito 4 o 5 frases.
- Corrijan las frases en gran grupo y déjelas proyectadas para que ellos puedan copiarlas todas en sus libretas. Gana el grupo que ha escrito más frases correctamente.

LA REVISTA

La Peña del garaje

F3

- Organice a sus alumnos en grupos de cuatro. Dé a cada grupo las viñetas recortadas de la historieta "Grandes momentos" de la ficha 3 y pídales que las ordenen. Si ve que tienen dificultades para hacerlo, ayúdeles dándoles la pista de la cronología de los inventos y descubrimientos.
- Luego, pregunte a sus alumnos:

  ¿Sabéis quién descubrió el fuego? ¿Y América? ¿Quién pintó la Mona Lisa? ¿Quién compuso la Novena Sinfonía? ¿Quién inventó la penicilina? ¿Quién pisó la luna por primera vez?

- Anímelos a formular preguntas del mismo tipo a la clase con otros inventos y descubrimientos.
- Para terminar, dígales que, como dice el personaje de la historieta en la última viñeta, ellos son los protagonistas de su propia película.
- Sugiérales que piensen cuáles han sido los grandes momentos de su vida y propóngales elaborar un cómic basado en ellos. Pueden pegar fotos, dibujar, realizar collages, etc. Es una actividad individual apropiada para realizar en casa. Organice un concurso con las historietas que han creado.

Los alumnos de otra de sus clases de español podrían hacer de jurado, o incluso, ellos mismos. Piense en un premio para recompensar al creador de la mejor.

F4

- <u>Verbos en cadena.</u> Use para esta actividad la ficha 4. Organice la clase en grupos de cuatro y reparta una de las cuatro fichas a cada alumno. Explíqueles que el compañero que tiene la Ficha A, empezará la cadena conjugando el verbo que figura en la columna 2 –es decir, **trabajar (yo)**– en indefinido y a la persona indicada por el pronombre entre paréntesis. El compañero que lo descubre escrito en su ficha (en este caso, el que tiene la ficha C) en la columna 1, confirma que es correcto y conjuga a su vez el infinitivo + pronombre que figura en la columna 2 de su ficha. Y así sucesivamente. Para no romper la cadena, es fundamental respetar el orden en el que aparecen los verbos en las fichas.

F5

- <u>Dominó de irregulares.</u> Distribuya a sus alumnos en grupos de cuatro y reparta un juego (ficha 5) por grupo. Ellos mismos pueden recortar las fichas del dominó y colocarlas boca abajo. Para decidir quién empieza el juego, cada jugador coge una ficha al azar y el que tiene la palabra más larga sale primero. Luego, dígales que devuelvan boca abajo las fichas al montón y que las mezclen de nuevo. A continuación, cada jugador debe coger seis fichas. El resto se deja encima de la mesa para "robar". El juego empezará al poner una ficha del montón boca arriba. Cada jugador debe intentar completar uno de los dos lados con el infinitivo o bien con la forma conjugada en indefinido. Si el jugador no puede poner ninguna ficha, roba una del montón. El juego termina cuando todas las fichas están puestas y gana el jugador que se queda sin fichas antes que los demás.

MINIPROYECTO

- Lea con los alumnos el enunciado del miniproyecto y asegúrese de que sus alumnos entienden la actividad. Coménteles que, si lo desean, pueden incluir dos datos falsos.
- Igualmente, recuérdeles que tendrán que utilizar la segunda persona del pretérito indefinido. Para ello, podrán consultar la conjugación del pretérito indefinido de la página 28.
- A modo de ilustración, puede explicar la actividad con un ejemplo:

  Si tu compañero ha escrito "Nací en 1995" y crees que esto no es verdad, tendrás que decir "No, no naciste en 1995, naciste antes". Y así sucesivamente.

➡ CE: 1 (p. 27), 7 (p. 20)

REGLAS, PALABRAS Y SONIDOS

EL PRETÉRITO INDEFINIDO
- <u>Póster didáctico.</u> Material: Cartulinas grandes, cartulinas y papel de colores, rotuladores, lápices de colores, tijeras y pegamento. Un póster didáctico es una forma práctica y original de visualizar y reflexionar sobre la conjugación de los verbos.
- Distribuya a la clase en grupos y asigne a cada grupo una conjugación, un verbo irregular o un grupo de verbos. Como idea, le proponemos organizar grupos de trabajo sobre las 3 conjugaciones **regulares**, los verbos **irregulares hacer, estar, ser / ir, poder** y **decir**, los verbos **reflexivos** y el verbo **gustar**. La distribución dependerá del número de alumnos que tenga en clase.
- Los alumnos deberán elaborar un póster donde, de forma original, clara y visual, se recojan todas las personas de la conjugación de un verbo. La idea es que los alumnos reflexionen sobre las similitudes, diferencias o irregularidades de los verbos conjugados, resaltando sus observaciones con colores, dibujos, marcas, etc.
- Para terminar, pida a sus alumnos que en casa o en clase realicen el ejercicio 1, completando las frases con las formas del pretérito indefinido.

Solución
> **a.** estudié **b.** nacieron, nací **c.** trabajó **d.** fuimos
> **e.** hicimos, fue, pasamos

LOS MARCADORES TEMPORALES
- Lea los ejemplos de este apartado con sus alumnos. Recuérdeles que con estos marcadores pueden hablar de hechos históricos o del pasado, de las vidas de otras personas y de la suya propia.
- Pida a sus alumnos que en casa o en clase realicen el ejercicio 2.

ORDINALES
- Pida a sus alumnos que lean las formas de los ordinales y los ejemplos. Explique que **primer/-o** y **tercer/-o** tienen dos formas para el masculino: una si se usan con el sustantivo al que se refieren y otra, si se usan como pronombres (sin el sustantivo).
- Diga a sus alumnos que, en clase o en casa, hagan el ejercicio 3.

Solución
> **a.** tercer **b.** tercero **c.** tercera

Para ir más lejos

- Fila. Diga a sus alumnos que hagan filas de diez. Deberán numerarse con los ordinales, cada uno diciendo su posición en la fila. Pueden hacerlo también sentados.

F6

- <u>Bingo de ordinales.</u> El objetivo de esta actividad es que los alumnos practiquen y aprendan el uso y la forma de los ordinales. Organice a sus alumnos en grupos de cinco. Dé a cada grupo una fotocopia de la ficha 6 con los cartones de bingo recortados.
- Explíqueles que uno de ellos tiene que ser el que "canta" los números ordinales. Una vez que hayan decidido en cada grupo quién es, distribuya a los otros alumnos su cartón de bingo. El "binguero" va "cantando" los números ordinales del 1 al 10 en desorden. Los jugadores tachan las casillas que corresponden a los números cantados. El primero que tiene completa una línea dice: **línea**. Gana el primero que dice **bingo**, es decir, el primer alumno que tiene todo el cartón completo.
- Variante: En vez de decir solo los ordinales, se añadirán diferentes sustantivos. Hágalo una vez usted con toda la clase para que vean un modelo. Vaya diciendo: **el primer alumno, la quinta mesa, el octavo piso, la segunda clase**, etc. Después, lo harán ellos.

▶ CE: 5 (p. 20), 8 (p. 21)

UNA CARRERA DE DEPORTISTA

- Este apartado tiene un objetivo léxico: mostrar una selección de frases propias de un relato biográfico que podrán servir de modelo a la hora de hacer sus producciones en textos similares. En la actividad deberán usar verbos muy comunes en las biografías, algunos de ellos con preposiciones en sus formas del pretérito indefinido para expresar hechos y datos biográficos en la vida de una persona.
- Lea con los alumnos la lista de verbos propuestos, pregúnteles de nuevo por el significado y haga hincapié en el uso de las preposiciones.
- Finalmente pídales que, en casa o en clase, completen el texto biográfico de la abuela de Cristina con las formas correctas de los verbos en pretérito indefinido.
- Corríjalo de la forma que considere más oportuna.

CUANDO SE JUNTAN LAS VOCALES

Antes de empezar

- Pida a sus alumnos que observen el dibujo de las "dos letras **e** abrazadas" que ilustra la actividad y pregúnteles qué quiere expresar la ilustración de estas "dos vocales tan amigas".

Cómo lo hacemos

Pista 11

1.
- Como comprobación a las ideas previas de los alumnos, pídales que observen las frases del ejercicio y hágales escuchar la grabación con las frases. Pregúnteles qué observan en la pronunciación de las vocales coloreadas. Realice tantas audiciones como sean necesarias.
- Aunque la mayoría de los alumnos habrá apreciado y deducido la pronunciación conjunta de ambas vocales, explique si lo considera oportuno el fenómeno fonético de la sinalefa.

2.
- Vuelva a poner la grabación y pida a sus alumnos que escriban las frases en sus libretas y unan las vocales que se pronuncian en la misma sílaba. Haga usted el primer ejemplo y escríbalo en la pizarra: **¿Quées - e - so ?**
- Haga una corrección conjunta en la pizarra.

3.

Pista 11
- Pida a sus alumnos que, en parejas, pronuncien las frases propuestas en el ejercicio. Dígales que intenten descomponerlas como en el ejercicio anterior y que vuelvan a pronunciarlas concentrándose en la sinalefa.
- Haga una rueda de comprobación y pida a algunos alumnos que lean las frases.
- Si lo desea, reparta la ficha 7 para que sus alumnos realicen las actividades escritas de la sección REGLAS, PALABRAS Y SONIDOS en ella.

F7

LA REVISTA

Grandes obras

- Comente brevemente las obras que aparecen en la página con sus alumnos. ¿Las han visitado o saben algo de alguna de ellas? Dígales que, de la misma forma que ahora ya pueden entender y explicar datos biográficos, también pueden hacer lo mismo con datos sobre algunos hechos y elementos históricos como los monumentos.
- Explique a sus alumnos que van a realizar un ejercicio de lectura un poco diferente a lo que están normalmente acostumbrados. El objetivo es demostrarles que, aunque normalmente ellos piensen lo contrario, saben y comprenden mucho más español de lo que creen.

- Reparta copias de la página 30 del libro con los cuatro textos del artículo *Grandes obras* de La Revista.
- Pídales que lean los textos y que, mientras lo hacen, subrayen (mejor si es con un rotulador fluorescente) todo lo que entiendan. Insista en que subrayen absolutamente todo lo que entiendan, por insignificante que les parezca.
- El resultado más que probable será que todos hayan subrayado mucho más texto del que se haya quedado sin subrayar.
- Pídales que vuelvan a leer los textos, esta vez concentrándose únicamente en el texto subrayado y que, utilizando la parte del texto que entienden, escriban en sus libretas en una o dos frases cuál es el contenido de los textos.
- Con este tipo de actividad motivamos a los alumnos y los ayudamos a centrar su atención en lo que saben y no en lo que no saben, haciéndolos conscientes de los resultados de sus procesos de aprendizaje.

Una vida para contarla

FV

- Pueden ver el vídeo en clase o bien pedir a sus alumnos que lo miren en casa. En la **Biblioteca de Gente joven** encontrará propuestas de actividades (*Fichas de trabajo para los vídeos*) con una breve guía didáctica y soluciones.

La historia de Juan

HAY QUE SABER:

Pista 12

- Juan Esteban Aristizábal Vásquez (Juanes) nació el 9 de agosto de 1972 en Medellín (Colombia). Compositor, cantante y guitarrista empezó a sentir la pasión por la música con tan solo siete años. De adolescente y durante más de una década, formó parte como cantante y guitarrista del grupo Ekhymosis. Ha grabado cinco discos: *Fíjate bien* (2000), *Un día normal* (2002), *Mi sangre* (2004), *La vida es un ratico* (2007) y *P.A.R.C.E* (2010) y ha recibido varios premios Gammy. La temática central de sus canciones es el amor desde diferentes perspectivas, pero en algunos temas se refleja un fondo social, producto de la época que está viviendo Colombia y muchos países de Latinoamérica. (página web oficial: www.juanes.net)

Cómo lo hacemos

F8

- Forme grupos de cuatro y dé a cada miembro del grupo una parte de la canción, que se encuentra fragmentada en la ficha 8.
- Explíqueles que, al escuchar la canción, deberán identificar en qué momento se canta su parte; es decir, si es la primera, la segunda, la tercera o la cuarta. Pase la grabación dos veces. Anúncieles que, a continuación, respetando el orden de la letra de la canción, deben dictar su trozo al resto de los compañeros del grupo; de manera que cada

alumno podrá tener la canción completa. Insista en que no pueden copiar directamente de las hojas de sus compañeros, ya que se trata de un dictado.
- Finalmente, pueden hacer la corrección ellos mismos con el texto de la página 31 del Libro del alumno. Ganará el alumno que haya terminado antes, sin haber copiado y habiendo cometido menos faltas.
- Ponga de nuevo la canción y explique a sus alumnos que esta canción cuenta la historia de alguien y que, como todo relato, se articula en torno a las siguientes preguntas, que usted escribirá en la pizarra: **¿Quién? ¿Qué? ¿Dónde? ¿Cómo? ¿Cuándo?**
- Traduzca la canción con sus alumnos. Pueden hacerlo en grupos, utilizando diccionarios. Cada grupo traduce una parte de la canción. Luego hagan una puesta en común.
- Reparta fotografías de niños y chicos jóvenes encima de las mesas del aula y coloque un mapa del mundo en la pared. También puede añadir alguna estadística reciente sobre los países más pobres del mundo. Anuncie a sus alumnos que, en parejas, tienen que ponerle un rostro al protagonista de la canción y que deben imaginar y concretar la historia de su vida. Para ello, deben situarlo en un país del mundo, en un pueblo o en una ciudad, en una familia, etc.
- Dígales que imaginen y que escriban qué le pasó, qué hizo, etc. Recuérdeles que las preguntas escritas en la pizarra pueden ayudarles a estructurar su historia y que deben contarla en pasado. Deles tiempo para que escriban su historia y pase por los grupos para ayudarlos. Una vez tengan las historias con sus fotos, distribúyalas por la clase para que todos puedan leerlas.
- Por último, puede aprovechar para recordar a sus alumnos las diferencias en la acentuación en las formas del pretérito indefinido: regulares o irregulares. Pregúnteles qué pasa si olvidan el acento en la forma **pregunto**. Seguro que dirán que entonces se trata de la primera persona del presente y no de la tercera persona del pasado. Pregúnteles también cómo explican que las formas irregulares no se acentúen en la tercera persona; si no saben la respuesta, explíqueles que el riesgo de confusión, al ser irregulares, no existe.
- En internet, tecleando el nombre de la canción y "explotación didáctica" puede encontrar diferentes posibilidades para trabajar esta canción.

- Antes de comenzar con NUESTRO PROYECTO sería conveniente terminar todas las actividades del **Cuaderno de ejercicios** que han quedado sin hacer y comentarlas después en el aula.

NUESTRO PROYECTO

UNA BIOGRAFÍA

Antes de empezar
- El día anterior al que van a dedicar al proyecto, explique a sus alumnos lo que van a hacer: preparar la biografía de un personaje y presentarla al resto de la clase.
- Decida si van a hacer el proyecto en papel o con el ordenador, o si lo prefiere, deje que cada alumno lo decida. En cualquier caso, lea con ellos el apartado *¿Qué necesitamos?* para recordarles qué material van a necesitar y asegúrese de que lo traigan en la siguiente sesión.
- Anime a los alumnos a que hablen en español mientras realizan el proyecto comentándoles que usted lo valorará al puntuar su trabajo o en la evaluación global del curso. Si no es posible, adviértales que, por lo menos, la presentación al resto de la clase sí tendrá que ser en español.

TeNP2
- Si lo considera oportuno, reparta la tabla de evaluación correspondiente, comente los criterios de evaluación y anímelos a ir completándola mientras realizan el proyecto (Tabla de evaluación de Nuestro proyecto número 2).

Cómo lo hacemos
A.
- Diga a los alumnos que formen grupos de trabajo y que decidan entre todos qué personaje quieren presentar.

B.
- Cada grupo deberá escribir una lista con los aspectos de la vida del personaje que quiera tratar. A modo de ayuda, pueden servirse de las propuestas indicadas en el apartado B. Una persona del grupo deberá ir tomando notas.
- Haga hincapié en que todo el trabajo previo de preparación les facilitará la realización del proyecto con éxito.

C.
- A continuación, explique a sus alumnos que deberán buscar información en internet u otras fuentes sobre el personaje en cuestión y organizar la información de la forma que deseen.
- Con toda la información, fotos, dibujos, etc, que dispongan, los alumnos deberán realizar un póster o, si han decidido trabajar con el ordenador, una presentación digital sobre el personaje.

- Intente que todos los alumnos participen en el proyecto y facilite, en lo que cabe, el trabajo del grupo, revisando lo que hacen, asignando tareas, reconduciendo el trabajo, dando ideas y sugerencias, etc...

D.
- Finalmente, pida a los alumnos que preparen una presentación oral de sus proyectos para el resto de la clase.
- Antes de hacer la preparación recomiéndeles que ensayen en grupo, se observen entre ellos o incluso se graben en vídeo para detectar y corregir errores.
- Para la presentación podrán servirse de todo el material que consideren oportuno y, si lo desean, pueden escribir un pequeño guión que les ayude a recordar los datos.
- Si los alumnos y sus padres no tienen inconveniente, puede realizar una grabación en audio o en vídeo de las diferentes presentaciones. Dedique una clase para ver con todos los alumnos los vídeos realizados y haga los comentarios y las correcciones que crea oportunos.

Para ir más lejos
- Reparta a sus alumnos una pequeño cuestionario de autorreflexión (en su lengua, si le parece más oportuno) sobre la presentación que han realizado. Algunas de las preguntas podrían ser:

  - **¿Cómo te has sentido trabajando en grupo?**
  - **¿Ha sido fácil o difícil?**
  - **¿Han participado todos los miembros del grupo?**
  - **¿Qué es lo que más te ha gustado de vuestra presentación? ¿Lo que menos?**
  - **¿Qué podríais mejorar para la próxima vez?**

- Si en su clase existe otra lengua vehicular aparte del español, pídales que hagan el cuestionario de autorreflexión en parejas o en grupo.
- Diga a sus alumnos que guarden los cuestionarios en sus dossieres o portfolios. Pueden servirles para mejorar sus formas y rutinas de trabajo y para ver la evolución posterior de sus presentaciones y proyectos.

EVALUACIÓN

- Esta evaluación se podrá plantear en dos sesiones de clase. La primera, para las actividades de comprensión lectora, comprensión oral y expresión escrita. En una segunda sesión, ya sea en la clase o bien de forma individual con el profesor, los estudiantes realizarán las actividades de expresión e interacción oral, que se habrán podido preparar en casa. Anuncie a sus estudiantes las actividades que van a realizar en la primera sesión.
- Comprensión lectora: dígales cuánto tiempo van a tener para leer el texto y para responder.

Pista 13

- Comprensión oral: aclare que van a escuchar una audición con datos biográficos de la persona de la foto y que luego deberán marcar las respuestas correctas. Deles tiempo para leer las respuestas antes de escuchar e infórmeles de que podrán escuchar la audición dos veces.
- Expresión escrita: aclárales que deberán escribir cinco fechas y una frase completa con lo que pasó. Si le parece oportuno, recuérdeles que deberán usar el pretérito indefinido.

F9

- Reparta la ficha 9 para que escriban sus respuestas. Al finalizar las actividades puede pasarles una fotocopia con las soluciones para que corrijan ellos mismos.
- Antes de terminar la sesión, explíqueles en qué consisten las actividades de expresión e interacción oral y dígales cuándo las van a hacer. Dígales que van a preparar la presentación en casa y que para la expresión oral deberán traer a clase cuatro fotos para ilustrar la biografía de uno de sus familiares.
- Expresión oral: dígales que preparen la biografía de una persona de su familia con la ayuda de las fotos.
- Interacción oral: dígales que deberán buscar y llevar a clase algunos datos sobre un personaje famoso que les interese. Un compañero va a hacerles preguntas sobre su vida. Explique que todos van a realizar el papel de entrevistador y el de entrevistado.
- Exponga cuáles van a ser los criterios de evaluación para todas las actividades, haciendo hincapié en las actividades de expresión e interacción oral.

Corrección y criterios de evaluación

1. COMPRENSIÓN LECTORA

Criterios de evaluación (sugerencia)

12 puntos por todos los ítems ordenados correctamente Se descuenta 1 punto por cada error hasta un máximo de 5 errores 0 puntos si hay más de 5 errores	...... / 12

Solución

1-4-9-6-12-11-5-10-3-2-7-8

2. COMPRENSIÓN ORAL

Criterios de evaluación (sugerencia)

2 puntos por respuesta correcta	...... / 10

Solución

1. b
2. b
3. a
4. a
5. b

3. EXPRESIÓN ESCRITA

Criterios de evaluación (sugerencia)

Contenido Explica hechos importantes (pertinentes), ya sean de su vida o históricos.	...... / 4,5
Lenguaje Frases escritas correctamente, usando variedad de marcadores temporales y el pretérito indefinido correctamente.	...... / 3,5
Total	...... / 8

4. EXPRESIÓN ORAL

Criterios de evaluación (sugerencia)

Contenido Presenta a la persona y dice cuál es su relación con ella. Explica hechos relacionados con las imágenes que va mostrando.	...... / 3
Lenguaje Formula frases correctas, usa cierta variedad de marcadores temporales y el pretérito indefinido correctamente.	...... / 3

Coherencia y cohesión Usa los conectores necesarios para formar un discurso trabado, aunque sea con frases cortas.	...... / 3
Pronunciación y entonación	...... / 1
Total	...... / 10

INTERACCIÓN ORAL

Criterios de evaluación (sugerencia)

Estructura El orden de las preguntas es lógico y se adecua a las respuestas que va recibiendo. Se escuchan mutuamente, piden y dan aclaraciones si lo necesitan.	...... / 3
Contenido Las preguntas son adecuadas y piden información relevante, las respuestas se adecuan a las preguntas y son algo extensas si es pertinente.	...... / 4
Lenguaje Formulan frases correctas, usan cierta variedad de marcadores temporales y el pretérito indefinido correctamente.	...... / 2
Pronunciación y entonación	...... / 1
Total	...... / 10

PROPUESTA DE EVALUACIÓN TOTAL

El valor otorgado a cada una de las actividades es orientativo y da un resultado total de 50 puntos. Usted puede decidir ponderar cada una de estas actividades de manera diferente según sus propios criterios, las necesidades de sus alumnos, la manera en que se han desarrollado las clases, etc.

Comprensión lectora	.... / 12
Comprensión oral	.... / 10
Expresión escrita	.... / 8
Expresión oral	.... / 10
Interacción oral	.... / 10
Total	.... / 50

UNIDAD 3
AQUÍ VIVO YO

Mi pueblo

Antes de empezar

- Para contextualizar la unidad y activar conocimientos previos, puede comenzar la clase haciendo preguntas a sus alumnos sobre dónde viven:
- **¿Dónde vives? ¿Es un pueblo o una ciudad? ¿Es grande o pequeño? ¿Cuántas personas viven? ¿Dónde está? ¿Tiene playa? ¿Te gusta? etc.**

Cómo lo hacemos

- A continuación, pídales que miren el título de la unidad, las fotos de la portadilla y el mapa de España. Pregúnteles qué significa el título de la unidad y de dónde creen que son las fotos.

P1

- Si dispone de proyector, muestre las imágenes de la portadilla y anímelos a describir lo que ven con el léxico del que disponen ahora.
- Probablemente no tendrán dificultad en decir que son fotos de un pueblo que está en el centro de España y que se llama Navaluenga.
- Explíqueles que hay un chico, Adrián, que vive en Navaluenga y que van a leer un correo electrónico que le ha escrito a su amigo Giovanni para explicarle cómo es su pueblo y animarlo a visitarlo.
- Pida a un par de voluntarios que lean el correo de Adrián en voz alta, o bien dígales a los alumnos que lo lean individualmente y en silencio.
- Una vez realizada la lectura, distribuya a los alumnos en parejas y pídales que, al pie de las fotos

o en sus libretas, escriban alguna información sobre Navaluenga. Para facilitar la corrección posterior, le sugerimos que numere las fotografías.
- Vuelva a proyectar las imágenes para hacer la corrección en gran grupo. Por turnos, algunos alumnos pueden decir qué han escrito para cada imagen.

Solución (sugerencia):

Foto del chico con la bici >	Camino para pasear o ir en bicicleta en los alrededores de Navaluenga.
Foto del campanario >	Iglesia de Nuestra Señora de los Villares, Navaluenga.
Foto del río >	Río Alberche con gente bañándose.
Foto de los bailarines >	Fiesta con bailes regionales en un pueblo de la zona.
Foto de la plaza >	Plaza de Navaluenga, con el Ayuntamiento y gente paseando.

Para ir más lejos

- Un mural de tu pueblo o ciudad. Pida a los alumnos que, al día siguiente, traigan a clase fotos de sus respectivos pueblos o ciudades (pueden encontrarlas en internet). Si usted no tiene inconveniente, traiga también fotos de su pueblo o ciudad para mostrarlas a los alumnos.
- Reparta pequeñas cartulinas de colores DIN A4 para que los alumnos confeccionen un mural con todas las fotos que han aportado. Pídales que escriban algunos datos informativos para explicar las fotos como en la portadilla de la unidad.
- Si los alumnos lo desean, pueden colgar los murales en las paredes de la clase.

¿DÓNDE ESTÁ MI MOCHILA?

1. No encuentro mi anorak

HAY QUE SABER

- La palabra **anorak** es un extranjerismo (palabra tomada de una lengua extranjera), que viene del inuit, la lengua de los esquimales. En español existen muchos extranjerismos del inglés (**catering, film, marketing, internet**...), del francés (**cruasán, champán, chalé**...), del italiano (**pizza, capuchino**...), etc. Puede comentarlo con sus alumnos y decirles que los comparen con los que existen en su lengua materna.

Antes de empezar

- Lea en voz alta el título de la actividad **No encuentro mi anorak**. Haga gestos como si estuviera buscando algo y diga frases como **¿Dónde está mi anorak? ¿Alguien ha visto mi anorak? No lo encuentro.** Si lo prefiere, cambie la palabra por **chaqueta** o por el nombre de algún otro objeto. Pregunte a sus alumnos si saben qué significa la frase del título. Aproveche esta introducción para remitir a los alumnos al apartado *Presentes irregulares* (p. 37) y pídales que observen los verbos y le digan las irregularidades del verbo **encontrar** (o > ue) y **poner** (-g-). Algunas formas de estos dos verbos aparecerán también en la audición del apartado A de la actividad 2. Vuelva a tratar el tema aquí si lo considera oportuno.

- Aproveche la palabra **anorak** para comentar qué son los extranjerismos y dígales que le den otros ejemplos que conozcan.

- A continuación pregúnteles qué ven en la ilustración (un apartamento, un piso o una casa) y qué objetos reconocen. Infórmeles de que se trata de la nueva casa de la familia Álvarez y de que Manu y Nerea no encuentran algunos objetos, porque se acaban de cambiar de casa. Pregúnteles quiénes creen que son Manu y Nerea, qué hacen, cómo son, qué les gusta, etc.

- Puede repartir ahora la ficha 1. Infórmeles de que van a ir aprendiendo los nombres de distintas partes, muebles y objetos de la casa poco a poco. Si lo desea, puede decirles que escriban primero las palabras que ya saben.

Cómo lo hacemos
A.
- Dígales que lean los nombres de los cinco objetos que propone la actividad. Aunque se trata de vocabulario ya conocido, si tiene en clase alumnos nuevos y lo ve necesario, recuerde el significado de las palabras **mochila**, **botas** y **gorra**. En parejas, los alumnos deberán buscarlas en la ilustración de la casa y señalarlas. Anímelos a usar la estructura propuesta en la muestra de lengua: **El / la / las ... está/n aquí.**

- Puede hacer esta actividad en gran grupo usando el proyectable 2. Pídales a algunos alumnos que señalen los objetos en la imagen y que verbalicen su acción: **El / la / las ... está/n aquí.** Vaya preguntando a los alumnos **¿Dónde está/n ...?** para que puedan memorizar la pregunta.

- En el caso de que produzcan frases con artículos indeterminados (incorrectas), recuérdeles que al localizar los objetos (con el verbo **estar**) deberán cambiar el artículo indeterminado (**un**, **una**, **unos**, **unas**) que leen junto a la presentación de los objetos en el libro por el artículo determinado (**el, la, los, las**).

- Puede remitirlos ahora al apartado *Hay / está* (p. 36) para hacerles observar para qué se usan estos dos verbos y con qué artículos y preposiciones suelen combinarse.

B.
- A continuación, infórmeles de que van a escuchar a Manu y a Nerea hablando con su madre y preguntándole dónde están algunos objetos que no encuentran. Exponga claramente el objetivo de la actividad: deducir el nombre de algunas partes de la casa y de algunos objetos, a partir de lo que van a escuchar en la audición. Si lo cree necesario, dígales que los objetos que han localizado en el apartado A les van a ayudar.

- Antes de poner la audición, diga a sus alumnos que vayan leyendo el diálogo mientras la escu-

chan y que señalen en qué partes se habla de los objetos del apartado A.

- Ponga la audición una segunda vez y anímelos a deducir el nombre de algunos muebles y partes de la casa. Dígales que lo escriban en el lugar de la ilustración que corresponda (ficha 1) y que luego comparen sus respuestas en parejas.

- Vuelva a mostrar el proyectable 2 para hacer la corrección si tiene la posibilidad.

Solución (se pueden deducir):

> la habitación, la cama, el armario, la cocina, el baño, la estantería, el salón, el sofá, la lámpara

Finalmente, diga a sus alumnos que vuelvan a leer el diálogo y que se fijen en las siguientes frases:

-¿El <u>anorak amarillo</u>? <u>Lo</u> he visto en la habitación de Nerea.

-<u>Tus botas</u> <u>las</u> he puesto delante del armario.

-¿Y mi <u>mochila verde</u>?
-<u>La</u> has dejado en la cocina.

-¿Y mi <u>mochila negra y roja</u>?
-En el salón, ¿no <u>la</u> ves?

- Escríbalas en la pizarra y marque los pronombres átonos de complemento directo (**lo, las, la**). Pregúnteles a qué otras palabras (o ideas) se refieren estos pronombres y márquelo en las frases cuando obtenga la respuesta correcta. Explíqueles qué tipo de palabras son. Pregúnteles si también existen en sus lenguas y si saben para qué sirven. Remítalos al apartado *Los pronombres átonos de complemento directo* (p. 40) de REGLAS, PALABRAS Y SONIDOS. Allí encontrará algunas explicaciones, ejemplos y ejercicios.

Para ir más lejos
- <u>Juego de las postales.</u> Recopile unas cuantas postales o fotos de internet, si puede ser que contengan el mismo tipo de paisaje o de monumento (montañas, ríos, casas con ventanas y con balcones, etc.), y córtelas por la mitad, en diagonal.
- Lleve a la clase los trozos de postales y distribúyalos, mezclados, entre los alumnos. Se trata de que formen parejas con las dos mitades de cada postal. Para ello, cada alumno deberá describir el trozo que le haya correspondido. A partir de esta descripción, los demás alumnos deberán hacerle preguntas para averiguar si tienen la otra mitad de su postal.

> **¿La ventana está a la derecha de la puerta?**
> **¿Hay cinco árboles al lado del río?**
> **...**

- Escenificar un diálogo. Explique a los alumnos que, en grupos de tres, deberán aprenderse de memoria y representar para toda la clase el diálogo entre Manu, Nerea y su madre.
- Anímelos a que, para mejorar su pronunciación y entonación, traten de imitar en lo posible a las personas de la audición. Dígales que intenten imaginar y reproducir los gestos de los personajes en sus escenificaciones.
- Hágales escuchar de nuevo la audición y deles tiempo para que lean el diálogo, lo repitan en voz alta y practiquen entre ellos.
- Haga una votación para elegir la mejor escenificación.

▶ CE: 6 (p. 32)

2. Debajo de la cama

Antes de empezar

- Recomendamos realizar una actividad previa de repaso y fijación del vocabulario de la anterior actividad.
- Agrupe a los alumnos en parejas. Uno de ellos deberá sentarse delante de un papel con algo para escribir y con los ojos cerrados o vendados. El otro deberá tomarle la mano y guiársela para escribir una palabra sobre el tema partes y muebles de la casa. El alumno con los ojos cerrados tendrá que adivinar qué palabra están escribiendo juntos.

Cómo lo hacemos

Pista 15

F1

A.
- Una vez repasado el vocabulario, diga a sus alumnos que Manu y Nerea siguen buscando algunas cosas, pero que ahora están hablando en la habitación de Nerea, tal como ven en el dibujo. Dígales que van a escuchar su conversación y que, mientras la escuchan, tienen que ir mirando la ilustración para localizar los objetos de los que se habla. Recuérdeles que pueden completar algunas palabras más en el dibujo de la habitación (ficha 1).
- Anuncie a sus alumnos que ahora van a aprender expresiones para situar objetos en el espacio. Infórmeles de que en el diálogo de la actividad 1B ya han salido algunas. Si lo desea, repáselas con ellos y pregúnteles qué significan (podrán saberlo con el dibujo).
- Ahora ponga la audición (una o dos veces) y pida a sus alumnos que, con la ayuda de los elementos propuestos en la tabla, construyan frases para indicar dónde se encuentran los objetos citados y que las escriban en sus libretas.
- Finalmente pida a algunos voluntarios que salgan a la pizarra a corregir las frases del ejercicio de forma oral.

Solución

1. Las zapatillas están debajo de la cama.
2. La raqueta de tenis está encima del armario.
3. Los cómics están dentro de la caja grande.
4. La caja grande está detrás de la puerta.
5. El monopatín está en la estantería.

- Adviértales de que con esta actividad también han sido capaces de deducir algo: algunos marcadores frecuentes para situar en el espacio (**en, dendro de, detrás de, encima de, debajo de**).
- Para sistematizar estos marcadores, remita ahora a sus alumnos al apartado *Situar en el espacio* (p. 36) e intente que deduzcan el significado de los que aún no han visto con la ayuda de los dibujos.
- Le sugerimos que repase en voz alta todos estos marcadores colocando un objeto, por ejemplo un bolígrafo, en distintas posiciones. Asegúrese de que todos los alumnos conocen las referencias (**libro, mesa, silla, pizarra, puerta, ventana**, etc.) para poder situarlo.

  P: **¿Dónde está el bolígrafo?**
  A1: **Debajo de la mesa**
  P: **Y ahora, ¿dónde está el bolígrafo?**
  A2: **Al lado del libro**
  ...

B.
- Pida a un alumno que lea el enunciado en voz alta. Dígales que miren la ilustración y que, individualmente, escriban en su libreta dónde están los objetos que aparecen en la actividad. Recuérdeles que deberán usar los marcadores, el artículo determinado y el verbo **estar**.

Solución (sugerencia):

La lámpara está al lado del sofá.
La pelota de fútbol está encima de la estantería.
La planta está al lado del televisor.
La mesa está en la cocina.

C.
- Pregunte a sus alumnos por los adjetivos que describen a una persona que le gusta el orden o no (**ordenado(a) / desordenado(a)**) y escríbalos en la pizarra. Pregúnteles cómo se consideran y si ordenan sus habitaciones o ayudan a ordenar la casa.
- Coménteles que la casa de Manu y Nerea está bastante desordenada y que hay algunas cosas en lugares extraños, donde no deberían estar. Dígales que deberán encontrar tres de ellas y escribir en sus libretas dónde están. Para ello, dígales que lean las muestras de lengua de la actividad y que escriban frases similares usando la misma estructura.

- Corrija en gran grupo y recuérdeles que, en este tipo de frases donde se habla de la existencia de objetos, deben usar **hay** y el artículo indeterminado.

Solución (sugerencia):

Hay unos zapatos encima del sofá.
Hay unos libros en el suelo.
Hay un ordenador encima del váter.
Hay un microondas en el suelo de la cocina.
Hay un oso de peluche encima de la mesa de la cocina.
Hay unos guantes debajo de la mesa de la cocina.

- Finalmente, para sistematizar algo que ha aparecido a lo largo de esta doble página, remítalos al apartado *Hay / está* (p. 36). Lea con sus alumnos los ejemplos y pregúnteles qué diferencias encuentran entre el uso de **hay** y el uso **estar**. Intente que ellos saquen sus propias conclusiones pero procure que vinculen el uso de **hay** para hablar de existencia y el de **estar** para hablar de ubicación.
- En el apartado *Usos de ser, estar, haber y tener* (p. 40) de REGLAS, PALABRAS Y SONIDOS se profundizará sobre el tema y los alumnos podrán hacer más ejercicios.

Para ir más lejos

F2

- ¿Dónde está mi mochila? Distribuya entre sus alumnos, en parejas, las fotocopias de la ficha 2 para que encuentren las diez diferencias entre los dibujos. Haga una puesta en común oral de las cosas que se han movido en el dibujo B con respecto al A e insista en las formas verbales **está / están**.

- La casa de tus sueños. Material necesario: Cartulinas, catálogos de muebles y revistas de decoración. Diccionarios.

- Para trabajar las partes de la casa y el mobiliario, le sugerimos que realice una actividad con recortes de fotos de catálogos y revistas. Para ello, el día anterior, pida a sus alumnos que traigan a clase catálogos y revistas de decoración que tengan en casa.
- Distribuya la clase en grupos de cuatro alumnos y reparta una cartulina por grupo. Los alumnos deberán dibujar sobre la cartulina, en unos 20 minutos, el plano de la casa de sus sueños. Pídales también que la decoren y amueblen con fotos de los catálogos. Deberán escribir el nombre en español de cada elemento que aparezca en sus planos. Pueden usar el diccionario o pueden consultarle a usted formulando la siguiente pregunta: **Por favor, ¿cómo se dice / qué significa ... en español?**
- Pasado el tiempo, diga a los alumnos que presenten sus casas oralmente a la clase. Deles unos 5-10 minutos para que preparen sus presentaciones.

MINIPROYECTO

- Pida un voluntario, o elíjalo usted mismo, para que salga de la clase. Explíquele que sus compañeros van a elegir un objeto de la clase y que él o ella deberá adivinar qué es con la ayuda de las preguntas que haga (remítalos a las muestras de lengua). Coménteles que las respuestas tendrán que ser lo más exactas posible. Para dar mayor dinamismo al juego, las preguntas solo podrán ser respondidas con **sí** o **no**.
- Una vez encontrado el objeto, pida a un nuevo voluntario que salga de la clase. Siga haciendo rondas hasta que los alumnos pierdan el interés por la dinámica.

▶ CE: 1 (p. 29), 7 (p. 32), 8 (p. 33) y 2 (p. 37)

ESTE ES NUESTRO BARRIO

3. El barrio de la Paz

Antes de empezar
- Pegue, en la pizarra, desordenadas, tarjetas con las siguientes palabras: **universo, galaxia, mundo, continente, país, región, ciudad, pueblo, barrio, avenida, calle.**
- Dé a sus alumnos cinco minutos para que las anoten en sus libretas con el artículo determinado (**el / la**) correspondiente y, en parejas, las ordenen de mayor a menor tamaño. Para la corrección pida a algún voluntario que escriba los artículos y ordene las tarjetas en la pizarra.

Cómo lo hacemos
A.
- Pregunte a sus alumnos qué ven en la ilustración (un barrio de una ciudad) y cómo se llama el barrio. A continuación, pregúnteles dónde viven y cómo son sus barrios, pueblos o ciudades. Para que puedan explicarlo, remítalos al apartado *La ciudad y el barrio* (p. 38). Deles unos minutos para que lean los ejemplos y le pregunten lo que no entiendan. Luego, haga preguntas concretas como **¿Es un pueblo bonito? ¿Tiene aeropuerto, tu ciudad? ¿Hay cines en tu barrio?**
- Procure que la mayoría pueda decir algo sobre la zona donde vive y anote en la pizarra las palabras que aparezcan y considere más rentables para hablar de lugares de residencia (**bonito, tranquilo, ruidoso, cine, coche, cerca, lejos**...).

- Aunque en este apartado aparecen varios ejemplos con los verbos **es**, **está**, **tiene** y **hay**, le sugerimos dejar la explicación en profundidad para después de todas las actividades de esta unidad, cuando lleguen a la sección REGLAS, PALABRAS Y SONIDOS.

B.

- Diga a sus alumnos que deberán localizar las palabras que ven en el mapa del barrio de La Paz. Coménteles que podrán deducir el significado de muchas de estas palabras con la ayuda del dibujo, por proximidad con su idioma u otros que conozcan. Para facilitar las corrección, diga a los alumnos que escriban en sus libretas las palabras con el número indicado en el dibujo.

Solución

1. un hotel	**7.** una plaza
2. un supermercado	**8.** una tienda
3. una iglesia	**9.** una parada de autobús
4. una estación de metro	**10.** un parque
5. un museo	**11.** un restaurante
6. un aparcamiento	

- Ahora, propóngales que lean las palabras y traten de memorizarlas de la forma que a cada uno le vaya mejor. Para dar a sus alumnos estrategias de aprendizaje, haga una puesta en común sobre las diferentes técnicas de memorización de vocabulario que los alumnos han empleado.

C.

- Una vez localizados todos los lugares de la actividad anterior, diga a sus alumnos que se agrupen en parejas. Explíqueles que deberán inventar pequeños diálogos como el de las personas que aparecen en el dibujo. En los diálogos, un alumno deberá preguntar por los cinco lugares que aparecen en la actividad y el otro deberá dar la información correspondiente. Lea con sus alumnos la pregunta **Perdone, ¿hay una estación de metro por aquí?** y recuérdeles de nuevo el uso del artículo indeterminado con **hay**. Recomiéndeles que no traten de formular indicaciones complejas y que usen los marcadores para situar en el espacio que ya conocen.
- Cuando tenga la ocasión apropiada, durante o al acabar de poner en común los pequeños diálogos del apartado C, remita a sus alumnos al partado *Un/o, algún/o, ningún/o, una, alguna, ninguna* (p. 38). Es muy probable que en sus producciones hayan cometido errores con estas palabras. Lea con ellos los ejemplos y deles tiempo para que le pregunten lo que no entiendan. No olvide comentarles el fenómeno del apócope (la pérdida de una o varias letras al final de una palabra), que experimentan **uno**, **alguno** y **ninguno** cuando van delante de un nombre masculino.

▶ CE: 9 (p. 34), 5 (p. 31) y 10 (p. 35)

4. Nuestro barrio

Antes de empezar

- Pregunte a sus alumnos si se acuerdan de Martín y de sus amigos (vuelvan un momento a las páginas 12 y 13, pero sin leer) y pídales que escriban en sus libretas todo lo que recuerden sobre ellos. Haga una puesta en común en gran grupo.
- Pídales, a continuación, que observen el texto y las imágenes de la página 39. Pregúnteles qué saben de este texto, guiando sus intervenciones si es necesario: **¿Qué tipo de texto es? ¿De qué son las fotos? ¿Quiénes escriben? ¿Solamente los autores del blog?...** Seguramente podrán decir lo siguiente: es otra sección del blog que ya conocieron en la unidad 1, titulada *Nuestro barrio*; en ella, los chicos del grupo de teatro cuentan en qué barrio viven y cómo es y algunos lectores comentan el texto; hay también dos fotos del barrio de La Latina.

Cómo lo hacemos

- Una vez recordada toda la información sobre Martín y su grupo de teatro y entendido qué tipo de texto y de información tienen en la página, dé a sus alumnos unos 10-15 minutos para que lean el texto. Si lo desean, pueden usar el diccionario.
- Tras la lectura, pregúnteles si les gustaría vivir en el barrio de La Latina y pídales que traten de argumentar sus opiniones, tal como lo hacen los chicos que han dejado sus comentarios en el blog. Para ello podrán servirse también del vocabulario y de los ejemplos propuestos en el apartado *La ciudad y el barrio* (p. 38).

Para ir más lejos

- <u>Dictado de pared.</u> Antes de realizar el miniproyecto, puede hacer un dictado del texto *Nuestro barrio*. Diga a sus alumnos que se agrupen en parejas y anúncieles que van a hacer un dictado muy "dinámico". Asigne una letra A o B a los miembros de cada pareja.

F3

- Reparta la ficha 3 ya recortada: una mitad para cada miembro de la pareja. Por turnos, cada uno dictará su parte a su compañero. Al terminar podrán corregirse mutuamente los textos escritos.
- Otra forma de hacer el dictado es la siguiente: dígales que van a intentar memorizar algunas frases y dictarlas a su compañero. Cuelgue o deje las fichas 3A y 3B en lugares distintos del aula. Cada integrante de la pareja tendrá que ir hasta el lugar del aula donde se encuentre su mitad del texto, leer y memorizar una frase, volver a su sitio y dictársela a su compañero. Pueden seguir este proceso hasta terminar de dictar toda su mitad. A continuación, el compañero hará lo mismo con la otra mitad. Ganará el equipo que termine antes el dictado sin errores ni deformaciones.

MINIPROYECTO

Cómo lo hacemos

- Diga a sus alumnos que piensen en un barrio, un pueblo, una ciudad o un país que todos conozcan bien. Distribuya la clase en grupos según el lugar escogido.
- Pídales que, tomando como modelo los comentarios del texto *Nuestro barrio*, escriban en una hoja de papel un comentario sobre el lugar que hayan escogido.

- Para ello necesitarán expresiones como las que aparecen en los apartados *Causas y consecuencias* y *Lo que* (p. 39). Remítalos a los apartados y comente los ejemplos propuestos.
- A continuación, pídales que recorten y peguen los comentarios escritos sobre una cartulina. De esta forma, los alumnos elaborarán un foro-mural sobre los lugares de cada grupo. El título de cada foro-mural puede ser el nombre del barrio, la ciudad, el pueblo, el país, etc.

▶ CE: 11 (p. 35), 1 (p. 36), 3 (p. 37), 1 (p. 38) y 1 (p. 39)

REGLAS, PALABRAS Y SONIDOS

USOS DE SER, ESTAR, HABER Y TENER

- Estos verbos se han ido viendo a lo largo de esta unidad en diferentes actividades, contextos y usos. Por ello le recomendamos tratar este apartado a modo de repaso y sistematización, una vez realizadas todas las actividades hasta la página 39.
- Haga observar a sus alumnos que los cuatro verbos del título sirven para hablar de lugares: para hablar de la existencia de cosas en lugares (**haber** y **tener**), para hablar de la ubicación (**estar**) y para describirlos e identificarlos (**ser**). Lea con sus alumnos la tabla del libro y, si le parece oportuno, pídales que le vayan diciendo otros complementos posibles para las frases que se ofrecen (**En mi ciudad hay... pocos teatros.**). Deténgase al finalizar los ejemplos de cada verbo y vaya llamando la atención sobre los siguientes aspectos:
  - Las frases con el verbo **hay** suelen tener la preposición **en** para señalar el lugar. Los objetos (directos) van, o bien con artículos indeterminados o con cuantificadores, o bien sin artículo, tal como se dice en el "ojo".
  - El verbo **tener** suele usarse para hablar de la existencia de servicios de los que solo existe uno (**aeropuerto**) o bien para hablar de servicios que van en plural. Dígales que podemos expresar más o menos lo mismo diciendo **En Madrid hay aeropuerto**, o bien diciendo **Madrid tiene aeropuerto**.
  - Con **estar** podemos hablar de la ubicación, con los marcadores para situar en el espacio. También podemos describir y decir las características de un lugar (**La escuela está bien comunicada / limpia...**). En este último caso, hágales observar, tal como verán en el "ojo", que siempre van a usar el verbo **estar** con adjetivos derivados de participios (**situado/-a, comunicado/-a, sentado/-a...**). Si nunca antes habían observado este fenómeno, puede dedicar un breve espacio de tiempo a comentarlo, aunque volverá a aparecer en la unidad 5.
  - Finalmente, con **ser** podemos describir con adjetivos (no derivados de participios) y describir con

sintagmas nominales, es decir, con grupos de artículo + nombre (+ adjetivo / ...). Llame la atención sobre el hecho de que cuando hay artículos, determinados o indeterminados, no se puede usar el verbo **estar**.

F4

P3

- Para que empiecen a producir algunas frases después de su explicación, puede repartir la ficha 4 y hacer la actividad propuesta. Si dispone de proyector, muestre el proyectable 3 para hacer la misma actividad pero con la posibilidad de centrar la atención de todos los alumnos sobre el dibujo que usted irá señalando y las frases que irá leyendo.

F5

- Reparta la ficha 5 para que puedan escribir en ella las actividades del bloque REGLAS, PALABRAS Y SONIDOS. Diga a sus alumnos que, en clase o en casa, realicen el ejercicio 1 de este apartado y el ejercicio 7 (p. 32) del Cuaderno de ejercicios.

Solución

a. hay / hay
b. tiene
c está
d. es / está
e. tiene
f. es / es
g. hay
h. tiene
i. tiene
j. tiene

PRONOMBRES ÁTONOS
DE COMPLEMENTO DIRECTO

- En este apartado se sistematizan las formas y el uso de los pronombres átonos de complemento directo.
- Lea la lista de los pronombres, los ejemplos y explique el vocabulario que no entiendan. Hágales reflexionar sobre las formas, su funcionamiento, su posición dentro de la frase y su uso. Aunque los alumnos sacarán sus propias conclusiones, puede ser conveniente recordar que los pronombres son un fenómeno de economía lingüística y que se usan en lugar de otra palabra para evitar repeticiones farragosas en el discurso.
- Remárqueles que su posición normal es delante del verbo pero que con el infinitivo puede ir también detrás. Como se comenta en el libro, cuando el objeto o la persona "remplazados" aparecen en la frase, estos van al principio de la frase, añadiendo también el pronombre.

- Si tiene la posibilidad, acompañe su explicación sobre los pronombres de CD con el proyectable 4.
- Diga a sus alumnos que, en clase o en casa, realicen los ejercicios de este apartado y los ejercicios 2 y 3 (p. 30) y 4 (p. 31) del **Cuaderno de ejercicios**.
- Para hacer el ejercicio 4 haga que los alumnos se fijen en los diálogos que aparecen en los ejercicios anteriores y pregúnteles cómo serían en sus lenguas y si hay alguna palabra equivalente a estos pronombres.

2.
Solución

> **a.** ¿Me dejas esta película?
> Uy... no puedo: **la** (**película**) tengo que devolver mañana. Además, ya **la** (**película**) hemos visto y no es muy buena.
> **b.** ¿Dónde está mi mochila? No **la** (**mochila**) encuentro.
> **c.** ¿Buscas tu gorra? **La** (**gorra**) has dejado en el baño.
> **d.** Tengo el cuarto muy desordenado. Tengo que ordenar**lo** (**cuarto**) hoy mismo.
> **e.** ¿Me das tu correo electrónico? Creo que no **lo** (**correo electrónico**) tengo.

3.
Solución

a. la
b. me
c. los / lo
d. la / la

HAY UN GATO

- En este apartado se vuelven a repasar los marcadores para situar y localizar en el espacio. Haga de nuevo hincapié en el uso del artículo indeterminado (**un, una, unos, unas**) con la forma **hay**.
- Diga a sus alumnos que, en clase o en casa, realicen el ejercicio de este apartado. Deberán escribir ocho

frases para localizar a los gatos que aparecen en la ilustración de la derecha. Anímelos a que usen también la forma negativa para que produzcan frases del tipo: **No hay ningún gato dentro del quiosco.**

- Pueden realizar la actividad propuesta en gran grupo, en lugar de individualmente, si disponen de proyector (proyectable 5).

¿RÍO O RIO? DIPTONGOS

Antes de empezar

- El objetivo de este apartado es ayudar a los estudiantes a escribir acentos gráficos en las palabras con hiatos. Primero van a aprender a distinguir auditivamente los hiatos y luego verán cuándo se colocan los acentos.
- Si lo cree conveniente, recuerde a sus alumnos que en la primera unidad de **GENTE JOVEN NE 1** aprendieron lo que son las sílabas y vieron que existen sílabas tónicas. Pronuncie algunas palabras de forma clara para que le digan qué sílabas las componen y dónde está la sílaba tónica.
- Una vez hayan refrescado la memoria, pronuncie las palabras **río** y **rio** y pregúnteles si observan alguna diferencia en cuanto a la pronunciación.
- Pida a tres voluntarios que se coloquen de pie delante de la pizarra y asigne a uno la letra **r**, a otro la **i** y al último la **o**. Si lo desea, puede escribirlas en una hoja de papel y darle una a cada uno.
- Vuelva a pronunciar varias veces **río** y **rio** y pídales que se pongan juntos o separados según crean que se pronuncian las dos vocales en cada caso. Remarque con sus posiciones la pronunciación separada de las vocales en **río** y la posición conjunta del diptongo **io** en **rio**.
- Si lo desea, aproveche la idea que evoca la ilustración del hombre con el serrucho para que algún alumno "corte" las sílabas como si estuviera serrando.
- A continuación, infórmeles de que van a aprender que, unas veces, las vocales que van seguidas en una palabra se pronuncian en la misma sílaba, como en **Lu-cre-cia** o **rio** (diptongos) y otras, las vocales que van seguidas en una palabra se pronuncian en sílabas separadas como en **Lu-cí-a**, **rí-o** o **co-rre-o** (hiatos). Si no lo cree necesario, no hace falta enseñarles las palabras **diptongo** e **hiato**.

Cómo lo hacemos
1.

Pista 16

- Antes de poner la grabación diga a sus alumnos que van a escuchar una lista de palabras para marcar en la tabla la división silábica que sea correcta.

Solución

a. quie - ro
b. nue - vo
c. es - tu - dian
d. cua - der - no
e. bien
f. cien - cia
g. rei - na

- Puede pronunciar usted algunas palabras más como **ai-re**, **bai-lar**, **au-la**, **flau-ta**, **pau-sa**, **seis**, **a-cei-te**, **eu-ro**... y pedirles que separen sus sílabas. Así tendrán más ejemplos de diptongos decrecientes, aunque estos son menos frecuentes en español.

2.

- En parejas, diga a sus alumnos que observen las palabras del ejercicio 1 con la división silábica correcta y que comprueben si las combinaciones de vocales que ven en el ejercicio 2 se pronuncian en una misma sílaba o en dos.

Solución

(**i, u**) + (**a, e, o**) se pronuncian en la misma sílaba (juntas)
(**a, e, o**) + (**i, u**) se pronuncian en la misma sílaba (juntas)

- Ponga de nuevo la audición y corrija o confirme sus hipótesis.
- Si lo desea, infórmeles de que, en español, las vocales (**a**, **e**, **o**), combinadas entre ellas, no se pronuncian en la misma sílaba (**a-é-re-o**, **bu-ce-o**, **ca-er**, **ma-es-tro**, **pe-le-a**...).

3.

Pista 17

- Retome las palabras **río** y **rio** de la introducción y pregunte a sus alumnos si se escriben igual (con / sin acento gráfico). Pregúnteles para qué creen que sirve el acento de **río** (para indicar la pronunciación de las vocales en sílabas distintas).
- Ponga la audición y dígales que escuchen y que escriban en sus libretas las palabras propuestas en el ejercicio, separándolas por sílabas.
- Para la corrección, pida a un voluntario para que escriba las palabras en la pizarra y ponga de nuevo la audición para que comprueben sus divisiones.
- Si no han podido deducirlo, explique que el acento sirve para indicar que dos vocales se pronuncian en sílabas distintas.

LA REVISTA

Raperos: poetas de barrio

Antes de empezar

- Pida a sus alumnos que echen una ojeada rápida al título y que miren la foto que acompaña a cada texto. Pregúnteles sobre el tema del artículo y qué saben sobre el rap. Coménteles que esta palabra también es un extranjerismo.

¿Os gusta? ¿Conocéis a alguno de los raperos? ¿Los raperos cantan? ¿Si no cantan, qué hacen? ¿Alguien sabe rapear?

- Si lo considera oportuno, aproveche el verbo **rapear** para conjugarlo en los tiempos verbales que ya conocen.

Cómo lo hacemos

- Pida a los alumnos que, individualmente y con la ayuda del diccionario, lean los cinco textos.
- Una vez aclarado el significado de los diferentes textos, agrúpelos en parejas. Cada integrante de la pareja tendrá unos 10-15 minutos para elaborar un cuestionario (verdadero / falso) o una batería de preguntas para su compañero. El cuestionario deberá contener, como mínimo, una pregunta sobre cada uno de los textos.

- Una vez escritos los cuestionarios, pídales que los intercambien y que los realicen con los libros cerrados.
- Finalmente, cada alumno deberá leer los textos nuevamente para comprobar sus respuestas.

Para ir más lejos

- Puede llevar a clase una muestra de la música de cada uno de los grupos (no le será difícil encontrarla en internet) y preguntarles cuál les gusta más. Acláreles que más tarde van a escuchar una canción entera de uno de los raperos de la página.

- Pida a sus alumnos que se imaginen el barrio en el que los raperos de los textos han vivido o viven en la actualidad. Comenten en gran grupo las descripciones de los barrios.

Te llevo

Cómo lo hacemos

Pista 18

- Explique a los alumnos que van a escuchar un rap del rapero El Chojin y escriba en la pizarra la pregunta que aparece en la letra del rap: **¿te vienes a dar una vuelta?** Aclare sus significado.

- Póngales la canción y dígales que la escuchen en silencio y traten de imaginarse el barrio por el que pasean. Coménteles que si algún alumno quiere, puede escuchar el rap con los ojos cerrados. Ponga la canción tantas veces como crea necesario.
- Distribuya a los alumnos en parejas y pídales que, con la ayuda del diccionario, lean el fragmento de la canción. Una vez leído, los alumnos deberán discutir y decidir entre ellos qué relación tiene la frase escrita en la pizarra con el título de la canción *Te llevo* y con el resto del rap. Haga una puesta en común en gran grupo (se trata de alguien que le enseña su barrio a otra persona; quizá sus alumnos podrán decirle por qué es importante el barrio para el protagonista).

- Inventar una situación y escenificarla. Sugiérales que, en parejas, escenifiquen un paseo, en coche o a pie, por un barrio imaginario. Escriba la forma del imperativo **mira** en la pizarra (aunque no hayan trabajado todavía con el imperativo, puede avanzarles esta forma, que no les será difícil de utilizar). Dígales que para inventar su diálogo, recuerden que en esta unidad han aprendido formas para hablar de ciudades y barrios y para hablar de existen-

cia y localización de objetos y lugares.
- Déjeles unos minutos para pensar su escena y dígales que consulten el libro si lo necesitan. Puede surgir un diálogo como este:

A1: **Mira, aquí está la escuela. Yo estudié aquí.**
A2: **¡Qué pequeña!**
A1: **Sí, un poco. Y aquí hay un resturante. Es nuevo.**
A2: **¿Hay cine en tu barrio?**
A1: **Sí, hay uno al lado del supermercado.**

- Inventar un rap. Puede sugerir a todos sus alumnos, o bien a algunos (como alternativa a la escena de teatro) que intenten describir sus lugares de residencia rapeando. En internet (youtube), tecleando "base de rap", encontrarán bases rítmicas para acompañar las descripciones "raperas" de sus barrios, pueblos o ciudades.

- Antes de comenzar con NUESTRO PROYECTO sería conveniente terminar todas las actividades del Cuaderno de ejercicios que han quedado sin hacer y comentarlas después en el aula.

▶ CE: 7 (p. 32), 2 Y 3 (p. 30) Y 4 (p. 31)

NUESTRO PROYECTO

JUEGO DE PISTAS

Antes de empezar
- El día previo a la sesión en la que tenga programado empezar con el proyecto final, comente a sus alumnos que el proyecto de esta unidad es una **gymkana** y escríbalo en la pizarra.
- Pregunte a sus alumnos si alguien sabe qué significa. Si no lo saben, dígales que se trata de otro extranjerismo (como **anorak**) de origen hindú y que es un juego (normalmente al aire libre) en el que participan varios equipos que deben buscar pistas y superar pruebas para ganar. Coménteles que el proyecto consistirá precisamente en eso, en un juego de pistas por equipos para encontrar un objeto.
- Lea con ellos la lista del material que necesitan para realizar la tarea y dígales que es muy importante que el día que realicen el proyecto tengan todas estas cosas en la clase. Encárguese usted de conseguir y fotocopiar el plano del colegio o, si lo quiere hacer más fácil, de la planta en la que se encuentre su clase. Otra posibilidad es que algún alumno que sepa dibujar bien se encargue de dibujar los planos para usar en el juego.

Cómo lo hacemos
A.
- Distribuya a la clase en equipos y deles unos 10 minutos para que se pongan de acuerdo y elijan el "tesoro" que quieren esconder. Para darles una idea de posibles tesoros, lea la lista de opciones que se ofrecen en el apartado.

TeNP3

- Reparta copias de la tabla de evaluación de este proyecto y anímelos a rellenar las partes que les corresponden.

B.
- A continuación, explíqueles que cada equipo deberá diseñar un logotipo o distintivo gráfico para diferenciarse de los otros equipos y marcar las pistas con él. Deles también unos 10 minutos para ello.
- Mientras realizan estas actividades preparatorias, vaya pasando por los diferentes grupos para ayudarlos, motivarlos y hablar con ellos en español. Haga anotaciones cada vez que alguno se dirija a usted en español, si trabajan de forma independiente, si usan el diccionario, etc.

C.
- Entregue a cada equipo una copia del plano del colegio. Los alumnos deberán decidir los 10 lugares en los que van a colocar sus pistas.

D.

- Una vez decidido el itinerario, entregue 10 tarjetas a cada equipo para que escriban en ellas las 10 pistas o indicaciones para encontrar el tesoro. Recuérdeles que deben dibujar sus logos en cada una de las tarjetas. Tenga a mano un par de tarjetas más por si los alumnos las necesitan.
- Coménteles que es muy importante que las indicaciones sean claras y exactas y estén escritas en letra legible o en mayúsculas.
- Lea con los alumnos los ejemplos que propone el apartado y deles usted algunas muestras más que contengan **está / hay** y los marcadores y preposiciones vistos en la unidad para situar en el espacio:

La pista número 2 está entre la mesa de Lukas y la mesa de Clara.
Al lado de la tercera pista hay una mochila verde.

E.

- En esta fase, los alumnos deberán salir del aula, esconder el tesoro y distribuir las pistas por las diferentes paradas. No olvide que la primera tarjeta con la primera pista deberán entregársela a usted.

F.

- Baraje bien las diferentes tarjetas con las primeras pistas y preséntelas en forma de abanico. Haga que un miembro de cada equipo coja una de las tarjetas. Asegúrese de que ningún grupo tome una tarjeta con su logo.
- ¡Una, dos y tres! ¡Ya pueden empezar a buscar!

EVALUACIÓN

- Esta evaluación se podrá plantear en dos sesiones de clase. La primera, para las actividades de comprensión lectora, comprensión oral y expresión escrita. En una segunda sesión, ya sea en la clase o bien de forma individual con el profesor, los estudiantes realizarán las actividades de expresión e interacción oral, que se habrán podido preparar en casa. Enuncie a sus estudiantes las actividades que van a realizar en la primera sesión.
- Comprensión lectora: dígales cuánto tiempo van a tener para leer las dos descripciones de los barrios de La Habana vieja y de Triana y para completar la tabla.
- Comprensión oral: explíqueles que van a escuchar una audición con una serie de instrucciones. Los alumnos deberán ir dibujando lo que van oyendo en una hoja en blanco.

Pista 19

- Expresión escrita: explique a sus alumnos que deberán describir su habitación, aclarando dónde está, cómo es, qué hay en ella y si le gusta o no.

F6

- Reparta la ficha 6 para que escriban sus respuestas. Al finalizar las actividades puede pasarles una fotocopia con las soluciones para que corrijan ellos mismos.
- Antes de terminar la sesión, explíqueles en qué consisten las actividades de expresión e interacción oral y dígales cuándo las van a hacer.
- Expresión oral: dígales que busquen y encuentren las siete diferencias existentes entre los dos planos. Deberán explicarlas de forma oral.
- Interacción oral: explíqueles que deberán buscar a un compañero que viva en su mismo barrio, pueblo, ciudad o país para hablar sobre qué les gusta o no del lugar donde viven. También, entre los dos, deberán encontrar tres cosas que les gusten y tres que no sobre el lugar del que estén hablando.
- Exponga cuáles van a ser los criterios de evaluación para todas las actividades, haciendo hincapié en las actividades de expresión e interacción oral.

Corrección y criterios de evaluación

COMPRENSIÓN LECTORA

Criterios de evaluación (sugerencia)

2 puntos por cada ítem respondido correctamente	...... / 10

Solución

	Habana vieja	Triana
Hay muchos monumentos importantes.	x	
Hay locales para escuchar flamenco.		x
Está junto al mar.	x	
Allí nacieron varios toreros famosos.		x
Es un lugar para salir por la noche		x

COMPRENSIÓN ORAL

Criterios de evaluación (sugerencia)

8 puntos si dibujan todos los elementos y los ubican correctamente 1 punto negativo por cada error de ubicación 1 punto negativo por cada objeto olvidado	...... / 8

Solución

EXPRESIÓN ESCRITA

Criterios de evaluación (sugerencia)

Contenido Describe su habitación con varios detalles, dice en qué parte de la casa está, qué hay y si le gusta o no.	...... / 5
Lenguaje Frases escritas correctamente, usando marcadores para situar en el espacio y el léxico necesario sobre objetos, muebles y partes de la casa.	...... / 5
Total	...... / 10

EXPRESIÓN ORAL

Solución

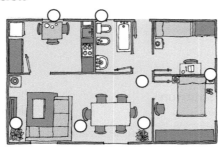

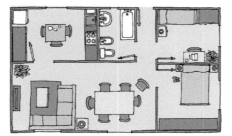

Criterios de evaluación (sugerencia)

Contenido Explica las siete diferencias de forma comprensible.	...... / 4
Lenguaje Construye frases correctas, usando las estructuras necesarias para hablar de ubicación (**hay** / **está**) y el léxico necesario sobre objetos, muebles y partes de la casa.	...... / 4
Pronunciación y entonación	...... / 2
Total	...... / 10

INTERACCIÓN ORAL

Criterios de evaluación (sugerencia)

Estructura Se preguntan y cuentan informaciones relevantes. Se escuchan mútuamente, piden y dan aclaraciones si lo necesitan.	...... / 4
Contenido Describen y valoran el lugar elegido y consiguen encontrar tres coincidencias positivas y tres negativas.	...... / 3
Lenguaje Formulan frases correctas, usan léxico para hablar de ciudades y barrios y usan los verbos **ser**, **estar**, **haber** y **hay** en construcciones correctas. Usan las distintas formas de **uno**, **alguno** y **ninguno**. Usan construcciones con **lo que** si lo necesitan y los conectores **porque** y **por eso**.	...... / 3
Pronunciación y entonación	...... / 2
Total	...... / 12

PROPUESTA DE EVALUACIÓN TOTAL

- El valor otorgado a cada una de las actividades es orientativo y da un resultado total de 50 puntos. Usted puede decidir ponderar cada una de estas actividades de manera diferente según sus propios criterios, las necesidades de sus alumnos, la manera en que se han desarrollado las clases, etc.

Comprensión lectora	.... / 10
Comprensión oral	.... / 8
Expresión escrita	.... / 10
Expresión oral	.... / 10
Interacción oral	.... / 12
Total	.... / 50

UNIDAD 4
OTROS TIEMPOS

Dos ciudades en el valle de México

Antes de empezar
- Lleve a clase fotos de vestigios representativos de diferentes épocas y civilizaciones, como por ejemplo:
  - Machu Picchu (la ciudad sagrada de los incas)
  - una pirámide maya, una pirámide egipcia
  - las esculturas de la Isla de Pascua
  - las excavaciones arqueológicas de Atapuerca
  - la dama de Elche (cultura íbera)
  - el Acueducto de Segovia (Hispania romana)
  - la Mezquita de Córdoba (Al-Andalus)
  - una iglesia románica y una catedral gótica
  - el Palacio Real de Madrid (barroco, s. XVIII)
  - una casa de Gaudí (modernismo catalán)

- Reparta las fotografías por las mesas de los estudiantes y haga que sus alumnos circulen por el aula mirándolas. Si tiene muchos alumnos y prefiere que no se muevan por la clase, haga grupos de 4 o 5 y reparta las fotos entre ellos. Una vez que las hayan mirado, pídales que las intercambien con las de los otros grupos.
- Pídales que elijan una de las fotos y que la describan oralmente ante la clase. Después, deben hacer hipótesis sobre qué creen que es, a qué época pertenece y en qué país se encuentra. Confirme o niegue lo que vayan diciendo:

  - **No. Pero caliente, caliente.** (Quiere decir que va por buen camino.)
  - **No. Frío, frío.** (La interpretación que da está muy alejada de la realidad.)

- Y ayúdeles, mediante pistas, a que ellos mismos encuentren las respuestas, aunque sean aproximadas: **No. Es de antes. / No, no está en España.**

P1

- Si tiene la posibilidad, como alternativa a la dinámica anterior, muestre el proyectable 1 y pregunte en gran grupo qué es cada una de las imágenes que van viendo.
- Después de este viaje por la historia, diga a sus alumnos que abran el libro por la página 46 y coménteles que van a continuar el viaje, conociendo algo más sobre la antigua civilización de los aztecas.

Cómo lo hacemos
- Escriba en la pizarra el título de la unidad y pregúnteles si saben qué significa. Coménteles los diferentes significados de la palabra **tiempo** (tiempo ver-

bal, clima, "horas, minutos, segundos" y época) y pregúnteles a cuál de ellos hace referencia el título.
- Pregunte a sus alumnos si les interesa la historia y qué conocen sobre la América precolombina, especialmente sobre los aztecas. Haga una puesta en común en gran grupo. Si no tienen muchos conocimientos, deles usted algunas breves informaciones y datos históricos. Haga hincapié en el hecho de que, antes de la llegada de los españoles, existían varias civilizaciones en América Latina y que a partir de ese momento la cultura en ese continente se "occidentalizó".
- Después de esta presentación, retome el título de la unidad y pregunte a sus alumnos si creen que los textos de la portadilla hablan del presente, del pasado o del futuro.

Solución

> Cuatro textos de la portadilla hacen referencia al pasado (sobre los aztecas y la antigua ciudad de Tenochtitlan) y un texto, al presente (sobre la actual ciudad de México).

- Pida a sus alumnos que, individualmente y con la ayuda del diccionario, realicen la actividad, leyendo los diferentes textos que acompañan a las ilustraciones y marcando en la tabla la opción correcta.

Solución

	Tenoch-titlan	México D. F.
Había un lago.	X	
Ya no hay lago.		X
Era la capital del Imperio azteca.	X	
Es la capital de México.		X
Tenía más de 300 000 habitantes.	X	
Tiene más de 20 millones de habitantes.		X
Tenía muchos canales.	X	
Ya no tiene canales, solo calles.		X
La gente iba en barca.	X	
La gente va en coche, en metro o en autobús.		X

- Haga la corrección de la actividad en la dinámica que crea más oportuna (en gran grupo, en parejas, en la pizarra, etc.).
- Pregunte a sus alumnos si se han dado cuenta de la aparición en las frases de los textos y de la actividad de un nuevo tiempo verbal para hablar sobre el pasado (el pretérito imperfecto). Dígales que le den algunos ejemplos.

Para ir más lejos
- Anuncie a sus alumnos que a lo largo de esta unidad van a viajar al pasado. Pregúnteles por personajes y épocas de la historia que les gusten y pídales que argumenten sus opiniones.

ANTES Y AHORA

1. Antes no había ordenadores

Antes de empezar

- Pida a sus alumnos que miren las fotos del ejercicio y le digan los nombres de los objetos que ven. Escríbalos en la pizarra. Pregúnteles si son todos de la misma época.

Solución

un dibujo en el suelo (para jugar a la rayuela), un teléfono, un disco de vinilo, un casete, una máquina de escribir, una televisión en blanco y negro, un móvil, un mando de un videojuego, un reproductor de mp3, un ordenador portátil, un televisor en color.

- Seguidamente pregunte si alguien sabe en qué año se inventó el teléfono y quién fue el inventor. Si no lo saben, escriba **Graham Bell / 1876** en la pizarra y pida a sus alumnos que produzcan una frase con los verbos **ser** e **inventar**:

   Graham Bell inventó el teléfono en 1876. / El inventor del teléfono en 1876 fue Grahan Bell.

- Pídales que se agrupen en parejas y que, con la ayuda del diccionario, escriban en sus libretas una lista con otros inventos que consideren importantes. Coménteles que este trabajo de vocabulario les servirá para el juego de los inventos que harán al final de esta actividad.

Solución (sugerencia)

internet, la tableta digital, la pizarra digital, la impresora, la luz eléctrica, el agua corriente, etc.

Cómo lo hacemos
A.

- Diga a sus alumnos que miren la foto de las dos personas que ilustra la actividad y dígales que la más joven de ellas, la chica, se llama Mar. Pregúnteles por la relación familiar que existe entre ellas.
- Una vez encontrado el parentesco (abuela y nieta), pregunte a sus alumnos si tienen abuelos, qué relación tienen con ellos, si los ven mucho, dónde viven, cómo son, etc.
- A continuación, pida a sus alumnos que lean los textos que acompañan a cada imagen para saber cómo era la vida **antes, cuando la abuela era joven...** Escriba esta frase en la pizarra. Recuérdeles que las fotos les ayudarán a entender lo que leen. Si lo desean, también podrán usar el diccionario.
- Finalmente, diga a sus alumnos que observen las fotos de la derecha, las correspondientes a la vida

de Mar, y que escriban en sus libretas frases sobre cómo es la vida ahora. Escriba **Ahora** al lado de la frase **Antes, cuando...** en la pizarra. Le servirá para organizar y dirigir la corrección posterior.

Solución (sugerencia)

Ahora, siempre jugamos en casa con videojuegos.
Ahora, podemos escuchar muchísimas canciones en cualquier sitio.
Ahora, es más fácil escribir trabajos para el colegio con los ordenadores.
Ahora, la televisión es en color y hay muchísimos canales.

B.

- Explique a sus alumnos que, en las frases de la izquierda, aparecen verbos en un nuevo tiempo del pasado: el pretérito imperfecto.
- Pida a sus alumnos que busquen los verbos en este tiempo. En sus libretas deberán dibujar una tabla como la del ejercicio para completarla, individualmente o en parejas, con todas las formas (y sus infinitivos) que encuentren.

Solución

Pretérito imperfecto	Infinitivo
jugaba	jugar
existían	existir
escuchaba	escuchar
tenía	tener
escribía	escribir
era	ser
había	haber

- Realice una corrección colectiva en la pizarra. Dígales que miren las formas del nuevo tiempo y que intenten deducir cómo se forma. Sugiérales que los dividan en las tres conjugaciones y que marquen las terminaciones del pretérito imperfecto. Seguro que encontrarán ciertas regularidades (primera conjugación: **-aba**; segunda y tercera: **-ía**).
- Para completar y confirmar sus suposiciones, remítalos al apartado *El Pretérito Imperfecto / Regulares* (p. 48). En la página 49 encontrará una pequeña tabla con los verbos irregulares más frecuentes: **ir** y **ser**. No olvide dar a sus alumnos la buena noticia de que solo hay tres verbos irregulares : **ser**, **ir** y **ver**.

Pista 20

C.

- Diga a sus alumnos que van a escuchar una conversación entre un chico que se llama César y su abuelo en la que el abuelo habla de su juventud.
- Pídales que escuchen atentamente y que completen las frases de la actividad. Deles un minuto para que lean antes las frases.

Solución

En la época del abuelo ...
1. la gente escribía cartas.
2. no había ordenadores, videojuegos, tabletas.
3. los niños jugaban a indios, a canicas, con mecanos, trenes de juguete, coches pequeños, en la calle.
4. la gente iba de vacaciones al pueblo, a la playa, al campo.
5. no se viajaba a países extranjeros, en avión.

Para ir más lejos

F1

- El juego de los inventos. Le proponemos un juego de cartas, pensado para cuatro jugadores, con seis épocas y algunos de sus inventos: la Antigüedad, la Edad Media, los siglos XVI y XVII, los siglos XVIII y XIX, los períodos 1900-1950 y 1950-2000.
- Antes de hacer las fotocopias, piense cuántos grupos de cuatro se formarán en el aula y haga tantos juegos de fotocopias como grupos. Puede llevar las cartas de las fichas ya recortadas y mezcladas, o bien pedir a los alumnos de cada grupo que las recorten ellos mismos y que las mezclen bien.
- Explique bien las instrucciones del juego. Hay un total de 24 cartas: tres cartas de inventos para cada época. En cada carta aparecen los tres inventos: uno en el centro y los otros dos, en un tamaño más pequeño. El juego consiste en juntar los inventos de cada época.
- Se reparten tres cartas a cada jugador y el resto (seis) se deja boca abajo sobre la mesa. Cada alumno debe pedir, por turnos, una de las cartas que necesite (debe conseguir las dos cartas con los inventos que tiene dibujados en pequeño, para completar su época), al compañero que tiene a su derecha: **¿Tienes la imprenta de los siglos XV y XVI?**
- Si su compañero tiene esa carta, debe dársela; si no la tiene, el alumno debe coger una de las cartas que están boca abajo sobre la mesa. El turno pasa entonces al alumno siguiente, que debe realizar los mismos pasos.
- La finalidad del juego es conseguir las tres cartas de las diferentes épocas. Cuando se consiguen las tres, se muestran al resto de los jugadores y se colocan encima de la mesa. El ganador de cada grupo será aquel alumno que consiga el mayor número de épocas completas.
- Otra manera de explotar este juego: cada jugador coge una carta de la baraja sin mirarla. Por turnos, se la enseña a sus compañeros para que éstos la vean bien. Seguidamente, debe hacerles preguntas "cerradas" (se pueden responder sólo con sí o no) para adivinar de qué invento se trata. Ejemplos:

¿Es un invento del s. XX? ¿Sirve para la casa / el trabajo / el tiempo libre...? ¿Es grande / pequeño? ¿Hace ruido? ¿Contamina?

▶ CE: 5 (p. 43)

2. ¡Cómo han cambiado!

Antes de empezar

- Diga a sus alumnos que va a mostrarles algunas fotos sobre usted. Si tiene algún inconveniente en mostrar sus fotos, lleve fotos actuales y antiguas de algunos famosos vivos que hayan cambiado considerablemente (Shakira, Cher, Maradona...). Cuente algunas diferencias sobre su aspecto físico (de usted o del personaje):

Cuando era pequeñ/-a siempre llevaba gafas pero ahora ya no las llevo.
Cuando tenía cuatro años tenía el pelo rubio pero ahora ya no lo tengo rubio.

- Pregúnteles qué tiempo ha usado con cada uno de los marcadores temporales y hágales ver el paralelismo con la estructura del ejercicio anterior: **antes** + pretérito imperfecto y **ahora** + presente.
- Escriba en la pizarra algunos ejemplos que hayan salido en sus descripciones y aprovéchelos para comentar a sus alumnos el uso de **cuando** y de **ya no**. Utilice los ejemplos de la página 49. Puede también llevar la atención de los alumnos al apartado *Ser y estar con adjetivos* para que se fijen en los verbos de los ejemplos de la página 48.

Cómo lo hacemos
A.
- Pida a sus alumnos que observen los dibujos de las dos chicas, Valeria y Estrella, que ilustran la actividad. En ellos, se muestran las diferencias en el aspecto físico entre las imágenes del pasado (las dos figuras de la izquierda) y las actuales (las dos de la derecha).
- Pida a sus alumnos que lean las informaciones de la tabla y que, en parejas, decidan a qué chica, Valeria o Estrella, corresponden. Pueden usar el diccionario o preguntarle a usted en español las palabras que no conozcan.

Solución

	Valeria	Estrella
1. está más morena.	x	
2. se ha cortado el pelo.		x
3. se ha dejado el pelo largo.	x	
4. ha cambiado de estilo.	x	
5. ha crecido mucho: ahora es muy alta.		x
6. ha engordado un poquito.		x
7. se ha puesto lentillas.	x	
8. ya no hace danza clásica.	x	
9. ha empezado a leer novelas muy largas.		x
10. le gusta jugar al baloncesto.		x

- Después de corregir, dedique tiempo a releer y comentar con sus alumnos algunos ejemplos de este repertorio de formas de expresar cambios de estado: **ser** / **estar** + adjetivo, **engordar** / **adelgazar**, **ya no**, etc. Sírvase, si no lo ha hecho antes, de los apartados *Cuando, ya no* y *Ser* y *estar con adjetivos* de las páginas 48 y 49. Lea con sus alumnos los ejemplos y pídales que inventen otros sobre ellos mismos u otras personas.

B.
- A continuación, pida a sus alumnos que vuelvan a mirar los dibujos y que, individualmente, escriban en sus libretas frases sobre Valeria y Estrella en el pasado. Recuérdeles las preguntas: cómo eran, qué hacían, qué les gustaba, qué tenían, etc.

> **A Valeria le gustaban las muñecas.**
> **Valeria llevaba gafas.**
> **Estrella tocaba la flauta.**

Para ir más lejos
- Puede proponer a continuación una actividad lúdica para ver si sus alumnos han entendido bien todo el vocabulario. Tienen que dar, en voz alta, varias órdenes (una detrás de otra) que tengan relación con el aspecto físico de sus alumnos:

> - **Los que se han cortado el pelo este mes: ponéos de pie.**
> - **Los que se han teñido el pelo alguna vez: cambiáos de sitio.**
> - **Los que llevan lentillas: levantad las dos manos.**
> - **Los que han adelgazado: dadle la mano a un compañero.**

- Para que sea más divertido, diga a sus alumnos que los que se equivoquen deberán pagar una "prenda", es decir, hacer algo que los otros estudiantes deciden que debe hacer. Si le gusta utilizar este sistema de prendas para "sancionar" de forma divertida a los estudiantes, puede dejar una cajita en el aula con órdenes y obligaciones que ellos mismos hayan redactado. Para que sus alumnos vean que usted también se implica, dígales que a usted también le pueden poner una prenda si se equivoca en algo.

- <u>Cambio de imagen</u>. Pida a cada grupo que recorte las tarjetas de la ficha 2. Explíqueles después que tienen que poner todas las tarjetas con el dibujo boca arriba encima de la mesa.
- Por turnos, cada estudiante coge dos tarjetas con dibujos relacionados y los compara haciendo una frase con el esquema: **Antes / pero ahora.**
- Las frases están escritas en el reverso de las tarjetas, o sea que les será fácil a los otros miembros del grupo decidir si la asociación y la frase son correctas. Tenga en cuenta que existen diferentes formulaciones posibles para describir los cambios producidos.
- Si son correctas, el estudiante se llevará las fichas. Si no, las dejará encima de la mesa. El juego termina cuando ya no quedan fichas encima de la mesa. Gana el jugador que haya obtenido mayor número de fichas.

MINIPROYECTO

- Pida a sus alumnos que se agrupen en parejas y dígales que disponen de quince minutos para escribir una lista con preguntas. Son para hacer una entrevista a una persona mayor de su familia o que conozcan sobre su juventud o adolescencia. Recuérdeles que deben utilizar el Pretérito Imperfecto.
- Pídales que al día siguiente traigan la lista de preguntas con sus correspondientes respuestas a clase y que las lean en voz alta. Si lo cree oportuno, puede recoger las listas para corregirlas en casa.
- Puede realizar una puesta en común en gran grupo. Pida que, de forma voluntaria, los estudiantes digan algo que les ha sorprendido sobre la vida de los mayores.

CE: 1 (p. 41), 2 (p. 42), 4 (p. 43), 1 (p. 51)

EN LA ÉPOCA DE LOS GOLFIANOS

2. Solo comían frutas y verduras

Antes de empezar
- Empiece por pedir a sus alumnos que miren los dibujos del texto, el tipo de letra y el aspecto general del documento (escrito en un pergamino o papel viejo). Tras una rápida ojeada, formularán hipótesis sobre el tipo de documento que es y sobre el tema del que habla.
- Una vez comentadas sus hipótesis, explíqueles que es un relato que, en forma de cuento (**Había una vez...**), describe una civilización imaginaria. Pregúnteles por el nombre de esta civilización.
- Escriba "Los golfianos" en el centro de la pizarra y, debajo, escriba "Los sinfónicos" y "Los pestazos", el nombre de los otros dos pueblos que vivían con ellos.
- Pregunte a sus alumnos qué les sugieren estos nombres y, si lo considera oportuno, coménteles la connotación negativa que puede tener el sufijo

P2

-azo en español. Deles otros ejemplos como **plo-mazo** (una persona muy pesada), **trabajazo** (un trabajo con mucho esfuerzo), etc.

- Si tiene la posibilidad, muestre el proyectable 2 y realice el mapa mental en gran grupo. Pueden seguir trabajando en él una vez terminado de leer el texto.

Cómo lo hacemos

A.
- Diga a sus alumnos que lean individualmente el texto sobre los Golfianos. Una vez leído, en gran grupo, pregúnteles qué es lo que más les ha gustado sobre la época descrita en el texto. Haga salir a un voluntario para ir tomando notas en la pizarra.

B.
- Después de la lectura, pida a los alumnos que marquen en la tabla si las afirmaciones sobre el texto son verdaderas o falsas. Haga una corrección conjunta o en parejas.

Solución

1. La capital de los golfianos se llamaba Golfilópilis.	V
2. Los golfianos comían mucho pescado.	F
3. En el mercado se usaban monedas de plástico.	F
4. Las tortugas eran las mascotas de los golfianos.	V
5. Los sinfónicos llevaban el pelo corto.	V
6. En las fiestas había música que tocaban los sinfónicos.	V
7. Los pestazos solo comían verduras de color rojo.	F
8. Los pestazos eran muy sucios.	V

P2

C.
- A continuación, diga a sus alumnos que deberán escribir en sus libretas una o dos frases sobre las costumbres de cada uno de los tres pueblos. Si lo desean puede escribir una tabla con los nombres de los tres pueblos y completarla con algunas informaciones. También puede corregir la actividad usando el proyectable 2. Corrija las frases de forma conjunta o recoja las libretas para corregir las frases en casa.
- Para trabajar con el léxico específico del texto, puede pedir a sus alumnos que busquen el nombre de todos los materiales que encuentren (**cristales de colores, palos de madera, telas de colores**). Luego, remítalos al apartado *Describir materiales* de la página 50.

Solución (sugerencia)

> Los golfianos se comunicaban golpeando troncos de árboles con palos de madera.
> Los golfianos no comían carne ni pescado.
> Los sinfónicos llevaban el pelo corto y se vestían con ropa de colores.
> Los sinfónicos tocaban instrumentos de música.
> Los pestazos no trabajaban y cuando no tenían comida atacaban a sus vecinos.
> Los pestazos eran desagradables y no se lavaban.

D.
- Finalmente, pida a sus alumnos que se agrupen en parejas y que inventen un pequeño texto para la última imagen del relato: la escuela de los golfianos. Deberán escribirlo.
- Antes de la escritura, remítalos al apartado *Marcadores temporales* y *Conectar informaciones* de las páginas 50 y 51. Coménteles los dos sentidos del marcador **cuando**: "en el tiempo / en la época en que..." (actividad 1) y "cada vez que / siempre que" del texto de la actividad 3.

Solución (sugerencia)

> Los niños golfianos y sinfónicos estudiaban juntos en la misma escuela. Siempre tenían ganas de ir a la escuela porque se divertían mucho. Se sentaban en el suelo y hacían muchas cosas: jugaban, tocaban instrumentos, cocinaban...En la época de los golfianos no había libros de texto, pero aprendían mucho de los profesores. Cuando venían los pestazos, los niños no podían ir a la escuela y por eso los odiaban.

- A continuación, si le es posible, reparta copias de los textos y pida a sus alumnos que busquen marcadores y conectores y que los marquen en color.
- Para seguir profundizando sobre el tema, en RE-GLAS, PALABRAS Y SONIDOS (p. 52) encontrará el apartado *Conectar informaciones* con ejercicios para realizar en clase o en casa.
- Una vez tratados los apartados y realizados algunos ejercicios, pídales que escriban los textos finales sobre la escuela y que intenten usar los marcadores y conectores vistos en la unidad.
- Vaya paseándose por el aula y revise lo que vayan escribiendo. Anímelos a autocorregirse y hágales sugerencias para que mejoren sus producciones.
- Cuando terminen, explíqueles que deberán intercambiar sus textos con los de otras parejas. Cada pareja deberá leer el texto que reciba y proponer alguna sugerencia para mejorarlo. Luego, cada pareja debe recuperar su texto, leer las sugerencias de sus compañeros y modificar su texto si está de acuerdo con lo que les han sugerido.

4 Otros tiempos

Para ir más lejos

- Aproveche este texto para practicar la pronunciación y la entonación. Lea usted en voz alta el texto, como si se lo contara a niños, poniendo énfasis en el tono y en la expresión. Agrupe a los alumnos en grupos de cuatro y asigne a cada miembro del grupo una parte del texto con el final sobre la escuela. Pídales que practiquen entre ellos y que lo graben.
- Al final, los grupos que quieran pueden leer sus textos o poner sus grabaciones al resto de la clase.

MINIPROYECTO

- Diga a sus alumnos que elijan una época de la historia que conozcan bien o que les guste por alguna razón especial. Explíqueles que deberán imaginarse cómo eran las escuelas en aquel tiempo. Escribirán en sus libretas un pequeño texto describiéndolas. Insista en que se trata de usar la imaginación y no de demostrar conocimientos. Sin embargo, si quieren buscar algunos datos en casa, podrán hacerlo.
- Haga una puesta en común oral de todas las escuelas imaginadas por los alumnos.

▶ CE: 7 y 8 (p. 45), 1 (p. 48), 2 (p. 49)

REGLAS, PALABRAS Y SONIDOS

EL PRETÉRITO IMPERFECTO

- Póster didáctico. Un póster didáctico es una forma práctica y original de visualizar y reflexionar sobre la conjugación de los verbos.
- Lleve a clase cartulinas grandes, cartulinas y papel de colores, rotuladores, lápices de colores, tijeras y pegamento.
- Distribuya a la clase en grupos y asigne a cada grupo un verbo, una conjugación o las tres conjugaciones. Los alumnos deberán elaborar un póster donde, de forma original, clara y visual, se recojan todas las personas de la conjugación de los verbos.
- La idea es que los alumnos reflexionen sobre las similitudes, diferencias o irregularidades de los verbos conjugados, resaltando sus observaciones con colores, dibujos, marcas, etc.

- Diga a sus alumnos que, en clase o en casa, realicen los ejercicios 1 y 2 de este apartado. Reparta la ficha 3 para que vayan haciendo las actividades de esta sección en ella.

Solución

a. iba **b.** estabas **c.** teníamos **d.** vivíamos **e.** llevaba

LOS TIEMPOS PASADOS: IMPERFECTO, INDEFINIDO Y PERFECTO

- Comente a sus alumnos que ya conocen tres tiempos del pasado y algunos de sus usos. Pídales que ahora reflexionen sobre su formación y usos. Comenten los usos que aparecen en el libro y deles ejemplos de cada uno:

  - Hechos del pasado relacionados con el presente: **Este año he crecido 4 centímetros.**
  - Hechos del pasado en la misma unidad de tiempo en la que hablamos: **Hoy he visto una cosa muy divertida.**

  - Hechos del pasado no relacionados con el presente: **Una vez fui a patinar y no me gustó.**
  - Hechos del pasado en una unidad de tiempo diferente de la actual (en la que hablamos): **El mes pasado estuve en Londres.**
  - Para describir lo habitual en una época pasada: **Cuando era pequeña no me gustaba peinarme.**

P3

- Si dispone de los medios adecuados, trabaje este apartado con el proyectable 3. Puede completarlo con varios ejemplos y acompañar su explicación con los esquemas de la proyección.
- Llame la atención a sus alumnos sobre las tres formas del verbo **ir** que ven en el libro. Recuérdeles que se trata de un verbo irregular. Para hacer un repaso de las formas verbales de estos tres tiempos, escriba en la pizarra algunos infinitivos y pida a sus alumnos que los conjuguen en los tres tiempos y que los escriban en sus libretas. Es conveniente poner solamente los irregulares más frecuentes y avisarles de que no son regulares.
- Diga a sus alumnos que, en clase o en casa, realicen el ejercicio 3 de este apartado.

Solución

a. construían / eran
b. he hablado
c. nació
d. era / trabajaba
e. he ido

▶ CE: 6 (p. 44), 12 (p. 47)

CONECTAR INFORMACIONES

- Aquí podrá revisar de una forma sistemática los conectores vistos a lo largo de toda la unidad y si lo desea, puede introducir algunos más que considere oportunos por su frecuencia de uso.

- No olvide comentar a sus alumnos la importancia de usar estos conectores para cohesionar y ordenar los textos, matizar las informaciones, dar ritmo a la narración, etc. Intenten leer el texto del ejercicio 4 sin conectores para que se den cuenta de hasta qué punto son necesarios.
- Diga a sus alumnos que, en clase o en casa, realicen el ejercicio 4 de este apartado. Adviértales de que hay varias soluciones posibles.

Solución (sugerencia)

> Yo, el año pasado, al principio de curso no conocía a nadie en el colegio **porque** era mi primer año allí. **Como** soy un poco tímida, no hablaba con nadie. **Entonces** conocí a Paula.
> Yo soy muy callada, **pero** Paula es muy habladora y tiene muchos amigos.
> **Cuando** conocí a Paula, todo fue más fácil.
> Tenía nuevos amigos y me gustaba más el colegio, **por eso** empecé a sacar mejores notas. **Entonces** empecé a jugar en el equipo de baloncesto. **Además**, Paula y otras chicas de la clase también juegan al baloncesto y nos lo pasamos muy bien. Ahora estoy muy contenta en mi colegio nuevo.

▶ CE: 9, 10 y 11 (p. 46), 6 (p. 44) y 12 (p. 47)

PUEBLOS Y CULTURAS: LOS ÍBEROS

Cómo lo hacemos

HAY QUE SABER:

- Los íberos eran un conjunto de pueblos que poblaban la Península Ibérica antes de la llegada de los romanos. Vivían en la costa mediterránea, en el sur y en los valles del Ebro y del Guadalquivir. Compartían un mismo sistema de escritura y diversos rasgos culturales. En esa época, en la Península vivían también los celtas, los vascones y otros conjuntos de pueblos culturalmente diferenciados.

- Si sus alumnos han estudiado o tienen conocimientos de prehistoria e historia antigua, pregúnteles si saben qué pueblo vivía en su país o región alrededor el siglo V a. C., o bien antes de la llegada de los romanos. A continuación, explique que en la Península Ibérica vivían los íberos, los celtas y otros pueblos. Comente a sus alumnos que van a aprender algunas cosas sobre los íberos.

P4

- Si lo cree conveniente, muestre algunas imágenes de las casas, las obras y el aspecto físico de los íberos con el proyectable 4 para contextualizar su explicación. Pregúnteles qué pueden decir de las imágenes para que recuerden el léxico que conocen (**casas de piedra, cerca del mar**...). Puede aprovechar para comparar a este pueblo con otros de la zona donde ustedes se encuentran.
- Pida ahora a sus alumnos que miren las ilustraciones de la actividad y lean las informaciones que

las acompañan. Cuando hayan terminado, coménteles que se trata de un texto con unas estructuras y un vocabulario muy frecuentes en relatos que tratan sobre cómo era la vida en tiempos pasados.
- A continuación, pídales que seleccionen dos palabras claves de cada viñeta para crear un "pequeño diccionario para hablar de historia".

Solución (sugerencia)

> -vivían en, antes de
> -construían, casas, pueblos
> -agricultores, cultivaban
> -pastores, ganaderos
> -pescaban, tipo de
> -fabricaban, tejidos, cerámica
> -comercio, monedas
> -sabían + infinitivo, escritura

- Escriba en la pizarra **casas de piedra**, **objetos de cerámica** y **monedas de metal** con la preposición **de** remarcada de alguna manera. Pregúnteles qué información dan estas estructuras y cómo se forma.
- Remítalos al apartado *Describir materiales* de la página 50, lea los ejemplos y explíqueles el vocabulario que no conozcan.

Para ir más lejos

- Prepare dos juegos grandes de tarjetas (uno con nombres de diferentes objetos y otro con diferentes materiales) y una tarjeta de otro color con la preposición **de**.
- Reparta las tarjetas, y pídales que, por turnos, se levanten y que formen combinaciones posibles usando un objeto y un material. Los alumnos "objeto" y "material" permanecerán de pie mostrando sus tarjetas mientras usted, profesor "preposición **de**", se colocará siempre entre los dos alumnos.
- Si lo desea puede aprovechar esta dinámica y preparar otras trajetas con palabras como **profesor**, **español**, **hermano**, **Carlos**, **helado**, **chocolate**, etc. para repasar y volver a practicar la estructura sustantivo + **de** + sustantivo.
- Finalmente, comente a sus alumnos que todo el vocabulario seleccionado en esta actividad les podrá ayudar para la realización del proyecto final de la unidad.

CE: 1 (p. 50)

ENTRE VOCALES

Cómo lo hacemos
1.

Pista 21
- En esta primera actividad, los alumnos escucharán tres series de palabras que contienen las letras **b**, **d** y **g**, en posición inicial y en posición intervocálica.

- Pida a sus alumnos que escuchen con atención la primera audición y pregúnteles si notan diferencia entre las palabras de la columna de la izquierda (posición inicial) y las de la derecha (posición intervocálica).
- La diferencia es que estas letras, en posición inicial, producen sonidos oclusivos, es decir, que en la salida del aire se produce una interrupción. En cambio, entre vocales, dan lugar a un sonido más suave ya que se produce sin interrupción de la salida del aire. Haga especial hincapié en esta diferencia si el idioma materno de sus alumnos es germánico (inglés, alemán, sueco, danés, neerlandés...).

Pista 22

2.
- En esta segunda actividad, los alumnos deberán pronunciar las tres palabras propuestas marcando bien la diferencia entre el sonido inicial y el que no lo es. Hágales escuchar la audición para que comprueben si las han pronunciado bien.

Para ir más lejos
- Pida a sus alumnos que busquen en el libro otras palabras que contengan las letras **b**, **d** y **g**. Deberán dibujar en sus libretas una tabla como la de la solución.
- En parejas, cada alumno se las dictará a su compañero para que las escriba en la casilla correspondiente.

Solución (sugerencia)

	inicial	entre vocales
b	barca, beso, bruja...	habitantes, autobús, pueblos...
d	discos, dioses, deporte...	ciudad, ordenador, delgado...
g	guapos, ganaderos, gorda...	lago, lugar, tortugas...

LA REVISTA

Los mayas
Cómo lo hacemos
- Pida a los alumnos que, con la ayuda del diccionario, lean individualmente el artículo sobre la cultura maya.
- Copie el esquema siguiente en la pizarra sin las palabras que están en negrita. Pida a sus alumnos que lo copien y que, en grupos de tres, intenten completarlo con lo que saben sobre los mayas.

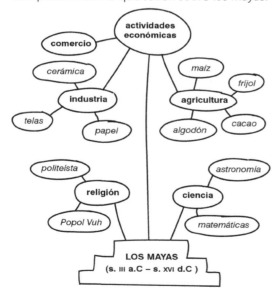

P5
- Deles cinco minutos y haga una puesta en común con toda la clase. Pida a un alumno voluntario que rellene el esquema con las propuestas. Si desea hacer el trabajo en gran gupo y dispone de proyector, muestre el proyectable 5.
- Después diga a sus estudiantes que vuelvan a abrir el libro por la página 54 y que comprueben si han olvidado algo importante en su mapa mental.
- Una variante más libre de esta actividad es pedir a sus alumnos que elaboren su propio esquema o mapa mental con toda la información que hayan recabado después de la lectura.

F4
Para ir más lejos
- Conectores. Organice a sus alumnos en parejas (A y B). Los dos estudiantes leen su parte de la frase y, luego, tienen que ponerse de acuerdo en qué conector es el más adecuado para unir las dos partes. Después, escriben la frase entera y, al final, se corrigen todas.

F5
- Mapa de Centroamérica. Reparta fotocopias de la ficha 5 con los países de Centroamérica recortados. Explique a sus estudiantes que, en parejas, tienen que reconstruir el rompecabezas lo más rápidamente posible.

P6
- Después pida a sus estudiantes que coloreen la zona en la que vivían los mayas según la introducción del texto de la página 54. Cuando hayan terminado, enséñeles usted un mapa con el territorio maya para que se corrijan (proyectable 6).

Granada, otros tiempos

FV

- Pueden ver el vídeo en clase o bien pedir a sus alumnos que lo miren en casa. En la **Biblioteca de Gente joven** encontrará propuestas de actividades (**Fichas de trabajo para los vídeos**) con una breve guía didáctica y soluciones.

El lobito bueno

Pista 23

HAY QUE SABER:

- José Agustín Goytisolo: poeta español nacido en Barcelona en 1928, creció en un ambiente intelectual. Se le considera el maestro de la poesía libre que, para él, era la "menos libre de todas si está bien hecha", es decir, "con música interna". Fue escritor, traductor y crítico literario. Sus escritos se caracterizan por una curiosa combinación de nostalgia, humor e ironía. Falleció trágicamente en 1999.
- **Érase una vez**...: Es una forma muy común de empezar los cuentos en español. Otra forma es: **Había una vez...**

Cómo lo hacemos

- Ponga la canción una vez y pregunte a sus alumnos qué tipo de texto creen que recrea esta canción: un cuento.
- Comente con ellos las palabras que pueden plantear dificultades de comprensión: **maltratar, corderos, bruja, hermosa, pirata, honrado**...
- Pídales que digan la categoría de estas palabras (sustantivo, adjetivo, verbo) y que redacten una pequeña definición de cada una de ellas. Por ejemplo:

  Maltratar: tratar mal, no ser bueno con alguien.
  Cordero: animal que da leche, carne y lana.
  Bruja: mujer mala con poderes mágicos.

- Después, en grupos de cuatro, deberán escribir una estrofa nueva, respetando la estructura original y empezando por **Y había también...** Haga una puesta en común para leer las estrofas de cada grupo.
- Ponga de nuevo la canción para que los alumnos se aprendan la melodía y dígales que, si quieren, canten la canción al mismo tiempo que la escuchan. Ponga la canción tantas veces como sea necesario.

Para ir más lejos

- Si alguno de sus alumnos (o usted mismo) sabe tocar la guitarra, pueden cantar la canción con sus nuevas estrofas en clase.
- Los acordes son los siguientes:

LA   MI
Érase una vez un lobito bueno
                                LA
al que maltrataban todos los corderos.
LA   MI
Había también un príncipe malo,
                                LA
una bruja hermosa y un pirata honrado.
LA   MI
Todas esas cosas había una vez,
                                LA
cuando yo soñaba un mundo al revés

- Pueden grabar una representación o videoclip para la canción.

La Peña del garaje
Cómo lo hacemos

- Pida a dos voluntarios que lean en voz alta, de forma un poco teatral y para toda la clase, las tres primera viñetas del cómic. El resto de la clase deberá escuchar y mantener, durante la lectura, el libro cerrado. Insista a los dos alumnos "lectores" en la importancia de que vocalicen muy bien y lean despacio. Tras la lectura, asegúrese de que sus alumnos han entendido la situación.
- A continuación, dígales que, en parejas, imaginen la continuación de la historia y se preparen para representarla ante toda la clase. Anúncieles que pueden introducir personajes nuevos, objetos, imaginar un decorado, etc.
- Si los alumnos no tienen inconveniente, graben las representaciones y véanlas juntos para mejorar la fonética y autoevaluarse. Guarde este material para ver las mejoras en próximas representaciones. Hagan una votación para elegir la mejor representación.
- Para terminar, diga a sus alumnos que lean el resto del cómic con la historia original y busquen un título. Haga una puesta en común oral con todos los títulos.

▶ CE: 3 (p. 49)

- Antes de comenzar con NUESTRO PROYECTO sería conveniente terminar todas las actividades del **Cuaderno de ejercicios** que han quedado sin hacer y comentarlas después en el aula.

NUESTRO PROYECTO

UN MUNDO IMAGINARIO

Antes de empezar

- El día anterior al que van a dedicar al proyecto, explique a sus alumnos lo que van a hacer: inventar una civilización del pasado y presentarla oralmente al resto de la clase.
- Decida si van a hacer el proyecto en papel o con el ordenador, o si lo prefiere, deje que cada alumno lo decida. En cualquier caso, lea con ellos el apartado *¿Qué necesitamos?* para asegurarse de que en la siguiente sesión van a tener todo lo necesario para trabajar.
- Anime a los alumnos a que hablen en español mientras realizan el proyecto, comentándoles que será un criterio a valorar. Si no es posible, adviértales que, por lo menos, la presentación al resto de la clase sí tendrá que ser en español.

TeNP4
- Si lo considera oportuno, reparta la tabla de evaluación de NUESTRO PROYECTO número 4, comente los criterios de evaluación y anímelos a ir completándola mientras realizan el proyecto.

Cómo lo hacemos
A.
- Diga a los alumnos que formen grupos de trabajo. La primera actividad será inventar entre todos la civilización que van a presentar.
- En esta primera fase de preparación, diga a sus alumnos que pueden hacer una lluvia de ideas con todos los aspectos, sugerencias e ideas que se les ocurran y que alguno de ellos tome nota de todo. Como orientación, dígales que como punto de partida pueden empezar con la lista que

se propone en la actividad. Recuérdeles que todo el trabajo de preparación es fundamental para la realización del proyecto con éxito.
- Intente que todos los alumnos participen en el proyecto. Aunque los alumnos suelen sorprendernos con su entusiasmo y creatividad, es conveniente que usted dinamice y facilite el trabajo de los diferentes grupos con ideas, sugerencias, asignando tareas, reconduciendo el trabajo, ayudando en la solución de problemas, etc.

B.
- Una vez tengan su esquema y sus notas preparados, diga a sus alumnos que elaboren un cartel, un cómic o una presentación con el ordenador sobre sus civilizaciones (podrán hacerlo en casa o en la clase, según decida usted).

C.
- A continuación, pida a los alumnos que preparen una presentación oral de sus civilizaciones para el resto de la clase. Para la presentación podrán servirse del material preparado durante todo el proceso.
- Antes de hacer la preparación recomiéndeles que ensayen en grupo, que se observen entre ellos e incluso que se graben en vídeo para detectar y corregir errores.
- Si los alumnos no tienen inconveniente, grabe sus presentaciones. Dedique una clase para ver con todos los alumnos los vídeos y compare las presentaciones con otras ya realizadas. Comente las mejoras, los errores gramaticales, practique la pronunciación, etc.

D.
- Finalmente, si le parece oportuno, pueden organizar una votación entre todos para elegir la civilización más divertida y original de la clase.

EVALUACIÓN

Cómo lo hacemos
- Esta evaluación se podrá plantear en dos sesiones de clase. La primera, para las actividades de comprensión lectora, comprensión oral y expresión escrita. Recuerde que, para el ejercicio de expresión escrita, los alumnos deberán buscar información en casa y tomar notas para realizar el ejercicio. En una segunda sesión, ya sea en la clase, o bien de forma individual con el profesor, los estudiantes realizarán las actividades de expresión e interacción oral, que se habrán podido preparar en casa. Enuncie a sus estudiantes las actividades que van a realizar en la primera sesión:
- Comprensión lectora: dígales cuánto tiempo van a tener para leer el texto y para completar el cues-

tionario con las opciones verdadero (V) o falso (F).

Pista 24
- Comprensión oral: explique a los alumnos que van a escuchar una audición entre una niña y su abuela y que luego deberán responder a tres preguntas. Deles tiempo para leer las preguntas antes de escuchar la audición e infórmeles de que podrán escucharla dos veces.
- Expresión escrita: los alumnos tendrán que escribir un texto sobre una época que conozcan o les guste especialmente.

F6

- Reparta la ficha 6 para que escriban sus respuestas. Al finalizar las actividades puede pasarles una fotocopia con las soluciones para que corrijan ellos mismos.
- Antes de terminar la sesión, explíqueles en qué consisten las actividades de expresión e interacción oral y dígales cuándo las van a hacer. Recuérdeles que preparen la presentación en casa y que, para la expresión oral, deberán traer a clase cuatro fotos para ilustrar la biografía de uno de sus familiares.
- Expresión oral: dígales que presenten a un miembro de sus familias o a un amigo que haya cambiado en sus gustos, aspecto, etc.
- Interacción oral: uno de los miembros de la pareja será un habitante del imperio maya que ha viajado al futuro y ha aterrizado en nuestra clase y en nuestro tiempo. El otro miembro, deberá hacerle preguntas sobre cómo era su vida.
- Exponga cuáles van a ser los criterios de evaluación para todas las actividades, haciendo hincapié en las actividades de expresión e interacción oral.

Corrección y criterios de evaluación

COMPRENSIÓN LECTORA

Criterios de evaluación (sugerencia)

1 punto por respuesta correcta	...... / 9

Solución

a. Los incas tenían un territorio bastante pequeño.	F
b. Los incas vivían en América del Sur.	V
c. La capital del Imperio inca estaba en el Perú actual.	V
d. En el Imperio inca todos hablaban la misma lengua.	F
e. Sus casas eran muy altas.	F
f. Los incas no sabían cultivar.	F
g. Vivían en ciudades.	V
h. Sus dioses eran la tierra y los ríos.	F
i. Comían siempre lo mismo: papas.	F

COMPRENSIÓN ORAL

Criterios de evaluación (sugerencia)

2 puntos por respuesta correcta (a y c) 2 puntos si aciertan todos los temas de conversación 1 punto si no los aciertan todos	...... /6

Solución

a. La vida de la abuela cuando era joven/tenía 15 años
b. De chicos, de chicas, de los padres, de los amigos
c. No

EXPRESIÓN ESCRITA

Criterios de evaluación (sugerencia)

Contenido Describe características relevantes de la época elegida, aporta datos correctos y que se entienden.	...... /6
Lenguaje Frases escritas correctamente, usando la variedad de marcadores temporales que conoce, el léxico adecuado y el pretérito imperfecto correctamente.	...... /6
Total	...... /12

EXPRESIÓN ORAL

Criterios de evaluación (sugerencia)

Contenido Presenta a la persona y dice cuál es su relación con ella. Menciona de forma comprensible varios aspectos en los que esta persona ha cambiado.	...... / 4
Lenguaje Frases escritas correctamente, usando las estructuras necesarias para hablar de cambios, el léxico adecuado y el pretérito imperfecto correctamente.	...... / 3
Coherencia y cohesión Usa los conectores necesarios para formar un discurso trabado, aunque sea con frases cortas.	...... / 3
Pronunciación y entonación	...... / 2
Total	...... / 12

INTERACCIÓN ORAL

Criterios de evaluación (sugerencia)

Estructura El orden de las preguntas es lógico y se adecua a las respuestas que va recibiendo. Se escuchan mútuamente, piden y dan aclaraciones si lo necesitan.	...... / 3
Contenido Las preguntas son adecuadas y piden información relevante, las respuestas se adecuan a las preguntas y aportan información verídica (aprendida en la unidad o por su cuenta).	...... / 3
Lenguaje Formulan frases correctas, usan léxico adecuado y el pretérito imperfecto correctamente.	...... / 3
Pronunciación y entonación	...... / 2
Total	**...... / 11**

PROPUESTA DE EVALUACIÓN TOTAL

• El valor otorgado a cada una de las actividades es orientativo y da un resultado total de 50 puntos. Usted puede decidir ponderar cada una de estas actividades de manera diferente según sus propios criterios, las necesidades de sus alumnos, la manera en que se han desarrollado las clases, etc.

Comprensión lectora	.... / 9
Comprensión oral	.... / 6
Expresión escrita	.... / 12
Expresión oral	.... / 12
Interacción oral	.... / 11
Total	**......... / 50**

UNIDAD 5
¡EN FORMA!

Hacemos deporte

Antes de empezar

P1

F1

- Muestre el proyectable 1 y reparta la ficha 1, o bien dibuje en la pizarra una tabla como la de la solución con la palabra **deporte** como título.
- Pregunte a sus alumnos si saben qué significan la palabra **deporte** y la expresión **estar en forma**. Si lo desea, y teniendo en cuenta que se tratará este tema a lo largo de la unidad, puede ser una buena ocasión para comentar el uso del verbo **estar** con esta expresión.
- Explíqueles que no todas las actividades deportivas se expresan de la misma forma y que, básicamente, usamos tres formas diferentes para ello:
  - 1. Actividades que se expresan con el verbo **hacer** + nombre: **hago atletismo**, **hago judo**...
  - 2. Actividades que se expresan con el verbo **jugar** + preposición + nombre: **juego al fútbol**, **juego al baloncesto**...
  - 3. Actividades que se expresan con solo un verbo: **nado**, **esquío**, **bailo**...

PREPARADOS... LISTOS... ¡YA!

1. Yo hago natación

Cómo lo hacemos
A.
- Coménteles que los iconos de la actividad ilustran los diez deportes más practicados en el mundo y pida a algunos de sus alumnos que lean el texto. Pregunte si entienden qué es cada deporte. Seguro que, por proximidad a alguna lengua que conocen y con la ayuda de los dibujos, lo harán. Coménteles el uso del verbo **practicar** para hablar de deportes. Seguidamente, agrupe a los alumnos en parejas y pregúnteles cuáles son los deportes más populares en sus países. Deberán escribir una lista.
- Haga una puesta en común con los resultados de las diferentes parejas.
- Si lo encuentra interesante, puede continuar preguntando si conocen los deportes más populares en otros países y lea con los alumnos el apartado **¿Sabes que...?** Como información adicional, puede comentar que en Noruega el deporte más popular es el esquí, en India o Australia es el críquet,

- A continuación, pídales que miren las fotos de la portadilla, que lean los textos que las acompañan y que completen la tabla según la estructura que corresponde al deporte en cuestión.

Solución

hacer + nombre	jugar al + nombre	verbo
hago atletismo hago judo	juego al baloncesto juego al golf juego al fútbol	esquío bailo

Cómo lo hacemos
- Pregunte a sus alumnos si ellos creen que están en forma y si hacen deporte. Con sus preguntas propicie un diálogo en gran grupo y pídales que comparen las actividades deportivas que ellos practican con las de los chicos y chicas de las fotos.

Para ir más lejos
- Si en el grupo hubiera alumnos que practicaran los mismos deportes y tuvieran un nivel de español suficiente, puede preguntarles por la ropa y los complementos deportivos que se necesitan para los diferentes deportes que practican las personas que aparecen en la actividad.

en Canadá es el hockey sobre hielo y en China, el tenis de mesa.
B.
- Pregunte a los alumnos si practican algún deporte que no esté en las listas y si saben cómo se dice en español. Pregúnteles también qué nombres de deportes desearían conocer, además de los que han visto.
- Escriba los nombres de los deportes en la pizarra, en su lengua. Luego pídales que busquen en el diccionario cuál es el nombre de estos deportes en español.

Solución (sugerencia)

Jugar al fútbol sala, al voleibol, al ping-pong...
Hacer ciclismo, judo, vela, remo, kárate, gimnasia artística...
Bailar, patinar, montar a caballo, correr...

C.

Pista 25

- Explique a sus alumnos que van a escuchar una audición sobre Rubén y sus amigos, haciendo planes para ir a patinar.
- Dígales que observen a las personas que están

sobre el podio. Sus nombres son Rubén, Naroa, Javi y Claudia.
- Ponga la audición y dígales que decidan quién es quién, argumentando sus opiniones.
- Haga la corrección del modo que desee: en la pizarra, oralmente en gran grupo, en parejas, etc.

Solución

1. El número 1 es Naroa porque dice "yo patino muy bien".

2. El número 2 es Rubén porque dice "yo patino bastante bien".

3. El número 3 es Javi porque dice "yo no patino muy bien".

4. El número 4 es Claudia porque dice "yo no sé patinar".

- Comente el uso de **saber** + verbo para expresar una habilidad. Haga hincapié en que en español nunca decimos **poder** + verbo para expresar habilidad (lo usamos para expresar posibilidad), sobre todo si sus alumnos hablan inglés, alemán u otras lenguas que propicien esta confusión.

D.
- Diga a sus alumnos que van a escribir en sus libretas algunas frases sobre los deportes que practican y el nivel que tienen.
- Antes de que empiecen, como muestra de lo que tienen que hacer, póngase a usted como ejemplo para provocar, en gran grupo, un diálogo parecido a este:

P: **Yo antes tocaba la guitarra, pero ahora ya no. ¿Y vosotros? ¿Hacíais alguna actividad antes que ya no hacéis ahora?**
A1: **Yo antes iba a patinar y ahora ya no voy.**
A2: **Pues yo...**
P: **Muy bien. Pues yo, antes jugaba al fútbol y ahora todavía juego. ¿Hay alguna actividad que hacíais antes, hace tiempo, y ahora todavía hacéis?**

- Recuérdeles, si lo cree necesario, que están hablando del pasado en pretérito imperfecto, porque se trata de acciones habituales. Remita a los alumnos al apartado *Ya no / Todavía* de la página 60 y dígales que escriban alguna de las frases que se han dicho en clase (preferentemente, las que han dicho ellos), usando el **pretérito imperfecto**, **antes**, **ahora**, **ya no** y **todavía**.
- Una vez escritas las frases, se agruparán nuevamente en parejas para comentar la información con sus compañeros.

Para ir más lejos
- Explique que ahora van a consolidar y ampliar un poco el vocabulario sobre deportes. Reparta las fichas 2A y 2B. Entregue un par a cada pareja de alumnos. Explíqueles que, para hacer la actividad, deben consultar el esquema de la ficha 1 y, si lo necesitan, las tablas de los verbos **hacer** y **jugar**.

F2

- Juego de mímica. Por turnos, los alumnos representan sin palabras, por medio de gestos y con mímica, una actividad deportiva. Los otros deberán adivinarla. Gana el que más aciertos tenga.

- Gráfico sobre los deportes. Diga a sus alumnos que formen grupos de trabajo con un número máximo de cuatro alumnos. Deberán hacer una estadística de los deportes que más se practican en la clase. Para ello deberán ir preguntando, una a una, a todas las personas de la clase. Con las respuestas que obtengan, deberán realizar un gráfico. Luego expondrán los gráficos de cada grupo para poderlos comparar.

- Carteles con temática deportiva. Si lo desea, diga a sus alumnos que preparen carteles sobre los diferentes deportes con fotos de deportistas famosos, dibujos y textos que expliquen quiénes son, qué deporte practican, qué premios o competiciones han ganado... Decore la clase con los trabajos realizados y distribuya los diferentes murales por las paredes del aula. Se trata de una fantástica ayuda visual para fijar o profundizar sus conocimientos sobre el vocabulario.

CE: 1 y 2 (p. 53), 9 (p. 58)

2. Mi vida es el baile

Antes de empezar
P2
- Muestre el proyectable 2 o lleve a clase fotos de personas bailando en diferentes estilos: ballet, *hip-hop*, tango, salsa, *break-dance*, flamenco, *irish dance*, etc. y pregunte a sus alumnos si conocen cómo se llaman los diferentes estilos de baile.
- Pregúnteles cuál creen que es el tema de la actividad (**el baile**) y escríbalo en el lado derecho de la pizarra.
- Diga a sus alumnos que durante el desarrollo la actividad se irá viendo vocabulario sobre el tema. Pídales que, en el momento que lo consideren y de forma voluntaria, se levanten y escriban debajo del título de la actividad, palabras que consideren importantes.
- Finalmente, una vez terminada la actividad, pida a sus alumnos que escriban la lista en sus libretas.

Cómo lo hacemos
A.
- Pregunte a sus alumnos si conocen a alguien, o ellos mismos, que esté estudiando baile o se dedique profesionalmente al baile.
- Pregúnteles cómo se imaginan la vida cotidiana de un bailarín o bailarina:

¿Qué hace un bailarín en un día normal?

¿Qué come normalmente?
¿Tiene mucho tiempo libre?

- Recoja sus respuestas en gran grupo y dígales que completen el mapa conceptual de la actividad en sus libretas y con la ayuda del diccionario. Antes de empezar, lea con sus alumnos los diferentes aspecto del mapa para que quede claro qué tienen que hacer.

Solución (sugerencia)

> Tiempo libre: escucha música, sale con sus amigos, lee libros, hace otros deportes...
> Comida y bebida: ensalada, fruta, agua, zumo...
> Rutinas y hábitos: se levanta y desayuna, va a la escuela de baile, duerme la siesta, ensaya con el equipo de baile, cena, se acuesta...

B.

- Seguidamente, diga a sus alumnos que lean la entrevista a Paula, una chica que quiere ser bailarina, y que contesten a las preguntas. Sugiera a sus alumnos que, antes de leer el texto, lean las preguntas.

Solución

> - Es responsable, trabajadora y deportista.
> - Sí, porque bebe mucha agua, come sano y hace ejercicio.
> - Sí, no tiene tiempo libre.
> - Sí, quiere tener un día su propia escuela de baile.

- En el texto aparecen las formas **me encanta** y **me duele**. Remita a los alumnos al apartado *Me duele / Me duelen* (p.60). Léalo con los alumnos y llámeles la atención sobre la concordancia entre sujeto y verbo (singular o plural). Aproveche la oportunidad para comentar la similitud, en cuanto a la forma y la estructura, entre estos verbos y el verbo **gustar**, que ya conocen.
- A continuación, pregunte a sus alumnos si en la entrevista a Paula han podido reconocer el nombre de algunas partes del cuerpo. Dígales que las busquen. Se trata de **piernas**, **brazos**, **pies** y **espalda.**
- Puede ser un buen momento para trabajar con el léxico de las partes del cuerpo. Remita a sus alumnos al apartado *El cuerpo humano* de REGLAS, PALABRAS Y SONIDOS (p. 65).

EL CUERPO HUMANO
1.

- Recuérdeles que ya conocen y pueden usar diferentes técnicas para aprender y memorizar vocabulario: usar tarjetas, repetir las palabras en voz alta, crear una historia con las palabras, asociarlas a imágenes o a un gesto, dibujarlas, cantarlas, hacer esquemas, mapas mentales, ideogramas, etc. Si lo desea, anímelos a aprender todas estas palabras con alguna de estas técnicas.

2.

P3

- A continuación, pueden hacer la actividad en parejas, tal como se propone en la actividad 2. Si lo desea, puede hacer la comprobación en gran grupo usando el proyectable 3 y haciendo que los alumnos, por turnos, se levanten y escriban el nombre de una parte del cuerpo que elijan hasta que las tengan todas escritas.

P4

- Puede trabajar con el proyectable 4 para que adquieran soltura con el uso de verbos como doler y gustar, y también con el léxico de las partes del cuerpo.

C.

- Ahora, diga a sus alumnos que escriban en sus libretas un texto sobre sus propias experiencias a la hora de practicar alguna actividad artística o deportiva.
- Para ello, remítalos primero al apartado *Desde hace / Desde* de la página 61. Lea con ellos los ejemplos y explíqueles que estas expresiones sirven para hablar de acciones que empezaron en el pasado y siguen en el presente. Aproveche para llamarles la atención sobre las dos perífrasis (**empezar a** + infinitivo y **seguir** + gerundio) y sobre el verbo **dejar**. Excepto **seguir** + gerundio, conocen estas expresiones de la unidad 2. Revíselas con ellos y subraye que ahora conocen una forma nueva que sirve para expresar continuidad.

P5

- Si tiene la posibilidad, trabaje con el proyectable 5 para aclarar mejor y practicar el funcionamiento de estos marcadores temporales.

Para ir más lejos

- Puede seguir trabajando el léxico de las partes del cuerpo con esta actividad.

F3

- Haga que sus alumnos formen grupos de tres y distribuya a cada grupo una fotocopia de la ficha 3. Dígales que recorten las tres partes de la ficha y que reserven en un montoncito las etiquetas con los nombres de las partes del cuerpo.
- En primer lugar, deberán mirar durante dos minutos la imagen en la que está reproducido el cuerpo humano con de las partes del cuerpo escritas para recordar el máximo de nombres.
- Luego, sin mirar el esquema (usted puede recogerlo para estar seguro de que no lo van a consultar), explíqueles que deben colocar las etiquetas que han recortado en el lugar que corresponda del cuerpo humano. ¿Qué grupo tarda menos en colocar las palabras en el lugar correcto? Puede volver a distribuir el esquema para que ellos mismos puedan comprobar si han colocado y escrito bien los nombres.

- <u>Recortes de revistas.</u> Lleve a su clase recortes de revistas en los que haya personas de cuerpo entero (tantos como alumnos tenga en su clase) en diferentes posiciones . Dígales que en un minuto deberán recortar la foto y pegarla en una hoja en blanco. A la señal de **¡pasa!** (dada por usted), los alumnos deberán pasar su hoja al compañero que tienen a la derecha.

- Seguidamente, diga a sus alumnos que tienen otro minuto para señalar con flechas tres partes del cuerpo de la figura que recibieron. A la señal de **¡pasa!**, deberán pasar de nuevo sus hojas hacia la derecha.

- A continuación, diga a sus alumnos que disponen de otro minuto para escribir las partes del cuerpo en las flechas de la figura que recibieron. Cuando vuelvan a escuchar **¡pasa!**, pasarán de nuevo la hoja para completar las palabras que faltan. Y así sucesivamente.

- Haga todas las rondas necesarias hasta que todas las hojas estén completas. Al final se exponen todas la imágenes a la clase.

- <u>Los deportes y las partes del cuerpo.</u> Para conectar el vocabulario de las partes del cuerpo y los deportes, pídales que en sus libretas clasifiquen los deportes según las partes del cuerpo que se usan. Verifique oralmente los resultados y tenga en cuenta que hay varias posibilidades:

  P: **¿Qué partes del cuerpo usamos en el fútbol?**
  A1: **Los pies, la cabeza, las manos (el portero)**
  P: **Muy bien, ¿y en el tenis?**

LA REVISTA

¡A BAILAR!
Cómo lo hacemos
- Con la ayuda del diccionario, diga a sus alumnos que lean el artículo y que escriban las informaciones que encuentren más importantes.

- Forme grupos de tres o cuatro y pídales que, con todas las informaciones, realicen un póster sobre la salsa, el flamenco, el tango y el merengue. Pueden decorarlo con fotos que hayan encontrado en internet. Si lo desea, puede asignar un solo estilo a cada grupo.

- Finalmente, sugiera a sus alumnos que cuelguen sus trabajos en las paredes para decorar el aula.

- Si quiere que este paseo por algunas variedades de los ritmos latinoamericanos y españoles sea más rico, puede llevar a su clase algún CD o vídeo con muestras de cada uno de estos géneros.

- Como colofón a este trabajo, sería divertido que preguntara a sus alumnos si saben bailar salsa, merengue, tango o flamenco. En caso afirmativo, pídales que le den al resto de sus compañeros una pequeña clase de iniciación y ¡a bailar!

MINIPROYECTO

- Distribuya a la clase en parejas y dígales que preparen una entrevista a un/-a deportista o balilarín/-a imaginarios. Un alumno será el periodista y el otro, el entrevistado.

- Déjeles tiempo para que ensayen la entrevista y luego, por turnos, deberán representarla delante de la clase. Los periodistas grabarán la entrevista.

- Al día siguiente, en clase, usted puede hacer una evaluación de cada entrevista volviendo a escucharlas con todos los alumnos. Comente los puntos fuertes y los puntos débiles de cada una de ellas.

▶ CE: 3 (p. 54), 5 (p. 55), 1 (p. 63)

¡ME SIENTO BIEN!

3. Hay que cuidarse

Antes de empezar
- Pregunte a sus alumnos cómo se sienten con preguntas como: **¿Cómo estáis hoy? ¿Cómo os sentís? ¿Estáis contentos/-as o tristes? ¿Estáis cansados/-as? Y a ti, ¿te duele algo?**

- Pregunte si alguno de ellos tiene algún "problemilla" que quiera compartir con el resto de la clase. Acláreles que les pregunta eso porque la clase de hoy tratará sobre problemas y soluciones relacionados con el estado de ánimo y con el físico. Escriba en la pizarra las preguntas anteriores y lo que le hayan respondido.

- A continuación, coménteles usted que hoy no está totalmente en forma porque está cansado/-a. Escriba **estar cansado/-a** en la pizarra y pregunte a sus alumnos si conocen otras palabras que se usen con el verbo **estar** y sirvan para describir estados de ánimo, físicos, etc. Escríbalas en la pizarra.

- Remita a sus alumnos al apartado *Estar* (p. 62). Lea con ellos los ejemplos y llame la atención sobre el uso de **estar** + participio para describir estados (como si fueran adjetivos). Quizá algunos recuerden de la unidad 3 que los participios se usan de la misma forma para hablar de lugares: **está bien comunicado, está rodeado de árboles...**

Cómo lo hacemos

A.

- Diga a los alumnos que van a hacer un test para saber si llevan una vida sana. Propóngales que lean las preguntas del test individualmente y que luego, en parejas, lo completen. Pueden usar el diccionario o preguntarle a usted usando **¿qué significa...?**

B.

- A continuación, con las mismas parejas, diga a sus alumnos que van a leer un texto. Se trata de recomendaciones para llevar una vida sana. Pregúnteles qué significan las palabras **recomendaciones** y **recomendar**. Coménteles que **aconsejar** y **recomendar** son palabras sinónimas de **consejos** y **aconsejar**, respectivamente.
- Diga a sus alumnos que hagan una primera lectura del texto subrayando todas las expresiones que sirven para recomendar. Muéstreles un ejemplo en el punto número 1 (**Hay que**). Haga una corrección en gran grupo, proyectando el texto en la pizarra si usted dispone del Libro digital (*Biblioteca USB*).
- Para estructurar sus observaciones, remítalos a los apartados *Recomendar y desaconsejar* (p. 62) y *El imperativo* (p. 63). Lea con ellos los ejemplos y coménteles que existen muchas expresiones para recomendar y desaconsejar y que ahora están viendo algunas de ellas. Dígales que una de estas formas es el imperativo.
- Pídales ahora que vuelvan a leer el texto y que decidan, siempre con la pareja de esta actividad, qué respuestas del test corresponderían a una vida más sana. Muévase por el aula y vaya interactuando con los alumnos para confirmar sus opiniones y respuestas.
- Finalmente, pregúnteles por los resultados que han sacado en el test y proponga una pequeña discusión sobre si llevan o no una vida sana.

Solución

1. b; 2. c; 3. b; 4. b; 5. b; 6. c

▶ CE: 7 (p. 56), 8 (p. 57), 11 (p. 59)

4. Opiniones de un especialista

Antes de empezar

- Diga a sus alumnos que miren la fotografía y lean los títulos y nombres de secciones del artículo. Pregúnteles por la identidad del personaje: **¿A qué se dedica? ¿Cuál es su profesión? ¿Qué tipo de doctor es?...**
- Finalmente, y de acuerdo a lo que haya ido surgiendo, pregúnteles de qué suponen que tratará el texto que van a leer a continuación. Escriba las diferentes suposiciones en la pizarra para una posterior comprobación.

Cómo lo hacemos

A.

- Pregunte en gran grupo qué problemas más frecuentes de salud creen que tienen los jóvenes de su edad hoy en día. Dígales que se agrupen en parejas y dígales que escriban una lista. Luego, hagan una puesta en común y anote en la pizarra los problemas que han salido.

B.

- A continuación, pídales que lean el artículo del doctor Koller. Deberán escribir una lista con los problemas de los jóvenes y las recomendaciones que el doctor hace. Puede dibujar una tabla como la de la solución (vacía) en la pizarra para que la copien en sus libretas. Una vez puesto en común su resultado, pregunte si coinciden con los problemas que han anotado antes de leer el texto y coméntelo: ¿Están de acuerdo con lo que propone el doctor Koller? ¿Hacen lo que él propone habitualmente?

Solución

Problemas
Dolor de espalda.
Estar siempre cansado.
Estar triste o nervioso.

Recomendaciones
Es bueno llevar una alimentación sana.
Es necesario hacer actividad física regularmente.
Es recomendable alguna actividad de relajación.
Tienes que hacer ejercicios con los ojos y no mirar siempre la pantalla.
No hay que estar sentado más de veinte minutos.
Es bueno abrir la ventana con frecuencia.
Hay que estudiar con buena luz y unos muebles adecuados.
Los brazos tienen que formar un ángulo de noventa grados.
Es necesario llevar una dieta equilibrada.
Es recomendable hacer ejercicios de respiración y meditación.

C. (Pista 26)

- Comente que una de las recomendaciones del Dr. Koller es aprender a relajarse con ejercicios de respiración y meditación. Pregunte a sus alumnos si alguna vez han hecho algún ejercicio parecido y dígales que van a escuchar una audición donde se dan instrucciones para relajarse y concentrarse mejor. Pídales que cierren los ojos y que, mentalmente, vayan realizando todo lo que escuchan. Diga que es muy importante que se concentren y consigan no pensar en otras cosas mientras escuchan.

D.

- Pregúnteles qué les ha parecido y si creen que el ejercicio ha funcionado. ¿Están más relajados que antes? ¿Se han distraído?
- Dígales que, en grupos, deberán añadir algunas frases más para completar este ejercicio de relajación.

Solución (sugerencia)

Levántate y mira por la ventana.
Vuelve a sentarte con la espalda recta.
Levanta los brazos y vuelve a bajarlos.

Para ir más lejos

F4

- Haga una fotocopia de la ficha 4 y recorte (o haga que sus alumnos recorten) los cuadrados y distribuya una sola tarjeta (un dibujo o una frase) a cada alumno.
- Los alumnos deberán circular por la clase: los que tienen la tarjeta con el dibujo deberán reproducir el gesto que hace el personaje; los que tienen las frases deberán decirlas en voz alta. El juego consiste en que cada alumno con tarjeta de dibujo encuentre al que tiene la tarjeta con la frase que encaja con su dibujo, y viceversa. Adviértales que no podrán mostrar sus tarjetas, sino que tendrán que hacer los gestos o decir las frases en voz alta. Cuando dos alumnos se encuentran, se tienen que quedar parados como estatuas. Cuando todas las parejas se hayan formado, cada una deberá explicar y representar el contenido de sus tarjetas delante de la clase: primero, en singular y luego, en plural. Escriba en la pizarra ejemplos de frases en singular y en plural, subrayando y destacando los pronombres: **me** y **nos** y las formas verbales: **tengo / tenemos**; **estoy / estamos**, etc. Así tendrán un modelo para consultar y hacer sus frases:

  - **Me duele el estómago / Nos duele el estómago.**
  - **Tengo frío / Tenemos frío.**
  - **Estoy mareada / Estamos mareados.**
  - **Etc.**

- Ejemplo de diálogo entre las parejas que se han encontrado:

  A1: **¡Me duele la rodilla!** *(haciendo el gesto de dolor en la rodilla)*
  A2: **¡A mí también me duele la rodilla!** *(haciendo también el gesto de dolor en la rodilla)*
  A1 + A2: **¡Nos duele la rodilla!** *(a la vez)*

- Puede proponer a sus alumnos que, en grupos, discutan y elaboren un documento con recomendaciones y consejos para prepararse para un examen, para una competición deportiva, para una cita con un chico o chica, etc. Corrija usted mismo los diferentes documentos en casa o propóngales una presentación conjunta.

LA REVISTA

Sal a la calle

Pista 29

- Haga fotocopias de la canción, tantas como grupos, y recórtela en seis pedazos: tres estrofas y tres veces el estribillo. Distribuya a sus alumnos en grupos de seis y explíqueles que van a escuchar una canción donde aparecen algunos problemas y recomendaciones.
- Reparta una parte de la canción a cada componente del grupo y pídales que traten de recomponer la canción. Pueden usar el diccionario o preguntarle a usted por el significado de las palabras.
- Una vez recompuesta la canción, escúchenla a modo de comprobación.
- A continuación, explíqueles que deberán aprenderse de memoria la parte de la canción que les haya tocado y que, en grupos, deberán escenificar la canción cantando en *play-back*. Haga hincapié en la importancia de que se concentren en la pronunciación de las palabras y de que vocalicen bien. Si lo desea, este puede ser un buen momento para remitir a sus alumnos al apartado *Las vocales* (p. 65) y trabajarlo.
- Ponga tantas veces como crea necesario la canción y dígales que vayan leyéndola mientras la escuchan. Si lo desean, pueden ir practicando y cantándola al mismo tiempo. Deles un poco de tiempo para que la practiquen y la escenifiquen.
- Para finalizar, si lo cree oportuno, organice en la clase una votación entre todos para elegir la mejor actuación.

MINIPROYECTO

- Diga a sus alumnos que se agrupen en pequeños grupos y que inventen un personaje con algún tipo de problema físico o de malos hábitos. Deberán escribirlo en un papel.
- Redistribuya todos los papeles entre los grupos.
- Cada grupo deberá discutir diferentes recomendaciones para el problema que les ha tocado y escribir tres en sus libretas. Asegúrese de que ningún grupo escoja el propio personaje que haya inventado.
- Haga una corrección y pida a un representante de cada grupo que lea sus recomendaciones.

CE: 6 (p. 56), 3 (p. 61)

REGLAS, PALABRAS Y SONIDOS

EL IMPERATIVO

- Pregunte si recuerdan para qué sirve el imperativo, según han estudiado en esta unidad. Infórmeles de que es un tiempo verbal que se usa en muchas situaciones distintas y lea con ellos los ejemplos. Haga énfasis en la entonación de esas frases.

- Dígales ahora que se fijen en la morfología del imperativo y explique por qué tiene solamente cuatro personas (siempre se trata de verbos que sirven para que otros hagan algo, por eso solo tienen sentido en la segunda persona). Anímelos a memorizar las formas de los regulares y adviértales de que el imperativo tiene muchos irregulares.
- Comente, finalmente, que la forma negativa del imperativo es especial porque se hace con otra forma verbal (el subjuntivo) y que la van a estudiar más adelante.
- Dígales que hagan la actividad y coménteles que, aunque no conozcan el significado de esos verbos, lo van a deducir por los dibujos y, luego, por el contexto. Adviértales que solamente hay verbos regulares.

Solución

Un gimnasio en casa
Si no puedes ir al gimnasio, te proponemos unos ejercicios muy simples con aparatos hechos en casa.
Corre unos minutos dentro de casa y, si tienes escaleras, **sube** y **baja** dos o tres veces. Si no tienes escaleras, **fabrica** tu propio aparato de steps: **llena** tres cajas de zapatos con revistas y **coloca** dos juntas y otra encima. **Salta** sobre ellas cambiando de pie.
Con una escoba en las manos y paralela al suelo **gira** la cintura sin moverte de sitio durante dos minutos, hacia la izquierda y hacia la derecha.
Con dos botellas de agua llenas tienes también unas magníficas pesas caseras. **Levanta** los brazos diez veces, con una botella en cada mano.
Controla cada día con el reloj cuánto tiempo has entrenado y **escribe** tus resultados en una libreta. Y recuerda: **bebe** un poco de agua antes y después de hacer estos ejercicios.

P6

- Use el proyectable 6 si tiene los medios adecuados. Con él podrán practicar colectivamente la morfología del imperativo.

LA FRECUENCIA

- Recuerde a sus alumnos que ya conocen varios marcadores de frecuencia, y que ahora van a ver algunos nuevos. Revise los ejemplos con ellos y llámeles la atención sobre los que son nuevos: **a menudo**, **a veces**, **de vez en cuando**. Finalmente, dígales también que **nunca** puede ir acompañado de la negación (**no**) o bien solo.

2.

Solución (sugerencia)

- Hago los deberes todos los días.
- De vez en cuando salgo a correr.
- Leo novelas u otro tipo de libros dos veces por semana.
- Nunca cocino.
- Voy en bicicleta a menudo.
- A veces voy al gimnasio.
- Siempre ordeno la habitación.

RECOMENDACIONES Y CONSEJOS

- Recuerde las formas de recomendar que han aprendido en esta unidad, sobre todo en la actividad 3. Si no lo han hecho antes, sistematice ahora todas estas formas y llámeles la atención sobre las estructuras gramaticales.

3.

Solución (sugerencia)

No es recomendable comer mucho antes de entrar a un examen.
Es bueno llevar ropa cómoda el día del examen.
No es buena idea llevar solo un bolígrafo.
Hay que tener una actitud optimista.
Tienes que controlar bien el tiempo.
No hay que dejar respuestas sin contestar.
No es recomendable entregar el examen sin repasarlo todo al final.
Es malo estudiar la noche anterior hasta muy tarde.
Es buena idea leer todo el examen antes de empezar a escribir.

LAS VOCALES

Cómo lo hacemos

1.

Pista 27

- Pida a sus alumnos que escuchen las doce palabras numeradas del ejercicio e intenten pronunciarlas exactamente igual. Entre palabra y palabra habrá una pausa para que los alumnos puedan repetirlas.
- Tras las audiciones necesarias, comente a sus alumnos que, como habrán escuchado, en español existen cinco sonidos vocálicos puros y que no existen vocales largas o cortas. Estos cinco sonidos son los mismos en cualquier posición: en sílabas tónicas y en sílabas átonas. En ningún caso se diptongan ni se relajan.

2.

- A continuación pregunte a sus alumnos si saben cuántos sonidos vocálicos existen en sus respectivas lenguas y pídales que los comparen con los del español.

3.

Pista 28

- De la misma forma que en el primer ejercicio, pida a sus alumnos que escuchen las palabras del ejercicio e intenten pronunciarlas exactamente igual. Entre palabra y palabra habrá una pausa para que los alumnos puedan repetirla. Coménteles que se trata de palabras que contienen los cinco sonidos vocálicos. Empiece una ronda con los alumnos para leer de nuevo en voz alta las palabras del ejercicio.

F5

- Si lo desea, reparta la ficha 5 para que sus alumnos realicen las actividades escritas de la sección REGLAS, PALABRAS Y SONIDOS en ella.

LA REVISTA

Deportes de aventura

FV

• Pregunte a sus alumnos qué creen que significa **deportes de aventura** y pregúnteles si conocen alguno (en la unidad 6 del nivel 1 aparecen **buceo**, **trekking**, **kayak** y **rafting**). Coménteles que van a ver un vídeo donde aparecen unos chicos haciendo distintos deportes de aventura. Si tiene la posibilidad, haga con ellos las actividades propuestas en las *Fichas de trabajo de los vídeos* de la **Biblioteca USB**.

• Antes de comenzar con NUESTRO PROYECTO sería conveniente terminar todas las actividades del **Cuaderno de ejercicios** que han quedado sin hacer y comentarlas después en el aula.

NUESTRO PROYECTO

UNA CAMPAÑA DE SALUD

Antes de empezar

• Previamente al día que van a dedicar al proyecto, explique a sus alumnos lo que van a hacer: crear, diseñar y presentar al resto de la clase una campaña de salud para el colegio. En casa, como tarea de preparación, pueden investigar y buscar en internet algunos ejemplos de este tipo de campañas.

• Decida con la clase si van a realizar el proyecto en papel, con el ordenador o en vídeo. En cualquier caso, lea con ellos el apartado *¿Qué necesitamos?* para recordarles qué necesitan y asegúrese de que lo traigan en la siguiente sesión.

• Anime a los alumnos a que hablen en español mientras realizan el proyecto comentándoles que este será un criterio a valorar. Si no es posible, adviértales que, por lo menos, la presentación al resto de la clase sí tendrá que ser en español.

TeNP5

• Si lo considera oportuno, reparta la tabla de evaluación correspondiente, comente los criterios de evaluación y anímelos a ir completándola mientras realizan el proyecto.

Cómo lo hacemos

A.

• Antes de empezar con el proyecto, diga a los alumnos que deberán investigar en internet y buscar información, modelos y ejemplos de campañas de este tipo.

B.

• Diga a sus alumnos que formen grupos de trabajo de cuatro o cinco personas y que cada grupo deberá elaborar una campaña distinta con todos los elementos (productos) que aparecen en la lista de este apartado. Lea con ellos la lista, aclare las posibles dudas y consensúe con ellos lo necesario (por ejemplo, si no tienen tiempo podrán crear menos productos).

• Van a empezar haciendo una lluvia de ideas sobre su campaña. Un alumno deberá ir tomando notas.

• Como siempre, intente que todos los alumnos participen en el proyecto. Dinamice y facilite, en lo que cabe, el trabajo de los diferentes grupos con ideas, sugerencias, asignando tareas, reconduciendo el trabajo, ayudando en la solución de problemas, etc.

• Una vez terminada la fase de ideas, recomiéndeles que consensúen en su grupo los textos y eslóganes que va a tener la campaña y que se repartan el trabajo de confección de carteles, grabaciones, etc.

C.

• Antes de hacer la preparación, recomiéndeles que ensayen en grupo y se observen entre ellos para detectar y corregir errores.

• A continuación, pida a los alumnos que presenten sus proyectos al resto de la clase.

• Si los alumnos no tienen inconveniente, grabe sus presentaciones con los medios a su alcance. Dedique una clase a ver con todos los alumnos los vídeos y compare las presentaciones con otras ya realizadas. Comente las mejoras, los errores gramaticales, practique la pronunciación, etc.

EVALUACIÓN

Cómo lo hacemos

• Esta evaluación se podrá plantear en dos sesiones de clase. En la primera pueden realizar las actividades de comprensión lectora, comprensión oral y expresión escrita. Recuerde que para el ejercicio de expresión escrita los alumnos deberán buscar información en casa y tomar notas para realizar el ejercicio. En una segunda sesión, ya sea en la clase, o bien de forma individual con el profesor, los estudiantes realizarán las actividades de expresión e interacción oral, que se habrán preparado en casa. Anuncie a sus estudiantes las actividades que van a realizar en la primera sesión:

- Comprensión lectora: dígales cuánto tiempo van a tener para leer la entrevista y para responder a las preguntas. Recuerde a los alumnos leer las preguntas antes de leer el texto.

Pista 30

- Comprensión oral: explique a los alumnos que van a escuchar una audición en la que una madre hace recomendaciones a su hijo mientras está estudiando. Deberán completar la tabla con las recomendaciones y los problemas correspondientes. Dígales que podrán escuchar la audición dos veces.
- Expresión escrita: los alumnos tendrán que leer los comentarios que aparecen en un foro donde la gente cuenta sus problemas. Pida a sus alumnos que escriban algunas recomendaciones, como mínimo dos, para cada problema.

F6

- Reparta la ficha 6 para que escriban sus respuestas. Al finalizar las actividades puede pasarles una fotocopia con las soluciones para que corrijan ellos mismos.
- Antes de terminar la sesión, explíqueles en qué consisten las actividades de expresión e interacción oral y dígales cuándo las van a hacer. Recuérdeles que pueden prepararlas en casa.
- Expresión oral: pídales que escojan un deporte o actividad que practiquen y les guste especialmente. Los alumnos tendrán un minuto para hablar sobre él, explicando, entre otras cosas, cuándo empezó a practicarlo, con qué frecuencia lo practica, dónde y con quién, etc.
- Interacción oral: Diga a los alumnos que, en parejas, un alumno le hará cinco preguntas a su compañero para ver si lleva una vida sana. Dependiendo de las respuestas, deberá darle algunos consejos para mejorar. Luego, cambia el turno.
- Exponga cuáles van a ser los criterios de evaluación para todas las actividades, haciendo hincapié en las actividades de expresión e interacción oral.

Corrección y criterios de evaluación

1. COMPRENSIÓN LECTORA

Criterios de evaluación (sugerencia)

2,5 puntos por respuesta correcta	...... / 10

Solución

a. 8 horas
b. Ejercicios de calentamiento y gimnasia
c. Saber nadar muy bien y tener flexibilidad
d. Las nadadoras

2. COMPRENSIÓN ORAL

Criterios de evaluación (sugerencia)

3 puntos por respuesta correcta	
1 punto (extra) por completar 3 recomendaciones y 3 problemas	...... / 10

Solución

Las recomendaciones	Los problemas
Tienes que abrir la ventana	Dolor de cabeza (no hay oxígeno en la habitación)
Tienes que moverte, levantarte o dar un paseo	Dolor de espalda (demasiado tiempo sentado)
Tienes que beber agua	Beber poca agua es malo para la salud

3. EXPRESIÓN ORAL

Criterios de evaluación (sugerencia)

Contenido Mínimo 10 frases con informaciones distintas	...... /3,5
Lenguaje Léxico adecuado al tema, expresa adecuadamente su habilidad, sitúa adecuadamente la práctica de la actividad en el tiempo (**desde / desde hace**; **ya no / todavía**).	...... / 2
Coherencia y cohesión Estructura su discurso de forma ordenada	...... / 3,5
Pronunciación y entonación	...... / 1
Total	...... / 10

4. INTERACCIÓN ORAL

Criterios de evaluación (sugerencia)

Contenido Hace preguntas adecuadas y da recomendaciones pertinentes	…… /5
Lenguaje Léxico adecuado al tema, pregunta correctamente por los estados físicos y anímicos, expresa las recomendaciones de forma variada, usa las diversas expresiones y el imperativo correctamente	…… / 4
Pronunciación y entonación	…… / 1
Total	**…… / 10**

5. EXPRESIÓN ESCRITA

Criterios de evaluación (sugerencia)

Da recomendaciones pertinentes a los problemas de los 3 textos (2 puntos por texto)	…… / 6
Todas las frases están bien escritas, usa expresiones variadas y con el léxico adecuado	…… / 4
Total	**…… / 10**

PROPUESTA DE EVALUACIÓN TOTAL

El valor otorgado a cada una de las actividades es orientativo y da un resultado total de 50 puntos. Usted puede decidir ponderar cada una de estas actividades de manera diferente según sus propios criterios, las necesidades de sus alumnos, la manera en que se han desarrollado las clases, etc.

Comprensión lectora	……… / 10
Comprensión oral	……… / 10
Expresión escrita	……… / 10
Expresión oral	……… / 10
Interacción oral	……… / 10
Total	**……… / 50**

UNIDAD 6
¡HOY ES FIESTA!

Planes para el fin de semana

Antes de empezar

P1

- Diga a sus alumnos que lean el título de la unidad y miren las imágenes. Pregúnteles qué creen que son (carteles que anuncian actividades y un restaurante) y de qué creen que tratará esta última unidad del libro. Muestre la portadilla con el proyectable 1 si le es posible.
- Seguramente llegarán a la conclusión de que el tema es el tiempo libre y los planes. Pídales ahora que se imaginen que usted es un extranjero con mucho tiempo libre y que tiene algunas preguntas para hacerles sobre qué hacer en su ciudad.
- Dígales que escriban en su libreta las respuestas a las preguntas que usted irá dictando y déjeles tiempo para que puedan responderlas por escrito.

  - **¿Dónde puedo comer barato?**
  - **¿Dónde puedo hacer deporte?**
  - **¿Dónde puedo ir si quiero pasar miedo?**
  - **¿Dónde puedo ir si quiero escuchar música?**

- Después, en parejas, comentan sus repuestas. Si lo desea, haga una puesta en común oral en gran grupo.

Cómo lo hacemos

- Pida a sus alumnos que miren la foto de Mei y que le digan cosas sobre ella. Pregúnteles en qué creen que está pensando.
- Confirme sus hipótesis y coménteles que Mei todavía no tiene planes para el fin de semana y está pensando qué hacer. Aproveche para repasar los días de la semana de la manera que crea conveniente. Si lo desea, coménteles que **fin de semana** se dice **finde** de forma coloquial.

- Una vez planteada la situación, diga a sus alumnos que lean la información de los carteles y las diferentes actividades que se pueden hacer.
- A continuación pídales que respondan a las preguntas de la actividad.

Solución

1. Puede ir a la Muestra de videojuegos retro.
2. Puede ir al curso de maquillaje corporal.
3. Puede ir al Salón del manga y apuntarse al taller.
4. Puede ir al concurso de artistas jóvenes del Teatro Municipal Miguel de Cervantes.
5. Puede ir a La Ecopizza.

Para ir más lejos

- Un mural-collage sobre el tiempo libre. Explique a sus alumnos que van a realizar un mural-collage sobre el tiempo libre. Con él van a repasar el vocabulario que ya conocen y van a preparar las colocaciones con el verbo **ir**.
- El día anterior a la realización de esta actividad, diga a sus alumnos que traigan fotos que ilustren diferentes actividades de ocio y tiempo libre que les guste hacer. Si usted no tiene ningún inconveniente, traiga también fotos y haga también un collage de su tiempo libre.
- Distribuya a los alumnos en parejas o pequeños grupos y repártales cartulinas de colores. Con todo este material, los alumnos deberán confeccionar un mural-collage con dibujos, fotos y los nombres de las actividades (**tocar la guitarra**, **jugar al fútbol**, **ir de compras**, **salir con amigos**, etc.). Llame la atención sobre el hecho de que casi todas estas actividades llevan una preposición. Puede marcarlas y escribirlas en la pizarra para tenerlas presentes a lo largo de la unidad.
- Estos murales podrán ser enriquecidos en la actividad 1 con nuevas expresiones y preposiciones. Si los alumnos lo desean, pueden colgar sus trabajos en las paredes de la clase.

¡POR FIN ES VIERNES!

1. ¿Vienes?

Antes de empezar

- Diga a sus alumnos que se fijen en la chica que aparece en el centro de la página 72 y pregúnteles: **¿Cómo se llama? ¿Qué está haciendo la chica? ¿Por qué? ¿Para qué?** Le dirán, por ejemplo:

Se llama Carol y está hablando por teléfono con un(a) amigo(a) porque no sabe qué hacer el fin de semana.

- Pida ahora a los alumnos que miren los dibujos que hay alrededor de Carol y que le digan los nombres de las actividades que están haciendo los personajes.

- Aunque durante la realización del mural-collage los alumnos han estado observando y reflexionando sobre el uso de las preposiciones, remita a sus alumnos a los apartados *Tiempo libre* e *Ir y sus preposiciones* (p. 72) para que vuelvan a ver más ejemplos de actividades de tiempo libre. Indique que frecuentemente usamos el verbo **ir** con alguna preposición para hablar de este tipo de actividades.

Cómo lo hacemos
A.
- Diga a sus alumnos que Carol ha recibido muchos mensajes de sus amigos con propuestas de planes para el sábado.
- Pida a sus alumnos que lean el enunciado de la actividad y explíqueles que tienen cinco minutos para, individualmente, relacionar cada dibujo con su correspondiente propuesta. Dígales que lo escriban en su libreta, con el nombre del amigo y la letra del dibujo.

Solución

a. Nacho	**e.** Lucas
b. Iker	**f.** Víctor
c. Moisés	**g.** Helena
d. Elsa	

- Corrija el ejercicio en la pizarra y pregunte a los alumnos qué palabras de cada mensaje les han ayudado a relacionar el texto con el dibujo. Haga una puesta en común con toda la clase.

- A continuación, diga a sus alumnos que lean detenidamente los diferentes mensajes y subrayen todas las expresiones usadas con el verbo **ir**. Dígales que se fijen en las preposiciones. Puede volver a remitir a sus alumnos al apartado *Ir y sus preposiciones* (p. 72). Puede hacer preguntas en gran grupo para que le respondan con actividades que ven en los ejemplos: **¿Qué has hecho este fin de semana? ¿Qué te gusta hacer los sábados por la tarde?**... Otra forma de que empiecen a producir oralmente frases con este tipo de colocaciones es la actividad propuesta en el proyectable 2.
- Pregúnteles si han escrito todas las actividades de tiempo libre que aparecen en esta actividad en sus murales y coménteles que, el que quiera, dispondrá ahora de unos minutos para completar sus murales con nuevas actividades.
- Finalmente, dígales que vuelvan a leer los mensajes de los amigos de Carol. Los alumnos deberán buscar y escribir en sus libretas diferentes estructuras para invitar a alguien a hacer algo juntos. Como comprobación, remita a los alumnos al apartado *Proponer un plan, invitar* de la página 73 y lea con ellos los ejemplos que aparecen. Dígales

que completen su lista con ellos y propóngales algunos ejemplos orales en gran grupo. Les servirán para realizar el *miniproyecto*.

Solución

> ¿Quedamos? / Podemos... / ¿Tienes ganas de...? / ¿Quieres venir? / ¿Te vienes? / ¿Te apuntas? / ¿Vienes a verme? / ¿Te apetece venir?

Pista 31

B.
- Explique a sus alumnos que van a escuchar una conversación entre Carol y su padre en la que ella le cuenta a su padre qué quiere hacer este fin de semana. Antes de escuchar la audición, plantéeles las preguntas:

> **¿Qué creéis que le apetece hacer a Carol? ¿Con cuál de las propuestas de sus amigos se va a quedar?**

- Dígales que argumenten sus opiniones. Pida a un voluntario que escriba todas las hipótesis en la pizarra y hagan una votación a mano alzada para ver cuántos alumnos creen una u otra cosa. Escriba el resultado de la votación también en la pizarra.
- Para comprobar quién ha acertado, ponga la audición y coménteles que en esta primera escucha no necesitan entender todas las palabras sino solo concentrarse en la información que necesitan.

Solución

> Carol va a ir a casa de Iker y van a hacer juntos los deberes de Matemáticas.

- Ponga de nuevo la audición y pregúnteles ahora por la reacción del padre de Carol:

> **¿Hay algún problema? ¿Está el padre de acuerdo? ¿Conoce a Iker?**

Solución

> El padre quiere acompañar a Carol a casa de Iker para conocerlo.

C.
- A continuación, explique a sus alumnos que Carol ha respondido a todos los mensajes de sus amigos. Los alumnos deberán leerlos y tratar de identificar el nombre de su destinatario. Dígales que lo escriban en sus libretas o hagan la corrección en gran grupo de forma oral, siguiendo el ejemplo propuesto con **puede ser** y usando **porque** para argumentar sus opiniones.

Solución

1. Elsa	**5.** Helena

2. Nacho	6. Moisés
3. Víctor	7. Iker
4. Lucas	

- Dígales ahora que lean con atención las respuestas de Carol. Los alumnos deberán buscar y escribir en sus libretas diferentes estructuras para rechazar un plan. Como comprobación, remita a los alumnos al apartado *Aceptar, rechazar y excusarse* de la página 73 y lea con ellos los ejemplos que aparecen. Les servirán para realizar el miniproyecto.

Solución

> Me gustaría mucho... pero no puedo / No puedo... / No tengo ganas de... / No me gusta mucho... / No me apetece...

D.

- Pregunte a algunos alumnos: **¿Qué te gustaría hacer este fin de semana?, Y a ti, ¿qué te gustaría hacer?** Después de recibir algunas respuestas, distribuya a sus alumnos en parejas y explíqueles que deberán hablar sobre sus planes y deseos para el fin de semana.
- Diga a sus alumnos que, en clase o en casa, hagan los ejercicios 3 (p. 66), 4 (p. 67), 6 (p. 68), 2 (p. 74) y 2 (p. 75) del **Cuaderno de ejercicios**.

Para ir más lejos

- Entregue a cada alumno una fotocopia de la ficha 1. Dígales que tienen que rellenar la agenda con las actividades que deseen hacer.
- Luego, forme parejas procurando que sean de alumnos que no acostumbran a trabajar juntos.

F1

Cada uno deberá fingir que llama por teléfono a su compañero y ponerse de acuerdo para poder salir juntos esta semana a hacer algo que les guste a los dos. Aproveche la situación para revisar las fórmulas para llamar por teléfono:

- - ¿Diga? / ¿Dígame?
- - **¿Está Carlos? / ¿Puedo hablar con Carlos?**
- - **Sí soy yo.**
- - Etc.

P3

- Para seguir practicando las colocaciones de actividades de tiempo libre, muestre el proyectable 3 con imágenes de otras actividades y andamiajes que van a ayudar a sus alumnos a expresar lo que ven.

MINIPROYECTO

- Dé a cada uno de sus alumnos dos trozos pequeños de papel, o dos post-it, de dos colores diferentes. En uno de ellos, los alumnos deberán escribir una propuesta o invitación (anónima o con nombre) para hacer algo juntos el fin de semana.
- Recójalos todos y métalos en una cajita. Cada alumno deberá sacar uno y responder, aceptando o rechazando, la propuesta. No olvide comentarles que, como hacen la mayoría de los hablantes nativos de España y Latinoamérica, deberán dar una explicación o excusa si van a rechazar una invitación. Asegúrese que nadie coge su propia invitación.
- Si han hecho las invitaciones de forma anónima, una vez respondidos los mensajes, los alumnos tratarán de adivinar qué compañero ha escrito la invitación.

➡ CE: 3 (p. 66), 4 (p. 67), 6 (p. 68), 2 (p. 74), 2 (p. 75)

¡QUÉ RICO!

2. ¿Bocadillos? Depende ...

Antes de empezar

- <u>Juego: el ahorcado.</u> Empiece esta actividad jugando al juego del ahorcado con la palabra **bocata**. Los alumnos deberán ir diciendo letras del abecedario por turnos y usted, por cada letra que no esté en la palabra, dibujará un trazo del dibujo de un monigote ahorcado.

B _ _ _ _ _

- Pregúnteles si saben qué significa la palabra **bocadillo**. Coménteles que **bocata** es una palabra coloquial que significa **bocadillo** y que, a pesar de terminar en **-a**, es una palabra de género masculino.

Cómo lo hacemos

A.

- Para contextualizar la actividad pregunte a sus alumnos si les gustan los bocadillos, cuál les gusta más y con cuánta frecuencia los comen. Pregúnteles también si creen que comer bocadillos es sano o no y pídales que intenten argumentar sus opiniones.

B.

- Pida a sus alumnos que lean el título del artículo y que hagan hipótesis sobre el contenido. Pregunte: **¿Creéis que es sano comer bocadillos? ¿Por qué?** Escriba este posible tema de debate en la pizarra: Comer sano, los bocadillos y la comida rápida. Si cree que pueden necesitarlo puede presentarles el término **comida basura**. Hablen del tema en gran grupo sin extenderse demasiado.

- Dígales que lean, individualmente y en silencio, el texto sobre los bocadillos. En el debate, podrán dar su opinión sobre si están de acuerdo o no con lo que se dice en el texto. Si lo desean, pueden usar el diccionario.
- Para dinamizar y facilitar el debate, escriba en la pizarra algunas fórmulas y estructuras como:

> **Yo creo / pienso que ...**
> **Depende de ...**
> **(no) Estoy de acuerdo con ...**
> **El artículo dice que ... pero yo creo que ...**

- Una vez finalizado el debate comente con sus alumnos el recuadro *Consejos para comer sano* de la derecha del texto y haga que se fijen en los pronombres y en su uso con las formas del imperativo que aparecen. Pregúnteles a qué se refieren los pronombres (a los bocadillos) y qué observan.
- Para confirmar sus hipótesis y sistematizar este tema, remita a sus alumnos al apartado *El imperativo afirmativo con pronombres* de la página 75. Lea con ellos los ejemplos, explíqueles lo que no entiendan y haga hincapié en la posición final del pronombre y la fusión de imperativo y pronombre en una sola palabra.
- Diga a sus alumnos que, en clase o en casa, hagan el ejercicio 9 (p. 70) del **Cuaderno de ejercicios**.

C.
- Fije ahora su atención en los seis tipos de bocadillo que ilustran el artículo y pregunte qué ingredientes lleva cada uno. Escriba en la pizarra la expresión **El bocadillo... lleva...** para posibilitar y facilitar las descripciones.
- Puede seleccionar algunos de los ingredientes que los alumnos le han dicho para introducir el tema de los nombres contables y no contables (si se pueden combinar con numerales son contables, y si no, no lo son). Con los nombres incontables, como verán en el apartado *Nombres contables y no contables* de la página 74, necesitamos la ayuda de ciertas expresiones para cuantificarlos, es decir, para indicar de qué cantidad hablamos.
- Escriba en la pizarra algunas de estas expresiones para que puedan usarlas y fijarlas. Pídales que digan ejemplos.

> un vaso / una taza / una copa / un plato de...
> una botella / una bolsa / una lata de...
> un litro / un kilo de...
> un poco de...
> etc.

- Si tiene la posibilidad, muestre el proyectable 4 para que empiecen a decir frases usando los contables y los no contables. Diga a sus alumnos que, en clase o en casa, hagan el ejercicio 7 (p. 69) del **Cuaderno de ejercicios**.

- A continuación, los alumnos deberán usar las estructuras propuestas para decir si han probado (o no) alguno de esos bocadillos y cuál de ellos les gustaría probar.
- Aproveche la ocasión para comentar el uso de **me gustaría** unido a la idea de deseos, tal como aparece formulado en el enunciado 2C. Remita a los alumnos al apartado *Me gusta / Me gustaría* de REGLAS, PALABRAS Y SONIDOS de la página 76 y lea con ellos los ejemplos que aparecen.

D.
- Finalmente, pregunte a sus alumnos qué se come en sus respectivos países cuando no se tiene tiempo para cocinar.

> **¿Se comen bocadillos? ¿Qué llevan? ¿Son iguales que los de España? ¿Hay algún bocadillo típico de tu país?,** etc...

Para ir más lejos

ALIMENTOS
- Remita a sus alumnos al bloque REGLAS, PALABRAS Y SONIDOS para trabajar el léxico de la comida. Diga a sus alumnos que se fijen en la compra de ese personaje y pregúnteles cuántas palabras conocen. Pregunte también: **¿Coméis de todo? ¿Habéis probado todos los alimentos que veis en esta mesa?** Si lo desea, aproveche la ocasión para hablar de la importancia de una dieta equilibrada.
- Informe a sus alumnos de que el vocabulario de la comida es muy extenso y que, por lo tanto, deberán aprender primero las palabras que más necesiten y usar el diccionario.

- A continuación, diga a sus alumnos que dibujen en sus libretas una tabla como la del ejercicio, o bien reparta la ficha 2.
- Los alumnos deberán clasificar los alimentos en la tabla según si les gustan, si los han probado y si los pueden comer. Anímelos a que trabajen de forma autónoma y usen el diccionario para buscar más vocabulario sobre alimentos.
- Si los alumnos lo desean, podrán ordenar y clasificar los alimentos en un mapa mental u organigrama según sus propios criterios.

- Memory. Si lo desea, pueden seguir trabajando con el vocabulario de la comida y con los contables y no contables con este popular juego. Diga a sus alumnos que se coloquen en parejas y distribuya una copia de la ficha 3 a cada pareja. Explíqueles que deben recortar los cuadrados y la chuleta de vocabulario de la ficha, y apartar esta última para poder consultarla mientras juegan.
- Infórmeles de que van a jugar al Memory y explíqueles (o recuerde, si ya conocen el juego) las instrucciones que tiene a continuación. A las habituales reglas de este juego hemos añadido la regla número cuatro:

1. Deben extenderse, sobre la mesa, todas las tarjetas bocabajo.
2. Cada jugador, por turnos, da la vuelta a dos tarjetas (el otro jugador puede verlas) y acto seguido las vuelve a dejar, tapadas, en el lugar exacto donde estaban.
3. El juego consiste en acordarse del emplazamiento de las cartas para poder dar la vuelta a dos tarjetas con el mismo dibujo.
4. Cuando un jugador descubre una pareja de cartas iguales, debe decir en voz alta el nombre del objeto que aparece en las tarjetas (un bote de paté, una botella de cola, una pizza, etc.). Si tienen dudas, pueden consultar la chuleta de vocabulario que habían apartado.
5. Si acierta el nombre del objeto, se queda con las cartas y puede seguir jugando hasta que dé la vuelta a dos cartas diferentes. Entonces le toca al siguiente jugador.
6. Si no sabe el nombre o lo dice erróneamente, deberá dejar las tarjetas en su sitio y el turno pasa al otro jugador.
7. La partida acaba cuando ya no quedan cartas bocabajo. Se cuentan entonces las cartas que tiene cada jugador y gana el que tenga más tarjetas.

▶ CE: 11 (p. 71), 1 (p. 73), 1 (p. 74), 1 (p. 75), 7 (p. 69)

3. Vamos a tomar algo

Antes de empezar
- Pídales también que hagan hipótesis sobre el título de la actividad y explíqueles el significado y el uso de esta expresión.
- Plantee preguntas sobre los dibujos de la página 75 para que hagan hipótesis sobre la situación de comunicación que se da en ellas:

¿Qué tienen en común las cuatro viñetas? ¿Dónde están? ¿De qué hablan los personajes?

 F4
- Distribuya a sus alumnos, en parejas, fotocopias de la ficha 4 y dígales que encuentren las nueve diferencias entre las imágenes de la ficha y las del libro.
- Verifique oralmente sus resultados y anote en la pizarra las palabras nuevas: **copa**, **camarero**, **camarera**, **barra**, **bar**, **bocadillo**, **cliente**, **refresco**, **servicios**, o bien escríbalas antes si lo cree conveniente.
- Si dispone de proyector, muestre primero las imágenes del libro en la pantalla y trabajen con el vocabulario ofrecido. A continuación, pídales que encuentren las diferencias con las imágenes que podrán ver a continuación. **P5**

Solución

Cómo lo hacemos
A. Pistas 32-35
- Lea o haga que un alumno lea en voz alta el enunciado de la actividad y dígales que resuelvan el ejercicio.
- Vuelva a mostrar las imágenes de la página 75 en el proyectable y pídales que trabajen con los libros cerrados. **P5**
- Ponga la audición y dígales que la escuchen sin leer los diálogos. Explíqueles que tienen que entender de forma global y que, para poder hacer el ejercicio, deben fijarse mucho en los gestos de los personajes de las viñetas. Recuérdeles que no necesitan entender todas las palabras de la audición.

Solución

1. b   2. a   3. d   4. c

- Después de la audición, dígales que ahora pueden leer los diálogos en el libro y comprobar sus respuestas.
- Una vez realizada la actividad, llámeles la atención sobre la fórmula **pónganos / póngame** del diálogo 3. Verifique con sus alumnos el uso y la posición de los pronombres con el imperativo y dígales que la fijen como una estructura fija para pedir en bares y restaurantes. Les servirá para la realización del *miniproyecto*.

B.
- Antes hacer esta actividad, puede ser conveniente revisar los numerales. Los necesitarán también para la realización del *miniproyecto*. Encontrará un apartado sobre este tema en la página 91 del RESUMEN GRAMATICAL.

Pista 35
- A continuación, recuerde a sus alumnos la situación de la actividad 3A. Diga a sus alumnos que imaginen que son el camarero y que deberán tomar nota de lo que piden los clientes. Ponga la pista 35 de nuevo. Una vez hayan tomado nota, dígales que tienen que calcular el precio de la consumición.

Solución

18,50 euros

C.

Pista 36

• Ponga el diálogo número 4 hasta el final para que comprueben su respuesta.

Para ir más lejos

• Como preparación a la escena del miniproyecto, pueden volver a escuchar las pistas 32-36. A continuación, haga que los alumnos lean los diálogos en voz alta. Haga por lo menos dos turnos de lectura procurando que imiten la entonación.

• Anime a los alumnos a que representen algunas frases o las cuatro escenas brevemente, de pie, delante de los demás. Insista en la importancia de la entonación y en que acompañen sus palabras del lenguaje corporal apropiado. Este tipo de actividad mejorará enormemente la capacidad de expresión oral de sus alumnos.

• Ejemplos:

A1: **Tengo hambre.** (haciendo el gesto de apretarse el estómago)

A2: **Yo también.** (algún gesto similar al del compañero) **¿Te apetece tomar algo?** (mano hacia la boca con gesto de beber o comer)

A1: **Pues sí. ¿Entramos aquí?** (señalando una hipotética puerta)

A2: **¡Vale!** (asintiendo con la cabeza)

MINIPROYECTO

• Material necesario: cartulinas para las cartas, servilletas blancas (para los camareros), platos y vasos de plástico, botellas de refresco vacías, algunas bandejas, objetos envueltos en papel de aluminio que puedan representar bocadillos, y dinero (de mentira o de verdad).

• Presente este *miniproyecto* a sus alumnos como un pequeño juego de roles.

• Distribuya a sus alumnos en grupos de tres. Cada grupo deberá inventar el nombre de un restaurante y crear la carta de un bar con la lista de bocadillos, tapas o platos, bebidas y sus correspondientes precios. Como modelo, pueden servirse de las que aparecen en la actividad anterior.

• Una vez hechas las cartas, la idea es que los los alumnos se muevan por el aula, vayan a un restaurante, pidan algo para tomar y paguen sus consumiciones. Los tres camareros de cada restaurante deberán actuar como tales, tomar nota del pedido y cobrar lo consumido.

• Como preparación previa, dé unos 10-15 minutos a cada grupo para que lean los diálogos de la actividad anterior, consulten las fórmulas que aparecen en el apartado *En bares y restaurantes* de la página 75 y practiquen un poco. Para inspirarse, diga a sus alumnos que utilicen todos los elementos escénicos que quieran (platos, vasos, dinero, etc.).

• Si es posible hacerlo en su escuela, sería útil grabar estas representaciones –en vídeo o en audio– para poder posteriormente revisarlas y comentarlas.

▶ CE: 8 (p. 69), 9 Y 10 (p. 70) y 2 (p. 73)

REGLAS, PALABRAS Y SONIDOS

ME GUSTA / ME GUSTARÍA

• Pregunte a sus alumnos para qué se usa la forma que ya conocen **me gusta** y dígales que le den algunos ejemplos.

• A continuación, ponga usted un ejemplo con **me gustaría** (con un poco de teatro para que vean la idea de deseo) y pregúnteles si alguien ve la diferencia de significado. Aunque sus alumnos se lo dirán, coménteles que la fórmula **me gustaría** expresa un deseo frente a **me gusta** que expresa gustos y preferencias.

• Haga hincapié en el uso de la estructura **me gustaría... pero...** como una manera de rechazar propuestas dando una excusa.

F2

• Reparta la ficha 2 si no lo ha hecho antes y diga a sus alumnos que, en clase o en casa, hagan el ejercicio 1 de este apartado y los ejercicios 2 (p.

65) y 3 (p. 66) del **Cuaderno de ejercicios**.

Solución

a. gusta(ría) / gusta **b.** gustaría **c.** gusta **d.** gustaría
e. gustaría

ARTÍCULOS Y NOMBRES

• Comente a sus alumnos que la selección y el uso de los artículos no es igual en todas las lenguas. Dígales que, en español, un nombre puede ir acompañado por un artículo determinado, por uno indeterminado, o bien puede no ir acompañado por ningún artículo. Adviértales de que es un tema difícil y que no van a poder aprender una regla ahora para hacerlo siempre bien. Anímelos a observar con atención el uso de los artículos en esta unidad, especialmente al hablar de comida (contables e incontables) y a fijar en su memoria algunas expresiones que les puedan servir de ejemplo. Recapitule un poco todo lo visto durante el curso y recuerde a sus alumnos el uso de los artículos con expresiones como:

> **ser** + ø + profesiones (**Soy profesor.**)
> **jugar** + **a** + artículo determinado (**¿Juegas al bádminton?**)
> artículo determinado + nombre + **estar** (**La chaqueta está aquí.**)
> **hay** + ø / artículo indeterminado (**En mi casa no hay piscina. / En mi casa hay un limonero. / Hay una chaqueta encima de la silla. ¿De quién es?**)
> **doler** + artículo determinado + nombre (**Me duele la espalda.**)

- Si lo desea, proponga a sus alumnos que comparen estas estructuras con ejemplos en sus propias lenguas. Céntrese ahora en los tipos de frases en los que aparece la comida (y por lo tanto, frecuentemente con nombres incontables).

> - **gustar** + artículo determinado + nombre contable o incontable.
> **Me gusta la verdura. / No me gusta la pizza.**
> - **hay** / **querer** / **tener** / ... + ø + nombre incontable
> **¿Hay agua? / Quiero arroz. / ¿Tienes zumo?**
> - artículo determinado + nombre incontable
> **La verdura es muy sana.**

- Lea con ellos las frases de los ejemplos y procure darles otros ejemplos parecidos y claves mnemotécnicas para que se acuerden de si llevan o no artículo.

- Diga a sus alumnos que, en clase o en casa, hagan el ejercicio 2 de este apartado. Para realizarlo, puede ayudarlos volver a leer los diálogos de la actividad 3 y observar el uso de los artículos con las comidas y bebidas.

Solución

> **a.** el / el / el **b.** - **c.** - **d.** - **e.** unos / - **f.** una / un

QUERER Y PODER

- Pida a sus alumnos que observen las formas del presente de estos verbos e identifiquen las irregularidades del verbo **querer** (**e > ie**) y poder (**o > ue**). Pregúnteles si recuerdan otros verbos con estas mismas irregularidades en algunas de sus formas (**tener, venir, encontrar, jugar**, etc.). Recuérdeles de nuevo que las irregularidades con cambios vocálicos y diptongaciones en el presente tienen cambios en las personas 1ª, 2ª, 3ª (singular) y 3ª (plural), permaneciendo las personas 1ª y 2ª del plural sin cambios.
- Vuelvan a los verbos **querer** y **poder**. Haga ver a sus alumnos la variedad de usos de estos verbos, usos que en muchas ocasiones tienen relación con el tema de las propuestas de planes. Lea con sus alum-

nos los usos y ejemplos del apartado y explíqueles lo que no entiendan. Pídales que entre ellos practiquen los diferentes usos, invitándose, aceptando o rechazando, sugiriendo, pidiendo permiso, etc.
- Diga a sus alumnos que, en clase o en casa, hagan el ejercicio 3 de este apartado.

Solución (sugerencia)

> **a.** Sí, no se puede comer.
> **b.** Puedes visitar la catedral o el museo de arte contemporáneo.
> **c.** Podemos ir al cine.
> **d.** No, lo siento, no puedo, tengo que estudiar.
> **e.** ¿Puedes ir a comprar café?

¿Y SI NO SÉ CÓMO SE PRONUNCIA?

Antes de empezar

- Recuerde a sus alumnos que todas las palabras en español tienen una sílaba que se pronuncia más fuerte que las otras y que se llama sílaba tónica. Hágales una demostración con algunas palabras dando palmadas y remarcando con una palmada más fuerte la sílaba tónica.
- Recuérdeles la clasificación de las palabras en **agudas**, **llanas** y **esdrújulas** según la sílaba tónica y practique con ellos dando palmadas. Encontrará explicaciones sobre las sílabas tónicas y la acentuación gráfica en la página 84 del RESUMEN GRAMATICAL.

Cómo lo hacemos

Pista 37

1.
- Ponga la audición con las palabras **café**, **mamá**, **árbol** y **química**. Diga a sus alumnos que las lean mientras las escuchan y que subrayen la sílaba tónica. Corríjalo en la pizarra.

Solución

> café, mamá, árbol y química

- Una vez escuchadas, pregúnteles si les ha sido fácil diferenciar la sílaba tónica y qué les ha ayudado. Como ellos mismos le dirán, confírmeles que muchas palabras llevan tilde para marcar qué sílaba se pronuncia más fuerte. A continuación, pregúnteles si creen que se puede saber cómo se pronuncia una palabra que no lleva tilde. Infórmeles de que pueden fijarse en las terminaciones para saberlo. Lea el texto y explíqueles lo que no entiendan.

Pista 38

2.
- Diga a los alumnos que lean las palabras del ejercicio, las pronuncien en voz alta y subrayen las sílabas tónicas. Ponga la audición para que lo comprueben.

Solución

> tapiz, altitud, castigar, Salamanca, montes, seguid, cereal, guante

Para ir más lejos

- Las tres sillas. Una forma muy divertida de practicar el lugar de la sílaba tónica es usando sillas. Coloque tres sillas como si fueran las sílabas antepenúltima, penúltima y última de una palabra modelo de tres sílabas.

- A continuación, pronuncie diferentes palabras con tres alumnos sentados en las tres sillas. Después de la pronunciación de cada palabra, el alumno que esté sentado en el lugar de la sílaba tónica se deberá levantar. Vaya cambiando a los alumnos.

LA REVISTA

Comidas del mundo hispano

Antes de empezar

- Contextualice este artículo preguntando a sus alumnos si alguno sabe cocinar. Pregúnteles qué platos saben cocinar y si no lo hacen, qué les gusta y no les gusta comer.
- Con el libro cerrado, pregúnteles si conocen algún plato típico del mundo hispanohablante. Anote los platos que le digan en la pizarra, si es que conocen alguno. A continuación, abran el libro y lean los textos de La Revista sobre algunas comidas del mundo hispano.

Cómo lo hacemos

- Diga a sus alumnos que realicen una primera lectura para tener una idea general del texto y ver cuánto entienden. Dígales que anoten todos los nombres de alimentos que encuentren en sus libretas.
- A continuación, dígales que vuelvan a leer el texto una segunda vez, de una forma más detallada y con la ayuda del diccionario. Haga que se fijen en la forma de expresar impersonalidad con **se**, que ya vieron en el nivel 1 pero que aparece repetidamente en este texto (**Se hacen empanadas en...**). Recuérdeles que se trata de una forma de hablar sin sujeto, que siempre va con verbos en 3ª persona y que sirve para generalizar o cuando el sujeto no nos interesa.
- Finalmente, dígales que, siguiendo como modelo el contenido y la estructura de los textos, escriban dos pequeños textos sobre dos platos típicos de su país o dos platos que les gusten especialmente. Deberán describirlos, decir de dónde vienen, qué ingredientes tienen, cómo se pueden hacer, etc. Mientras escriben los textos pásese por las mesas para ayudarles en el proceso de escritura.
- Pueden intercambiarse los textos en parejas para corregirlos.

Para ir más lejos

- Una vez corregidos los textos, proponga a sus alumnos hacer un libro con todos los platos que han descrito. Si tiene la posibilidad, use los ordenadores del centro. También pueden realizar la tarea en casa.
- Organice a sus alumnos en pequeños grupos de trabajo: unos se encargarán de la portada y el título, otros buscarán fotos en internet y otros escribirán los textos en el ordenador.
- Una vez hecho todo el trabajo, encárguese de imprimir el documento y hacer copias para los alumnos.

Pinchos para una fiesta

FV

- Pueden ver el vídeo en clase, o bien pedir a sus alumnos que lo miren en casa. En la **Biblioteca USB** encontrará propuestas de actividades (**Fichas de trabajo para los vídeos**) con una breve guía didáctica y soluciones.

Fin de semana

Antes de empezar

- Diga a sus alumnos que cierren los libros y dígales que van a repasar y recopilar las preposiciones que conocen con una canción. Escriba en la pizarra las preposiciones que sus alumnos puedan decirle y complete la lista con alguna importante si se la han dejado.
- Si lo considera oportuno puede hacer un rápido repaso de los usos principales de las preposiciones.

Cómo lo hacemos

F5

- Pida a sus alumnos que se agrupen en parejas y entrégueles la ficha 5 con la letra de la canción a la que le faltan todas las preposiciones. Los alumnos deberán discutir entre ellos y tratar de completarla.

Pista 39

- Anúncieles que va a poner la canción y que deberán verificar si las preposiciones que han escrito se corresponden o no con la grabación.
- A continuación, ellos mismos podrán verificar los resultados abriendo sus libros por la página 79 y leyendo la letra de la canción.
- Dígales que ahora, con tranquilidad, lean individualmente el texto de la canción y le pregunten lo que no entiendan. Una vez entendido todo el significado de la letra, vuelva a poner la canción y anime a los alumnos a que la vayan cantando mientras la escuchan.

- Antes de comenzar con NUESTRO PROYECTO sería conveniente terminar todas las actividades del **Cuaderno de ejercicios** que han quedado sin hacer y comentarlas después en el aula.

NUESTRO PROYECTO

LA FIESTA DE FINAL DE CURSO

Antes de empezar
- Explique a sus alumnos que el proyecto de esta unidad consistirá en organizar, anunciar y celebrar una fiesta para el final del curso. Lea con ellos el apartado *¿Qué necesitamos?* y prevea usted qué productos van a realizar para que traigan el material necesario en la sesión siguiente.
- Anime a los alumnos a que hablen en español mientras realizan el proyecto comentándoles que será un criterio a valorar.

TeNP6
- Si lo considera oportuno, reparta la tabla de evaluación correspondiente, comente los criterios de evaluación y anímelos a ir completándola mientras realizan el proyecto.

Cómo lo hacemos
A.
- Para empezar, los alumnos tendrán que decidir juntos qué juegos y actividades quieren organizar. Para ello, dígales que hagan una lluvia de ideas y que alguien vaya tomando notas en la pizarra. Si no tienen muchas ideas, oriéntelos y lea en voz alta las ideas que proponemos en la actividad.

B.
- Una vez decididos los juegos y actividades, dígales que formen grupos de trabajo y que cada grupo se encargará de una actividad. Cada grupo deberá discutir y decidir qué presupuesto y qué cosas necesitan para hacer su actividad. Un miembro del grupo deberá ir tomando notas. Recuérdeles también que algunos de los grupos tendrán que encargarse de anunciar la fiesta y decorar la clase.
- Mientras trabajan en grupo, pásese por las mesas para ayudarlos, reconducir el trabajo, dar ideas o, simplemente, para hablar con ellos en español.

C.
- Organice el grupo que se encargará de la comunicación de la fiesta. Coménteles que para anunciarla pueden hacer carteles, folletos, invitaciones para otros compañeros de otras clases o profesores, etc. Si tienen internet, sugiérales que usen el blog que hicieron en el primer proyecto del libro para anunciar la fiesta.

D.
- Diga al grupo encargado de ello o a la clase entera que no se olviden de decorar el aula. Para ello pueden colgar globos o cadenetas que ellos mismos hayan hecho. Déjeles libertad y que lo decoren a su gusto.
- ¿Listos? Pues, ¡a disfrutar y a pasarlo bomba con todas las actividades y juegos preparados!

EVALUACIÓN

Cómo lo hacemos
- Esta evaluación se podrá plantear en dos sesiones de clase. La primera, para las actividades de comprensión lectora, comprensión oral y expresión escrita. En una segunda sesión, ya sea en la clase o bien de forma individual con el profesor, los estudiantes realizarán las actividades de expresión e interacción oral, que se habrán podido preparar en casa. Anuncie a sus estudiantes las actividades que van a realizar en la primera sesión:
- Comprensión lectora: dígales cuánto tiempo van a tener para leer el texto sobre el cumpleaños de María y para responder a las cinco preguntas. Recuerde a los alumnos leer las preguntas antes de leer el texto.
- Comprensión oral: explique a los alumnos que van a escuchar una audición con cuatro diálogos diferentes y que deberán decir qué imagen corresponde a cada diálogo. No olvide recordarles que sobra una imagen. Podrán escuchar la audición dos veces.

Pistas 40-43
- Expresión escrita: los alumnos tendrán que redactar una invitación para sus fiestas de cumpleaños.

Recuérdeles incluir los datos más importantes como el lugar, la fecha, la hora, la indumentaria, qué llevar, etc.

F6
- Reparta la ficha 6 para que escriban sus respuestas. Al finalizar las actividades puede pasarles una fotocopia con las soluciones para que corrijan ellos mismos.
- Antes de terminar la sesión, explíqueles en qué consisten las actividades de expresión e interacción oral y dígales cuándo las van a hacer. Recuérdeles que pueden prepararlas en casa.
- Expresión oral: los alumnos deberán hablar sobre sus desayunos. Los alumnos tendrán unos dos minutos para hablar sobre todo ello, explicando, entre otras cosas, qué desayunan ellos y otros miembros de su familia, si desayunan igual los fines de semanas, qué días tienen más tiempo para hacerlo, etc.
- Interacción oral: Diga a los alumnos que, en parejas, se pongan de acuerdo para hacer algo juntos el sábado por la tarde.
- Exponga cuáles van a ser los criterios de evaluación para todas las actividades, haciendo hincapié en las actividades de expresión e interacción oral.

Corrección y criterios de evaluación

COMPRENSIÓN LECTORA

Criterios de evaluación (sugerencia)

2 punto por respuesta correcta	...... / 10

Solución

a. En el garaje de Diego, el sábado.

b. Bocadillos, patatas fritas, pastel y refrescos.

c. Comer, beber y bailar.

d. Sus amigos y sus primos.

e. Unas gafas de sol.

COMPRENSIÓN ORAL

Criterios de evaluación (sugerencia)

2,5 puntos por respuesta correcta	...... / 10

Solución

1. a

2. e

3. b

4. d

EXPRESIÓN ESCRITA

Criterios de evaluación (sugerencia)

El texto tiene las características de una invitación e incluye todas las informaciones que se piden en el enunciado.	...... / 5
Todas las frases están bien escritas, usa expresiones variadas y con el léxico adecuado.	...... / 4
Total	...... / 9

INTERACCIÓN ORAL

Criterios de evaluación (sugerencia)

Contenido Se hacen las popuestas y las aceptan o rechazan de forma adecuada para llegar a un acuerdo y a un plan conjunto.	...... / 6
Lenguaje Usan las expresiones aprendidas para proponer y rechazar planes, usan un léxico variado para hablar de distintas actividades, usan las preposiciones de forma correcta.	...... / 5
Pronunciación y entonación	...... / 1
Total	...... / 12

EXPRESIÓN ORAL

Criterios de evaluación (sugerencia)

Contenido Mínimo 10 frases con informaciones distintas.	...... / 3
Lenguaje Usa el léxico de comida necesario para hablar de su desayuno, compara lo que desayuna cada día y con lo que toman distintos miembros de su familia.	...... / 2
Coherencia y cohesión Estructura su discurso de forma ordenada y con los conectores necesarios.	...... / 3
Pronunciación y entonación	...... / 1
Total	...... / 9

PROPUESTA DE EVALUACIÓN TOTAL

- El valor otorgado a cada una de las actividades es orientativo y da un resultado total de 50 puntos. Usted puede decidir ponderar cada una de estas actividades de manera diferente según sus propios criterios, las necesidades de sus alumnos, la manera en que se han desarrollado las clases, etc.

Comprensión lectora	.... / 10
Comprensión oral	.... / 10
Expresión escrita	.... / 9
Expresión oral	.... / 9
Interacción oral	.... / 12
Total	.... / 50

Fichas fotocopiables

BINGO DEL VERANO

viajar al extran-jero	estar en España	ir de cámping	ir al cine	hablar español
viajar en avión	bañarse en el mar	estar enfermo	ir a la playa	montar en bici
ligar	estudiar	leer un libro	aburrirse	hacer deporte
escribir una postal	ir en moto	comer muchos helados	hacerse un *piercing*	teñirse el pelo
ir a dis-cotecas	celebrar su cum-pleaños	conocer a alguien Intere-sante	ver mucho la tele	tomar el sol
comprar en las rebajas	viajar en barco	hablar otro idioma	visitar un museo	escribir un poema

¿QUÉ TAL LAS VACACIONES?

		El color de estas vacaciones.
Algo que has visitado.	Un libro o cómic que has leído.	Una sorpresa.
Una película que has visto.	Un viaje que has hecho.	Algo alegre.
Alguien que te ha escrito y desde dónde.	Algo que has comprado.	Lo que más te ha gustado.
Una canción que has escuchado.	El olor de estas vacaciones.	Un buen momento.
Un paisaje.	Una bebida.	Una comida.
Una prenda de vestir.	Tu actividad preferida.	Un regalo que has hecho.
Una persona que has conocido.	Un deporte que has practicado.	Una fiesta.

F3

Hablando se conoce a la gente

			Rasgo principal de mi carácter.
Cualidad que prefiero en las personas.	Mi principal defecto.	Ocupación que prefiero en mis ratos libres.	Para estar en forma, necesito dormir.
Mi música favorita.	Mi sueño dorado.	Héroes que admiro.	Comida y bebida que prefiero.
Lo que más detesto.	Mi actor preferido / Mi actriz preferida.	Un programa de la tele que me gusta mucho.	Una película que me gusta mucho.
Mi chico/-a ideal.	Lo que prefiero de mi físico.	Mi mejor amigo/-a.	Lo ropa que me gusta llevar.
En qué gasto mi dinero.	Mi deporte favorito.	Un animal que me gusta.	Mi color preferido.
Mi asignatura preferida en el cole.	Mi estación del año preferida.	Un grupo musical.	Un deportista que admiro.
Un país para vivir.	Mi profesión futura.	Mi familia.	Un deporte que me gusta practicar.

Ficha de los actores

ALUMNO 1	Antiguo alumno.
Tu nombre español:	Te gustan mucho las vacaciones. No tienes ganas de empezar el curso. Eres muy sociable y te gusta conocer a gente nueva.

ALUMNO 2	Eres un nuevo alumno. Es tu primer día en la escuela y no conoces a nadie. Eres muy tímido y te cuesta mucho relacionarte con la gente.
Tu nombre español:	

ALUMNO 3	Eres un nuevo alumno. Quieres integrarte rápidamente y vas a tomar la iniciativa invitando a tus nuevos compañeros a merendar a casa.
Tu nombre español:	

ALUMNO 4	Antiguo alumno. Estás muy contento de volver a clase para ver a tus amigos del año pasado y para conocer a los nuevos. No tienes ganas de ver al profe de Matemáticas.
Tu nombre español:	

DIRECTOR DE LA ESCUELA	Pasas por el aula el primer día de clase para dar la bienvenida a los estudiantes.
Tu nombre español:	

PROFESOR DE ESPAÑOL	Es el primer día de clase y estás un poco nervioso. Vas a presentarte a tus alumnos y vas a decirles qué esperas del curso.
Tu nombre español:	

PROFESOR DE MATEMÁTICAS	Vas a saludar a tu nuevo colega, el profesor de Español, y a tus alumnos del año pasado.
Tu nombre español:	

Ficha 4B   unidad 1

F4B

Ficha de los observadores

¿Quién os parece el mejor actor?...

¿Quién habla más?...

¿Quién habla con más fluidez?...

¿Quién pronuncia mejor?...

¿Quién te parece más natural?...

¿Se han disfrazado?...
....

¿Han preparado la escena?..
....

¿Han introducido objetos?...
....

¿Han utilizado expresiones aprendidas en la unidad?....................................
....

¿Se han producido conversaciones que parecen auténticas?.........................
....

GENTE JOVEN NUEVA EDICIÓN 2 FICHAS FOTOCOPIABLES

EL PRESENTE DE INDICATIVO. ALGUNOS VERBOS IRREGULARES

1 Asocia estas formas del presente con las diferentes personas. Hay varias posibilidades.

mi hermana y yo	**a.** Vienen esta tarde.
ellas	**b.** Tenemos ganas de empezar.
usted	**c.** ¿Veis la televisión todos los días?
él	**d.** ¿Puedo hablar con mi hermano?
vosotros	**e.** No tienen animales en casa.
yo	**f.** ¿Queréis cenar en mi casa?
tú y Susana	**g.** ¿Quiere aprender a bailar tango?
Andrés y Tania	**h.** Dice que no habla español.

USOS DE ESTAR + GERUNDIO

2 Elige la forma más adecuada.

a. ● ¿Dónde está Javi?
○ Se baña / Está bañándose en la piscina.

b. ● ¿De dónde es Julián?
○ Es de Bilbao pero ahora pasa / está pasando unos meses en Madrid.

c. ● ¿Estás hablando / Hablas inglés?
○ Sí, bastante bien. He vivido en Irlanda.

d. Normalmente compro / estoy comprando ropa por internet.

e. ● ¿Qué haces? ¿Vienes a dar una vuelta?
○ Ahora no puedo; estudio / estoy estudiando.

EL PRETÉRITO PERFECTO. FORMACIÓN Y USOS

3 Escribe cinco cosas que has hecho esta semana.

He jugado con el ordenador.

....
....
....
....
....

4 Escribe cinco cosas que no has hecho nunca.

Nunca he ido a China.

....
....
....
....
....

LAS VACACIONES DE LAURA Y DE MIGUEL

1 Describe las vacaciones de Miguel. ¿Qué ha hecho? ¿Lo ha pasado bien?

....

....

....

....

....

Y esta soy yo
Y esta soy yo
Y esta soy yo
Y esta soy yo

Dicen que soy
un .... sin argumento,
que no sé si vengo o voy,
que me pierdo entre mis ....
Dicen que soy
una .... en blanco y negro,
que tengo que dormir más,
que me puede mi mal genio.

Dicen que soy
una .... normal
con pequeñas ....
que hacen desesperar,
que no sé bien
dónde está el bien y el mal,
dónde está mi ....

Y esta soy yo.
Asustada y decidida,
una especie en extinción
tan real como la ....
Y esta soy yo.
Ahora llega mi ....
No pienso renunciar,
no quiero perder el ....
Y esta soy yo.
Y esta soy yo.

vida

mar

manías

lugar

chica

libro

tiempo

momento

sueños

foto

ASÍ SOY YO

Me gusta / No me gusta mi nombre porque ....
....
....

Mi nombre significa
....

Me gusta que me llamen ....
....

Mi perfume preferido es ....

Tengo el pelo

Tengo los ojos
....
....

Mido ....
Peso ....

Para celebrar mi cumple, me gusta ....
....

Mi color preferido es ....

Mi plato preferido es/son

De mi carácter prefiero ....
....
....

Mi cumple es el ...

Mi pasatiempo preferido es ....

Soy rebelde cuando ....

De mi físico prefiero
....

Un lugar para descansar:
....
....

Una música para bailar:
....
....

Mi actividad preferida en clase de español es

Mi actividad manual preferida es ....

Mi medio de transporte favorito es

Una persona en quien confío:

Mi Premio Nobel particular:

Un deporte que me gusta practicar:
....

GENTE JOVEN NUEVA EDICIÓN 2 FICHAS FOTOCOPIABLES
© Los autores y Difusión, Centro de Investigación y Publicaciones de Idiomas, S.L.

NUESTRO INSTITUTO

ACTIVIDADES EXTRAESCOLARES

Deportes

Teatro

Música

Otros

Un proyecto que me gustaría realizar este año

	Nuestro tutor	El aula más chula	Mi lugar preferido	Nuestro dele-gado de clase
La clase más guay			Lo mejor de mi insti	
			Lo peor	Mi opinión
	Mis profes preferidos		Las opciones	
Director/a		Número de alumnos		Mi año de estudios
Jefe/a de estudios		INSTITUTO		

Los intercambios con otras escuelas

Nuestros proyectos europeos

Los viajes

Ficha 10

COMPRENSIÓN LECTORA

1 Lee este correo electrónico y di si la información de las frases es verdadera (V) o falsa (F). Justifica tu respuesta.

	V	F
a. El campamento está cerca del mar.		
b. En el campamento han jugado al fútbol.		
c. Los chicos han preparado una obra de teatro de un autor famoso.		
d. Álvaro forma parte de un grupo de teatro.		
e. A Álvaro le gusta mucho comer carne.		
f. En el campamento ha hecho un nuevo amigo.		
g. En el campamento han dormido hasta las ocho.		
h. No tiene ganas de ver a sus compañeros de clase.		

DE: <Alvarillo>
PARA: <Clara Lorda>
ASUNTO: Las vacaciones

Querida abuela:

¡Hace mucho que no nos vemos! Te cuento cómo han ido nuestras vacaciones. He ido con Pedro y Natalia a un campamento en la playa. Lo he pasado fenomenal: he hecho muchos amigos y he practicado deportes nuevos. En mi colegio solo juego al fútbol, pero aquí he aprendido a jugar al tenis. También hemos hecho un curso de windsurf en el mar. Ha sido difícil pero me ha gustado. Por las noches hemos preparado una obra de teatro que hemos escrito nosotros mismos. A mí no me gusta mucho ir al teatro, pero me ha encantado el curso y creo que voy a buscar un grupo de teatro juvenil el próximo año. Lo que no me ha gustado ha sido la comida: demasiada verdura y ¡ni una hamburguesa! También nos hemos levantado todos los días a las siete 😞 y a mí en verano me gusta quedarme en la cama hasta tarde… En el campamento he conocido a Arturo, un chico nuevo que va a estar en mi clase, y nos hemos hecho muy amigos. Va a ser mi vecino y vamos a ir juntos en el autobús. Ya tengo ganas de empezar el curso y ver a todos mis amigos y poder jugar al fútbol otra vez.

¿Cómo estáis vosotros? Tenemos ganas de veros.

Hasta pronto. ¡Escríbeme!

Álvaro

COMPRENSIÓN ORAL

Pista 07

2 Escucha a Alicia y a Agustín hablando de su vuelta al colegio. Luego, escribe en la tabla quién ha hecho o está haciendo estas cosas.

	ALICIA	AGUSTÍN
a. Ha estado en el extranjero.		
b. Ha visitado a sus abuelos.		
c. Ha ido a la playa.		
d. Ha estado con su familia.		
e. Ha conocido a mucha gente.		
f. Está escribiendo en inglés.		
g. Está haciendo un curso de inglés.		
h. Está jugando al tenis.		

EXPRESIÓN ESCRITA

5 Haz una ficha con la siguiente información sobre ti.

Nombre y apellidos:

Edad:

Descripción (física y de carácter):

Familia:

Ciudad:

Gustos:

Tiempo libre:

Lugar de vacaciones:

Sueños o proyectos:

FOTO

GENTE JOVEN NUEVA EDICIÓN 2 FICHAS FOTOCOPIABLES
© Los autores y Difusión, Centro de Investigación y Publicaciones de Idiomas, S.L.

Ficha 1A

F1A

FECHAS CLAVE

218 a. C.: Empieza la romanización de la Península Ibérica con el desembarco de los romanos en Ampurias.

409: _____

711: Los árabes invaden España.

722: _____

1070: Comienza la construcción de la catedral de Santiago, el centro de peregrinación más importante de la Edad Media.

1492: _____
_____

1494: España y Portugal se dividen el mundo en dos zonas de influencia en el tratado de Tordesillas. Por eso se habla portugués en Brasil.

1516: _____
_____

1519–1522: Los españoles dan la vuelta a la Tierra por primera vez.

1521: _____

1566: Felipe II, rey de España.
Problemas separatistas en los Países Bajos.

1640: Independencia de Holanda.

1713: Pérdida de las últimas posesiones españolas en Europa. Inglaterra ocupa Gibraltar.

1808: _____

1810-1824: _____
_____

1834: Se suprime definitivamente la Inquisición.

1869: _____

1898: España pierde las últimas colonias de ultramar (Cuba, Filipinas y Puerto Rico).

1936: Alzamiento militar del general Franco y comienzo de la Guerra Civil.

1939: Termina la Guerra Civil con la victoria de las tropas franquistas.

1975: _____
_____

1978: Se aprueba la Constitución.

1982: _____
_____

1986: España entra en la Comunidad Económica Europea.

1996: _____

2004: Atentado terrorista en Madrid, el 11 de marzo. Vuelta al poder de los socialistas. Gobierno de José Luis Rodríguez Zapatero.

Ficha 1B

F1B

FECHAS CLAVE

218 a. C.: _____
_____

409: Llegada de los germánicos.

711: _____

722: Inicio de la Reconquista.

1070: _____
_____

1492: Descubrimiento de América. Fin de la Reconquista con la toma de Granada.
Expulsión de los judíos.

1494: _____
_____

1516: Empieza el reinado de Carlos I de España y V de Alemania.

1519-1522: _____
_____

1521: Hernan Cortés conquista México.

1566: _____
_____
_____

1640: _____

1713: _____
_____

1808: Napoleón invade España.

1810-1824: Se independizan la mayor parte de las colonias hispanoamericanas.

1834: _____

1869: Se reconoce el sufragio universal.

1898: _____
_____

1936: _____
_____
_____

1939: _____

1975: Muere Franco y don Juan Carlos de Borbón es nombrado rey de España.

1978: _____

1982: El Partido Socialista Obrero Español (PSOE) gana las elecciones.

1986: _____
_____

1996: El Partido Popular (PP) gana las elecciones.

2004: _____
_____
_____

Crucigrama cooperativo

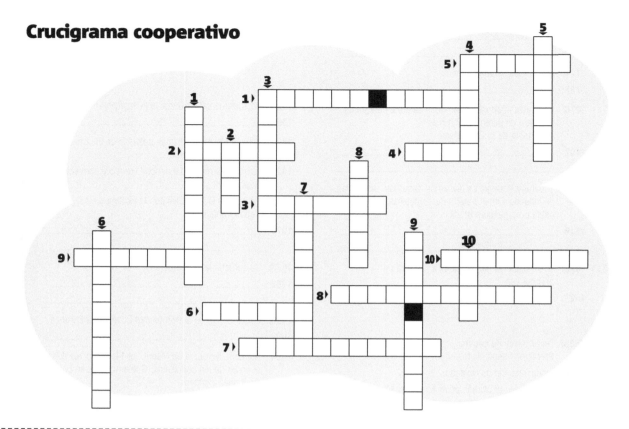

A

VERTICALES
1. Picasso hizo más de 650.
2. Picasso utilizó este color en 1901.
3. Ciudad del País Vasco.
4. Una de las capitales andaluzas.
5. *El Guernica* es uno contra la guerra.
6. Lo contrario de "haciendo el vago".
7. Ciudad donde vivió Picasso de joven.
8. Picasso lo es.
9. Comunidad autónoma del norte de España.
10. Primer apellido de Picasso.

HORIZONTALES
1. En ella murió mucha gente.
2. *El Guernica* es uno.
3. Corriente pictórica que fragmenta la realidad en formas geométricas.
4. Nombre de mujer.
5. Ciudad en la que puedes ver *El Guernica*.
6. Dictador español.
7. Picasso tuvo muchísima.
8. Cuando se murió Picasso, estaba preparando dos.
9. Se le conoce también como "el hexágono" por su forma.
10. Goya hizo muchos, entre ellos, una serie llamada "Los desastres de la guerra".

B

VERTICALES
1. Pueden ser de piedra, mármol, madera...
2. Color del cielo en España.
3. Uno de los cuadros más famosos de Picasso.
4. Ciudad del sur de España.
5. La paloma lo es de la paz.
6. Así murió Picasso.
7. Ciudad mediterránea famosa por Gaudí, la Fundación Miró y el Museo Picasso.
8. Lo contrario de desconocido.
9. Allí está el pueblo de Guernica.
10. Apellido español corriente.

HORIZONTALES
1. Fue en España, entre 1936 y 1939.
2. Picasso pintó muchos, más de 16000. En singular.
3. Vanguardia artística que crearon Bracque y Picasso.
4. Nombre de flor.
5. En ella está el museo del Prado, la pinacoteca más grande de España.
6. Gobernó España durante 40 años tras la Guerra Civil.
7. Es importante tenerla para hacer cosas nuevas.
8. Hay muchas de pintura.
9. País galo.
10. Picasso hizo más de 2000.

C

VERTICALES
1. Creación en tres dimensiones.
2. Así se conoce la primera etapa de la pintura de Picasso.
3. Población bombardeada brutalmente por la aviación nazi durante la Guerra Civil española.
4. Allí nació Picasso.
5. La flor lo es de la esperanza.
6. Gerundio de "trabajar".
7. Ciudad donde se puede visitar un Museo Picasso.
8. *El Guernica* lo es.
9. También se llama Euskadi. Sus habitantes hablan euskera.
10. Aunque era el primero, Picasso no lo usó.

HORIZONTALES
1. Duró tres años.
2. A los 16 años, Picasso envió uno a la exposición Nacional de Bellas Artes de Madrid.
3. Forma de pintar que rompe con el punto de vista único.
4. Nombre con el que se conoce la segunda etapa pictórica de Picasso.
5. Ciudad en la que está el Centro de Arte Reina Sofía, de arte contemporáneo.
6. Mientras gobernó, *El Guernica* estuvo fuera de España.
7. Nos hace la vida más agradable.
8. De Picasso se hacen muchas.
9. País donde murió Picasso.
10. Técnica que permite reproducir fácilmente una obra.

Grandes momentos

Verbos en cadena

1	2
	TRABAJAR (yo)
bailaron	NACER (tú)
nací	ESCRIBIR (él)
trabajasteis	VIVIR (nosotros)
empezaste	BAILAR (ellos)
viajó	TRABAJAR (tú)
recibió	VIVIR (él)
escribieron	LEER (nosotros)
dormí	ESCUCHAR (yo)

1	2
nació	VIVIR (tú)
empecé	RECIBIR (él)
trabajaron	NACER (yo)
nacieron	TRABAJAR (vosotros)
estudiasteis	LEER (yo)
recibí	VIAJAR (nosotros)
vivió	VIVIR (ellos)
empezaron	ESCRIBIR (ellos)
leímos	DORMIR (yo)

1	2
trabajé	NACER (él)
pintó	BAILAR (ellos)
naciste	EMPEZAR (yo)
escribió	CASARSE (él)
bailaron	ESTUDIAR (vosotros)
viajamos	RECIBIR (él)
empezó	EMPEZAR (ellos)
dormimos	

1	2
viviste	PINTAR (él)
recibió	TRABAJAR (ellos)
se casó	NACER (ellos)
vivimos	EMPEZAR (tú)
leí	VIAJAR (él)
trabajaste	RECIBIR (ellos)
vivieron	EMPEZAR (él)
escuché	DORMIR (nosotros)

Dominó de irregulares

| | | hacer (yo) |

hice — estar (no-sotros)	estuvimos — tener (yo)	tuve — ser (ellos)	fueron — estar (yo)	estuve — morir (él)	murió — convertirse (él)
se convir-tió — hacer (él)	hizo — ir (yo)	fui — ser (tú)	fuiste — tener (ellos)	tuvieron — estar (él)	estuvo — tener (él)
tuvo — estar (tú)	estuviste — querer (yo)	quise — ir (él)	fue — estar (vo-sotros)	estuvisteis — querer (él)	quiso — ir (voso-tros)
fuisteis — hacer (tú)	hiciste — ir (noso-tros)	fuimos — convertirse (ellos)	se convir-tieron — estar (ellos)	estuvieron — hacer (no-sotros)	hicimos — querer (ellos)
quisieron — tener (no-sotros)	tuvimos — hacer (ellos)	hicieron — querer (nosotros)	quisimos — morir (ellos)	murieron — hacer (vo-sotros)	hicisteis

Ficha 6

Ficha 7

EL PRETÉRITO INDEFINIDO

1 Completa las frases con el pretérito indefinido.

a. El fin de semana pasado no (*estudiar*) .... nada, pero este fin de semana tengo que preparar un examen y hacer tres páginas de ejercicios.

b. Mis hermanas (*nacer*) .... en Bélgica en 1997 y 1999, y yo (*nacer*) .... en España en 2001.

c. Mi padre (*trabajar*) .... el año pasado en Estados Unidos.

d. El verano pasado mis amigas Lucía y Alba y yo (*ir*) .... muchos días a patinar.

e. En Navidades mis hermanos y yo (*hacer*) .... un curso de snowboard en los Pirineos. (*ser*) .... muy divertido. Lo (*pasar*) .... superbien.

MARCADORES TEMPORALES

2 Contesta a las preguntas con las referencias temporales que conoces.

a. ¿Qué día naciste? ....

b. ¿Qué día nació tu madre? ....

c. ¿En qué año empezaste a ir al colegio? ....

d. ¿Cuándo hiciste tu último examen? ....

e. ¿Has vivido siempre aquí? ....

f. ¿Cuándo empezaste a practicar el deporte que ahora haces? ....

g. ¿Cuándo viste o has visto a tu mejor amigo por última vez? ....

h. ¿Cuándo estudiaste primaria? ....

i. ¿Cuánto tiempo has estudiado español? ¿Desde cuándo? ....

ORDINALES

3 Escribe la palabra correcta: ¿**tercer**, **tercero** o **tercera**?

a. Es el .... año que vamos a Torremolinos.

b. El primer día no tuvimos clase de Lengua, el segundo tampoco y el .... por fin, conocimos al profesor.

c. Silvia es la .... de la lista, se llama Aranguren. Y Sergio es el último, se llama Zúñiga.

UNA CARRERA DE DEPORTISTA

1 Cristina explica la vida de su abuela. Completa su relato con las expresiones adecuadas, conjugando los verbos.

empezar a · irse a vivir a · ser · ganar · dejar · hacer · morir · nacer en

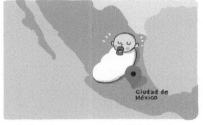

Mi abuela .... México D. F. en 1943.

A los 6 años .... hacer gimnasia.

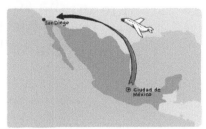

En 1953 .... Estados Unidos con sus padres y sus hermanos.

.... una gran gimnasta y .... algunos títulos.

A los 38 años .... la gimnasia profesional.

Siempre .... deporte para estar en forma y .... a los 100 años.

CUANDO SE JUNTAN LAS VOCALES

2 Vuelve a escuchar las frases. ¿Puedes unir las vocales que se pronuncian en la misma sílaba?

Pista 26

a. ¿Qué es eso?

b. Tengo otro boli.

c. Ha ido Óscar.

d. Esta es mi hija.

e. Va a la habitación.

f. ¿Me haces un bocata de atún?

3 Ahora, con un compañero pronuncia las frases siguientes. Después, intenta unir las vocales como en el apartado B y pronúncialas de nuevo.

A Ana la he visto hoy.   Mira el cielo. ¡Qué azul!   A Eduardo Olmo le encanta hablar.

La Historia de Juan

Esta es la historia de Juan,
el niño que nadie amó,
que por las calles creció,
buscando el amor bajo el sol,
su madre lo abandonó,
su padre lo maltrató,
su casa fue un callejón,
su cama un cartón,
su amigo Dios.

Tan fuerte fue su dolor,
que un día se lo llevó,
tan fuerte fue su dolor,
que su corazón se apagó.

Tan fuerte fue su temor,
que un día solo lloró,
tan fuerte fue su temor,
que un día su luz se apagó.

Juan preguntó por amor,
y el mundo se lo negó,
Juan preguntó por honor,
y el mundo le dio deshonor.

Juan preguntó por perdón,
y el mundo lo lastimó,
Juan preguntó y preguntó,
y el mundo jamás lo escuchó.

Él solo quiso jugar,
él solo quiso soñar,
él solo quiso amar,
pero el mundo lo olvidó.

Él solo quiso volar,
él solo quiso cantar,
él solo quiso amar,
pero el mundo lo olvidó.

GENTE JOVEN NUEVA EDICIÓN 2 FICHAS FOTOCOPIABLES
© Los autores y Difusión, Centro de Investigación y Publicaciones de Idiomas, S.L.

COMPRENSIÓN LECTORA

1 Lee atentamente los fragmentos de la biografía de Juanes, un famoso músico y cantante colombiano, y ordénalos.

1 Juan Esteban Aristizábal Vasques, conocido como "Juanes", nació en Medellín (Colombia) el 9 de agosto de 1972.

☐ Un año más tarde volvió al mundo artístico con un nuevo disco: *La vida es... un ratico* . De este álbum se vendieron más de un millón de copias y tuvo más de seis millones de descargas en internet. Además, con él ganó un gran número de premios musicales.

☐ En agosto de 2006 dejó los escenarios para estar con su familia y hacer nuevas canciones.

☐ Desde niño aprendió a tocar la flauta y la guitarra.

☐ En 2002 grabó su segundo disco como solista: *Un día normal*.

☐ En 1997, la banda se disolvió.

☐ En 2012 ganó de nuevo el premio Grammy Latino con su disco *MTV Unplugged*.

☐ Ahora tiene dos asociaciones solidarias con las víctimas de las minas antipersonas y de las drogas: la Fundación Mi Sangre y el Parque Juanes de la Paz.

☐ A los quince años empezó su carrera artística como cantante y guitarrista en una banda de thrash metal llamada *Ekhymosis*.

☐ Dos años después grabó su tercer disco, *Mi sangre*, que fue número uno en muchos países del mundo y con el que ganó el premio Grammy Latino.

☐ A los 28 años grabó su primer disco en solitario: *Fíjate bien*.

☐ En 1998 se fue a vivir a Los Ángeles (EEUU).

COMPRENSIÓN ORAL

Pista 13

2 Escucha la biografía de este personaje y elige las respuestas correctas.

1. Se llama:

☐ **a.** Paco de Lucía ☐ **b.** Santiago Ramón y Cajal

2. Fue un famoso:

☐ **a.** guitarrista ☐ **b.** científico

3. Vivió en:

☐ **a.** España ☐ **b.** México

4. En su vida fue importante:

☐ **a.** ganar el Premio Nobel de Medicina ☐ **b.** ganar el Premio Príncipe de Asturias de las Artes

5. Murió en:

☐ **a.** Portugal ☐ **b.** España

EXPRESIÓN ESCRITA

3 Escribe cinco fechas importantes (para tu vida personal o para el mundo) y, a su lado, qué ocurrió en estas fechas.

 partes de la casa muebles y objetos

¿Qué objetos se han movido en el dibujo B?
Encontrad las 10 diferencias.

A

B

¿QUIÉNES SOMOS? | HISTORIA DEL GRUPO | OBRAS DE TEATRO | AGENDA

NUESTRO BARRIO

Vivimos y estudiamos en Madrid, en el barrio de La Latina. Es un barrio antiguo situado en el centro de la ciudad.

Las calles más conocidas del barrio son la Cava Alta y la Cava Baja, la calle Toledo y la calle Segovia. Y las dos plazas con más historia son la plaza de la Paja y la plaza de la Cebada.

Si vas a La Latina, te va a gustar ir al mercado de San Miguel, que es muy bonito y está cerca, y sobre todo, al Rastro, el mercadillo más famoso de toda España.

Nos gusta nuestro barrio porque es muy animado: hay muchos bares de tapas, terrazas y mesones, que son restaurantes de comida típica. Por eso viene gente de toda la ciudad a pasear y a tomar algo, y también turistas. Además, aquí convivimos personas de todo el mundo: de España, de Marruecos, de China, del Caribe...

La fiesta del barrio se llama la Verbena de la Paloma y se celebra del 15 al 18 de agosto.

La Latina está muy bien comunicada: hay dos estaciones de metro y muchos autobuses. ¡Nos encanta vivir aquí!

EL BARRIO DE LA PAZ

A. Lee estas frases sobre el barrio de La Paz y corrige las que no se corresponden con el dibujo del barrio.

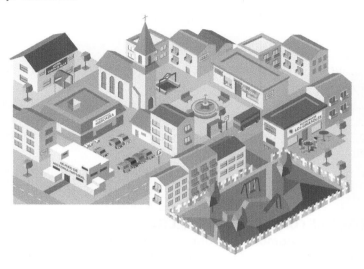

En el barrio de la Paz…

-**no hay** iglesia. ....

-**hay** dos museos, uno de Historia Natural y uno de arte. ....

-**no hay** ninguna estación de metro. ....

En la plaza **no hay** bancos, pero sí hay una fuente. ....

....

....

El barrio de la Paz…

-**tiene** un parque infantil con columpios y árboles. ....

-**no tiene** biblioteca. ....

-**tiene** un supermercado con aparcamiento. ....

....

....

El barrio de la Paz…

-**es** feo y ruidoso. ....

-**no es** muy turístico. ....

....

....

El barrio de la Paz…

-**está** muy bien comunicado: tiene metro y autobús. ....

-**está** lleno de discotecas. ....

El parque **está** delante del restaurante. ....

La parada de autobús **está** al lado de la plaza. ....

El hotel **está** detrás de la iglesia. ....

....

....

B. Añade alguna frase sobre el barrio de La Paz a cada bloque.

USOS DE SER, ESTAR, HABER Y TENER

1 Completa con el verbo adecuado: **es**, **está**, **hay** o **tiene**.

a. En mi ciudad .... muchos hoteles porque .... bastantes turistas.

b. Madrid .... museos muy buenos y muy conocidos como el Museo del Prado, el Reina Sofía, el Museo Thyssen........................

c. Zaragoza .... a 300 km de Madrid.

d. Galicia .... una región muy interesante. .... en el noroeste de España, al norte de Portugal.

e. ¿........................ playa Valencia?

f. Sevilla .... la capital de Andalucía. .... una ciudad bastante grande y muy bonita.

g. En Burgos .... una catedral gótica muy importante.

h. Nuestro barrio no .... centro deportivo; por eso vamos a jugar al baloncesto a la pista del parque.

i. ¿La ciudad de Quito .... mar?

j. Este cámping .... piscina, mesas de ping-pong y un bar estupendo: ¡nos encanta!

PRONOMBRES ÁTONOS DE COMPLEMENTO DIRECTO

2 Señala en estas frases los pronombres y subraya las palabras a las que se refieren. Une los dos elementos con una flecha como en el ejemplo.

a. ¿Me dejas <u>esta película</u>?
Uy... no puedo: la tengo que devolver mañana. Además, ya la hemos visto y no es muy buena.

b. ¿Dónde está mi mochila? No la encuentro.

c. ¿Buscas tu gorra? La has dejado en el baño.

d. Tengo el cuarto muy desordenado. Tengo que ordenarlo hoy mismo.

e. ¿Me das tu correo electrónico? Creo que no lo tengo.

3 Completa estas frases con pronombres.

a. ● ¿Has visto a Eva?
○ Sí, ... he visto por la calle esta mañana.

b. ● ¿ .... puedes llamar más tarde? Ahora estoy comiendo.

c. ● ¿Dónde has dejado la ropa?
○ Los zapatos .... he puesto en el garaje y tu jersey .... he dejado encima de la cama.

d. ● ¿Miguel ha llevado su maleta al coche?
○ Sí, ... ha puesto en el maletero.
● ¿Y la bolsa amarilla, ... ha llevado también al coche?
○ No lo sé.

HAY UN GATO...

1 ¿Y ahora? Escribe ocho frases explicando dónde están los gatos.

....
....
....
....
....

¿RÍO O RIO? DIPTONGOS

2 En español, en muchas palabras, hay vocales juntas. Escucha y señala cuál de las dos divisiones silábicas es la correcta.

a. ☐ quie|ro   ☐ qui|e|ro
b. ☐ nue|vo   ☐ nu|e|vo
c. ☐ es|tu|dian   ☐ es|tu|di|an
d. ☐ cua|der|no   ☐ cu|a|der|no
e. ☐ bien   ☐ bi|en
f. ☐ cien|cia   ☐ ci|en|ci|a
g. ☐ rei|na   ☐ re|i|na

GENTE JOVEN NUEVA EDICIÓN 2 FICHAS FOTOCOPIABLES
© Los autores y Difusión, Centro de Investigación y Publicaciones de Idiomas, S.L.

COMPRENSIÓN LECTORA

1 Lee las dos descripciones. ¿A cuál de los dos barrios pertenece cada una de estas afirmaciones?

BARRIO DE TRIANA (SEVILLA, ESPAÑA)

LA HABANA VIEJA (LA HABANA, CUBA)

	LA HABANA VIEJA	TRIANA
Hay muchos monumentos importantes.		
Hay locales para escuchar flamenco.		
Está junto al mar.		
Allí nacieron varios toreros famosos.		
Es un lugar para salir por la noche.		

COMPRENSIÓN ORAL

Pista 19

2 Dibuja siguiendo las instrucciones que vas a escuchar.
Necesitas una hoja de papel en blanco.

F6

✐ EXPRESIÓN ESCRITA

3 Describe tu habitación: en qué parte de la casa está, cómo es, qué hay en ella, y si te gusta o no.

JAVIER

....
....
....
....
....
....
....
....
....
....
....
....
....
....

💬 EXPRESIÓN ORAL

4 Encuentra y explica las siete diferencias entre los dos dibujos.

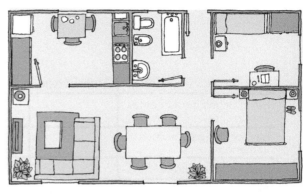

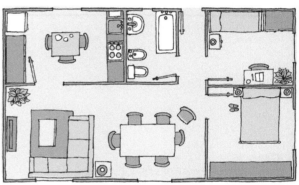

....
....
....
....
....
....
....
....
....
....

GENTE JOVEN NUEVA EDICIÓN 2 FICHAS FOTOCOPIABLES
© Los autores y Difusión, Centro de Investigación y Publicaciones de Idiomas, S.L.

JUEGO DE LOS INVENTOS

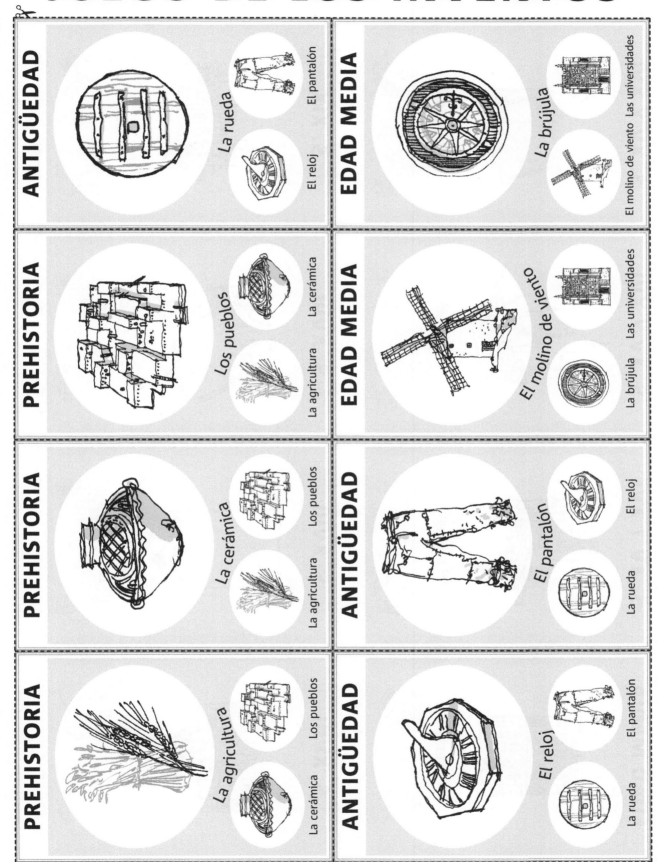

JUEGO DE LOS INVENTOS

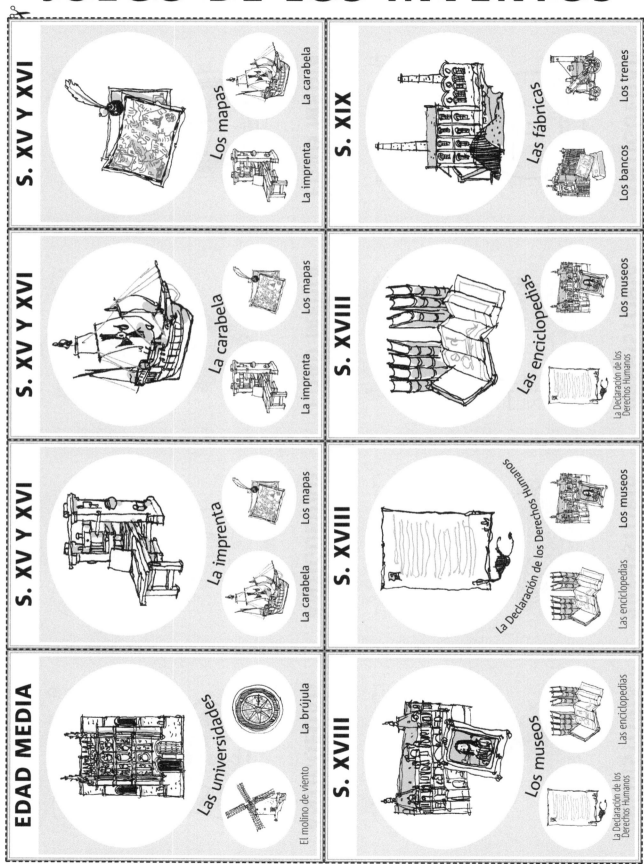

S. XV Y XVI — Los mapas — La carabela — La imprenta

S. XIX — Las fábricas — Los trenes — Los bancos

S. XV Y XVI — La carabela — Los mapas — La imprenta

S. XVIII — Las enciclopedias — Los museos — La Declaración de los Derechos Humanos

S. XV Y XVI — La imprenta — Los mapas — La carabela

S. XVIII — La Declaración de los Derechos Humanos — Los museos — Las enciclopedias

EDAD MEDIA — Las universidades — La brújula — El molino de viento

S. XVIII — Los museos — Las enciclopedias — La Declaración de los Derechos Humanos

GENTE JOVEN NUEVA EDICIÓN 2 FICHAS FOTOCOPIABLES
© Los autores y Difusión, Centro de Investigación y Publicaciones de Idiomas, S.L.

JUEGO DE LOS INVENTOS

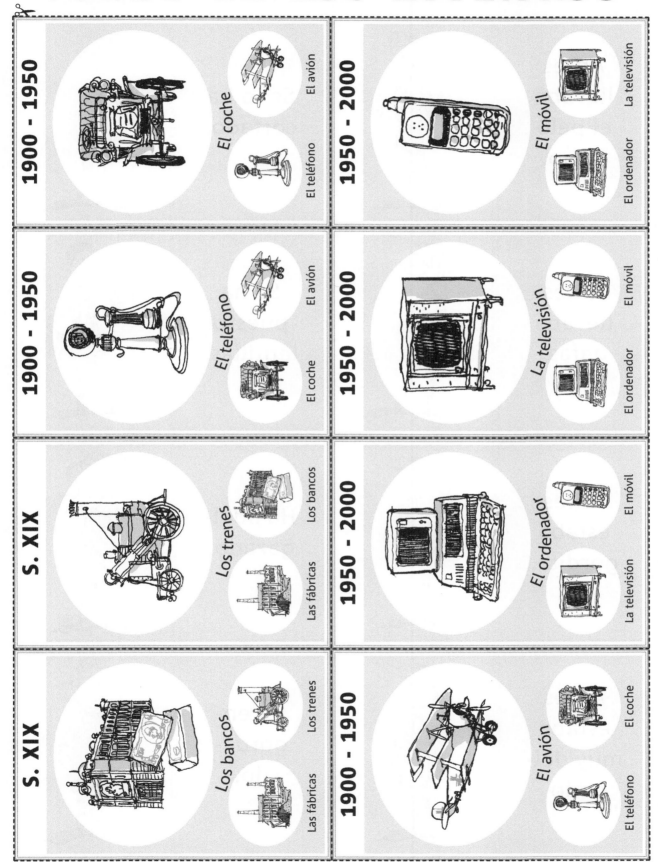

F2

CAMBIO DE IMAGEN

Antes llevaba el pelo largo.		Se lo ha cortado.	
Antes llevaba gafas.		Se ha puesto lentillas.	
Antes estaba gordita.		Ha adel-gazado.	
Antes estaba muy del-gado.		Ha en-gorda-do.	

GENTE JOVEN NUEVA EDICIÓN 2 FICHAS FOTOCOPIABLES
© Los autores y Difusión, Centro de Investigación y Publicaciones de Idiomas, S.L.

EL PRETÉRITO IMPERFECTO

1 Completa las frases.

a. Yo antes *(ir)* .... a clases de piano. En cambio, ahora prefiero la guitarra.

b. Tú antes *(estar)* .... más gorda, ¿no?

c. El año pasado nosotros *(tener)* .... un profesor de Matemáticas muy divertido.

d. El curso pasado mis padres y yo *(vivir)* .... en otro barrio.

e. Mi hermana antes *(llevar)* .... el pelo muy largo, pero se lo ha cortado y está muy guapa.

2 Escribe cosas que recuerdes de tu infancia.

• ¿A qué te gustaba jugar? ....

• ¿Dónde vivías? ....

• ¿Cómo era tu primer maestro o maestra? ....

• ¿Qué hacías en vacaciones? ....

• ¿Quién era tu mejor amigo o amiga? ¿Cómo era? ....

• Otras cosas habituales que recuerdas. ....

LOS TIEMPOS PASADOS: IMPERFECTO, INDEFINIDO Y PERFECTO

3 Elige la forma más adecuada.

a. Los egipcios construían / han construido pirámides y eran / han sido grandes científicos.

b. Hoy hablaba / he hablado / hablé con mi amigo Juan Pedro.

c. Mi hermano pequeño nacía / ha nacido / nació el año pasado.

d. Cuando mi madre era / ha sido / fue joven, trabajaba / ha trabajado, pero ahora ya no.

e. Este fin de semana iba / he ido / fui a casa de unos amigos de mis padres.

CONECTAR INFORMACIONES

4 ¿Puedes poner conectores en estas frases y convertirlas en un solo texto?
Hay varias soluciones y un conector que se repite.

porque | como | entonces | pero | cuando | además | por eso

• Yo, el año pasado, al principio de curso no conocía a nadie en el colegio ➜ .... era mi primer año allí.

• ➜ .... soy un poco tímida, no hablaba con nadie.

• ➜ .... conocí a Paula.

• Yo soy muy callada, ➜ .... Paula es muy habladora y tiene muchos amigos.

• ➜ .... conocí a Paula, todo fue más fácil.

• Tenía nuevos amigos y me gustaba más el colegio, ➜ .... empecé a sacar mejores notas.

  ➜ .... empecé a jugar en el equipo de baloncesto.

• ➜ .... Paula y otras chicas de la clase también juegan al baloncesto y nos lo pasamos muy bien. Ahora estoy muy contenta en mi colegio nuevo.

F4A

Frases cortadas

(y) también

y además

por eso

e incluso

pero

en cambio

Los mayas podían
predecir eclipses

Los mayas eran agricultores

Los mayas fabricaban telas, cerámicas
y papel

Los mayas sabían matemáticas y astronomía

Los dioses benévolos producían cosas positivas

La civilización maya se desarrolló durante 4000 años

F4B

Frases cortadas

(y) también

y además

por eso

e incluso

pero

en cambio

no sabían
de la utilidad de la rueda.

cazadores.

exportaban sus productos
a otros pueblos de América Central.

tenían un calendario muy exacto.

los dioses malévolos eran el origen del hambre
y de la miseria.

su influencia llega hasta nuestros días.

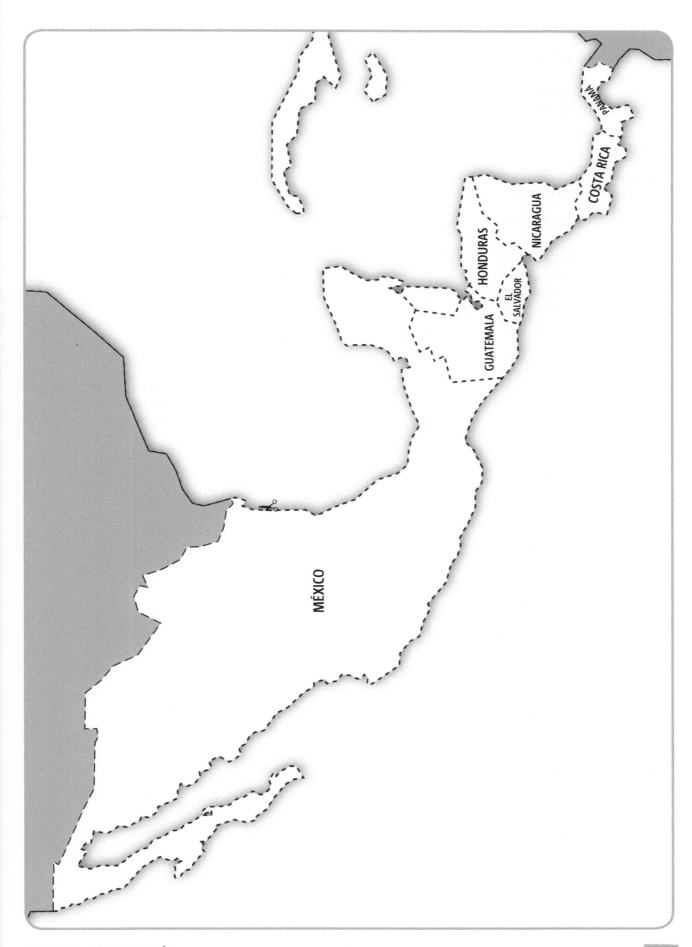

COMPRENSIÓN LECTORA

1 Lee el texto y di si las frases son verdaderas (V) o falsas (F) y justifica tus respuestas.

LOS INCAS

El imperio de los incas era el más grande de todos los imperios americanos. Su territorio iba desde su capital, Cuzco (Perú) hasta el océano Pacífico y la selva amazónica: casi dos millones de km^2.
Su lengua oficial era el quechua pero en su territorio se hablaban muchas otras lenguas. Construían ciudades con grandes avenidas y pequeñas calles, que se cruzaban en una plaza central en la que estaban los edificios públicos. Las casas eran bajas, de un solo piso, y estaban hechas de ladrillos de adobe y de paja. En cambio, los grandes monumentos estaban hechos con grandes piedras perfectamente encajadas. El dios principal de su religión era el Sol; por eso le construían muchos templos.

Como eran agricultores muy expertos, su alimentación era muy variada: comían cereales, maíz, pescado, fruta... y uno de sus productos más importantes eran las papas (patatas). Había muchas variedades.

	V	F
a. Los incas tenían un territorio bastante pequeño.		
b. Los incas vivían en América del Sur.		
c. La capital del Imperio inca estaba en el Perú actual.		
d. En el Imperio inca todos hablaban la misma lengua.		
e. Sus casas eran muy altas.		
f. Los incas no sabían cultivar.		
g. Vivían en ciudades.		
h. Sus dioses eran la tierra y los ríos.		
i. Comían siempre lo mismo: papas.		

COMPRENSIÓN ORAL

Pista 24

2 Escucha este diálogo entre una niña y su abuela y responde a las preguntas.

a. ¿Cuál es el tema de la conversación?
....

b. Señala de qué hablan.
☐ de deporte ☐ de informática
☐ de chicos ☐ de los uniformes
☐ de chicas ☐ del transporte escolar
☐ de los padres ☐ de los amigos

c. ¿Crees que la abuela tiene buenos recuerdos de su infancia?
....

EXPRESIÓN ESCRITA

3 Elige una época que conozcas o te guste (la Edad Media, el antiguo Egipto, el Oeste americano...), busca información y explica cómo vivían.

ACTIVIDADES DURANTE EL TIEMPO LIBRE

1. HACER

ciclismo
judo
windsurf
vela
danza
submarinismo
atletismo
alpinismo
snowboard
teatro
yoga
deporte

2. JUGAR AL

voleibol
baloncesto
fútbol
tenis
ping-pong

3. BAILAR
PATINAR
MONTAR A CABALLO
CORRER
ANDAR
NADAR

Observa el dibujo y di a tu compañero qué hacen los personajes con los nombres escritos. Luego, pregúntale cómo se llaman los personajes que te faltan.
Entre los dos debéis completar las etiquetas de todos los personajes.

MARTÍN y PEDRO

NATI

ROSA

JUANA

.... y ....

PAULA

.... y ....

.... y ....

MANOLO

ESPERANZA

CARLOS y ENRIQUE

Observa el dibujo y di a tu compañero qué hacen los personajes con los nombres escritos. Luego, pregúntale cómo se llaman los personajes que te faltan.
Entre los dos debéis completar las etiquetas de todos los personajes.

.... y ....

GUILLERMO

....

....

LORENA

....

MARC y MARIA ÁNGELES

DANI y LUPE

CARLA

....

TERESA y VANESSA

....

....

.... y ....

JAVI

F3

1 Mira atentamente este dibujo y memoriza las partes del cuerpo humano.

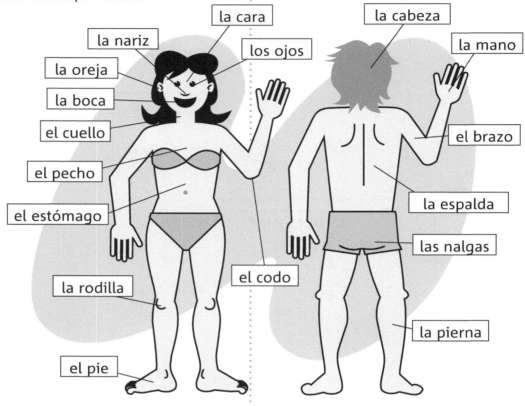

la cara
la nariz
los ojos
la oreja
la boca
el cuello
el pecho
el estómago
la rodilla
el pie
el codo
la cabeza
la mano
el brazo
la espalda
las nalgas
la pierna

2 Colocad cada etiqueta en su lugar correspondiente.

el pie
la cara
el codo
la boca
el cuello
los ojos
la nariz
la mano
el brazo
la oreja
el pecho
la pierna
la rodilla
las nalgas
la cabeza
la espalda
el estómago

GENTE JOVEN NUEVA EDICIÓN 2 FICHAS FOTOCOPIABLES
© Los autores y Difusión, Centro de Investigación y Publicaciones de Idiomas, S.L.

Tengo hambre.	Me duelen las piernas.	Tengo dolor de cabeza.	Estoy mareada.
Tengo frío.	Me he hecho daño en un pie.	Estoy resfriada.	Me duele la rodilla.
Estoy cansada.	Tengo miedo.	Tengo mucho calor.	Me duele el estómago.

EL IMPERATIVO

1 Mira las imágenes y completa las instrucciones del texto en la segunda persona del singular, **tú**. Después, reescríbelas para **vosotros**. Usa estos verbos.

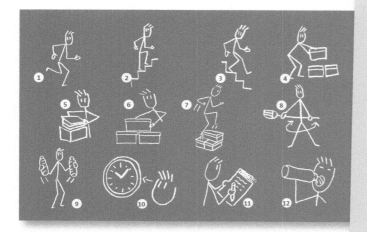

UN GIMNASIO EN CASA

Si no puedes ir al gimnasio, te proponemos unos ejercicios muy simples con aparatos hechos en casa.

.... unos minutos dentro de casa y, si tienes escaleras, ... y .... dos o tres veces.

Si no tienes escaleras, ... tu propio aparato de steps: .... tres cajas de zapatos con revistas y .... dos juntas y otra encima. .... sobre ellas cambiando de pie.

Con una escoba en las manos y paralela al suelo, ... la cintura sin moverte de sitio durante dos minutos, hacia la izquierda y hacia la derecha.

Con dos botellas de agua llenas tienes también unas magníficas pesas caseras. .... los brazos diez veces, con una botella en cada mano.

.... cada día con el reloj cuánto tiempo has entrenado y .... tus resultados en una libreta. Y recuerda: .... un poco de agua antes y después de hacer estos ejercicios.

LA FRECUENCIA

2 ¿Con qué frecuencia haces estas cosas?

• Hacer los deberes

....

• Ir a correr

....

• Leer novelas u otro tipo de libros

....

• Cocinar

....

• Ir en bicicleta

....

• Ir al gimnasio

....

RECOMENDACIONES Y CONSEJOS

3 Completa estas recomendaciones para estar bien preparado en los exámenes.

• .... comer mucho antes de entrar a un examen.

• .... llevar ropa cómoda el día del examen.

• .... llevar solo un bolígrafo.

• .... tener una actitud optimista.

• .... controlar bien el tiempo.

• .... dejar respuestas sin contestar.

• .... entregar el examen sin repasarlo todo al final.

• .... estudiar la noche anterior hasta muy tarde.

• .... leer todo el examen antes de empezar a escribir.

GENTE JOVEN NUEVA EDICIÓN 2 FICHAS FOTOCOPIABLES
© Los autores y Difusión, Centro de Investigación y Publicaciones de Idiomas, S.L.

COMPRENSIÓN LECTORA

Lee esta entrevista y responde a las preguntas.

a. ¿Cuántas horas entrena Marga al día?

....

b. ¿Qué entrenamiento hacen fuera de la piscina?

....

c. ¿Qué dos aptitudes son importantes para hacer natación sincronizada?

....

d. ¿Quién crea las coreografías?

....

diariodemallorca.es
LA ALMUDAINA/CORREO DE MALLORCA

Palma 10º / 6º   Maó 8º / 6º   Eivissa 8º / 4º

DEPORTES | ECONOMÍA | OPINIÓN | OCIO | VIDA Y ESTILO nuevo | PARTICIPACIÓN | SERVICIOS

ENTREVISTA-CHAT

Entrevista a Marga Crespí, miembro de la selección española de natación sincronizada

¿Cuántas horas entrena una nadadora de sincronizada? ¿Y cuál es la rutina de entrenamientos?
En el centro de alto rendimiento entrenamos unas ocho horas al día. Normalmente empezamos a las nueve de la mañana, hacemos ejercicios de calentamiento y gimnasia antes de ir al agua. Por la tarde solo practicamos dentro de la piscina. Terminamos sobre las seis.

¿Cuáles son las aptitudes que debe tener una persona para poder dedicarse a la natación sincronizada?
Saber nadar muy bien y también se necesita flexibilidad.

Es increíble lo que hacéis en el agua. ¿Quién y cómo crea las coreografías y cómo las preparáis?
Pues las coreografías las hacemos nosotras mismas. Con la música improvisamos y la entrenadora decide lo que más le gusta. Entonces hacemos secuencias de movimientos para montar la rutina entera. Después la practicamos muchas veces para ver si realmente es posible o si nos quedamos sin oxígeno.

¿Qué sientes los segundos antes de subirte a un podio para recoger una medalla?
Es una sensación fantástica.

Fuente: http://comunidad.diariodemallorca.es, 16 de agosto de 2010

COMPRENSIÓN ORAL

Pista 30

2 Una madre le hace recomendaciones a su hijo mientras estudia. Escucha y escribe cuáles son y las tres recomendaciones que da la madre y a qué problemas corresponden.

LAS RECOMENDACIONES	LOS PROBLEMAS

EXPRESIÓN ESCRITA

3 Lee estos comentarios de un foro y escribe respuestas con recomendaciones para los problemas.

....
....
....
....

....
....
....
....

....
....
....
....

LUNES

9	15
10	16
11	17
12	18
13	19
14	20

MARTES

9	15
10	16
11	17
12	18
13	19
14	20

MIÉRCOLES

9	15
10	16
11	17
12	18
13	19
14	20

JUEVES

9	15
10	16
11	17
12	18
13	19
14	20

VIERNES

9	15
10	16
11	17
12	18
13	19
14	20

SÁBADO

9	15
10	16
11	17
12	18
13	19
14	20

DOMINGO

9	15
10	16
11	17
12	18
13	19
14	20

GENTE JOVEN NUEVA EDICIÓN 2 FICHAS FOTOCOPIABLES
© Los autores y Difusión, Centro de Investigación y Publicaciones de Idiomas, S.L.

ME GUSTA / ME GUSTARÍA

1 Elige entre **gusta / gustaría**.

a. A mí, en verano me (*gusta / gustaría*) ...... ir de vacaciones a la montaña. No me (*gusta / gustaría*) .... el mar.

b. A mi madre le (*gusta / gustaría*) .... hacer más deporte pero no tiene tiempo.

c. A mi familia y a mí nos (*gusta / gustaría*) .... vivir en este barrio; estamos muy bien aquí.

d. ¿Te (*gusta / gustaría*) .... ir a la montaña el domingo? Podemos organizar una excursión con tus primos.

e. Me (*gusta / gustaría*) .... aprender a conducir pero no tengo todavía 18 años.

ARTÍCULOS Y NOMBRES

2 Completa con artículos indefinidos (**un / una / unos / unas**) o deja las frase sin ellos si no es necesario.

a. ● ¿Qué te gusta más, ... zumo de manzana o ...... de naranja?

○ ...... zumo de manzana.

b. Hay que ir al supermercado. No hay ...... pan.

c. ● ¿De qué es la salsa de los espaguetis?

○ De ...... carne.

d. En España muchas veces se come ...... pescado para cenar.

e. He comprado ...... bocadillos muy buenos. Son de ...... queso.

f. Póngame ...... cola, dos aguas minerales y ...... bocadillo de tortilla.

QUERER Y PODER

3 Completa las frases usando el verbo **poder**.

a. ● ¿Está prohibido comer en clase?

○ Sí, ...

b. ● Me gustaría ver algo interesante en tu ciudad. ¿Qué me recomiendas visitar?

○ ......

c. ● ¿Qué hacemos el domingo?

○ ......

d. ● ¿Quieres jugar al fútbol?

○ No, lo siento, ...

e. ● ¿ ...... ?

○ Vale, ahora voy al supermercado.

ALIMENTOS

1 ¿Te gustan estos alimentos? Clasifícalos en tu libreta en una tabla como esta.

Me gusta ...	Me gustan ...	No puedo comer / beber ...
No me gusta ...	No me gustan ...	Nunca he comido / bebido ...

Recortad los cuadrados, ponedlos boca a bajo y
jugad al *Memory* según las instrucciones que os
dará vuestro profesor.

GENTE JOVEN NUEVA EDICIÓN 2 FICHAS FOTOCOPIABLES
© Los autores y Difusión, Centro de Investigación y Publicaciones de Idiomas, S.L.

CHULETA DE VOCABULARIO

un bocadillo de jamón
una bolsa de chuches
una bolsa de patatas fritas
una bolsa de palomitas
una botella de cola
una botella de agua
una botella de zumo de naranja
una botella de zumo de manzana
un bote de paté
un bote de cacahuetes
un paquete de pan de molde
un paquete de galletas de chocolate
una pizza
un pastel de cumpleaños

Observa estas cuatro viñetas y encuentra
10 diferencias con las que hay en la página 50
del **Libro del alumno**.

F5

Canción
Fin _____ semana

Oye, chico, ¿qué te pasa?
¿Qué haces? ¿Dónde estás?
¡Cómo que _____ casa
te vas _____ quedar!

¿Te vienes _____ nosotros?
Vamos _____ divertirnos.
El fin _____ semana
acaba _____ empezar.
¿Te vienes _____ nosotros?
Vamos _____ la ciudad.

Oye, chica, ¿qué te pasa?
¿Qué haces? ¿Dónde estás?
¡Cómo que _____ casa
te vas _____ quedar!

¿Te vienes _____ nosotros?
Vamos _____ reír y _____ bailar.
_____ pasarlo bien
y el domingo disfrutar
no hace falta mucho:
¡_____ los amigos estar!

COMPRENSIÓN LECTORA

1 Lee este relato sobre el cumpleaños de María y contesta a las preguntas.

a. ¿Dónde y cuándo fue la fiesta?
b. ¿Qué comieron y bebieron?
c. ¿Qué hicieron?
d. ¿Quiénes fueron los invitados?
e. ¿Cuál fue el regalo?

El sábado fue el cumpleaños de María y sus amigos le dieron una fiesta sorpresa. Sus mejores amigos se reunieron para repartirse el trabajo. La madre de Diego les dio permiso para hacer la fiesta en el garaje de su casa, pero primero tuvieron que limpiarlo y decorarlo. Marta se encargó de hacer un pastel –de nata, por supuesto– y de ponerle trece velas. Diego y Celia llevaron el resto de la comida y las bebidas: prepararon bocadillos y compraron patatas fritas y refrescos. Luis avisó a todos los otros amigos y también a sus primos a través de mensajes y correos electrónicos. Lucas se encargó de poner buena música para poder bailar y... bueno, finalmente, decidieron el regalo. Entre todos, le compraron unas gafas de sol muy bonitas, pero demasiado caras para comprarlas ella sola. Sofía se encargó de ir al centro comercial y comprarlas. ¡La fiesta fue un éxito! Y también una gran sorpresa para María.

 Pistas 40-43

COMPRENSIÓN ORAL

2 Escucha estos cuatro diálogos y señala qué imagen corresponde a cada uno. Sobra una.

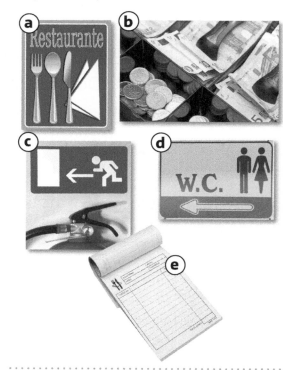

EXPRESIÓN ESCRITA

3 Escribe una invitación de unas cinco líneas a tu fiesta de cumpleaños. Recuerda incluir el lugar, la fecha y la hora y si hay que llevar algo para comer o beber o ir vestido de alguna forma especial.

Tablas de evaluación

OBSERVACIÓN DE LA EXPRESIÓN ORAL ESPONTÁNEA

- **Para quién es:** para el profesor.

- **Finalidad:** permite obtener un mapa de la frecuencia y de la calidad de las intervenciones espontáneas en español de todos los alumnos de la clase.

- **Cómo se hace:** el profesor debe poner cruces en los difere ntes apartados cada vez que observe algún dato relevante en cuanto al acto de hablar español.

NOMBRE DE LOS ALUMNOS	Hace esfuerzos por hablar español en clase.	Interviene en clase en español con espontaneidad.	Entonación correcta y fluida.	Fonética correcta.	Tiene muchas dificultades.
....					
....					
....					
....					
....					
....					
....					
....					
....					
....					
....					
....					
....					
....					
....					
....					
....					
....					
....					

GENTE JOVEN NUEVA EDICIÓN 2 TABLAS DE EVALUACIÓN
© Matilde Martínez Sallés y Difusión, Centro de Investigación y Publicaciones de Idiomas, S.L. (2014)

OBSERVACIÓN–EVALUACIÓN DE LAS ACTIVIDADES ORALES EN GRUPO

■ **Para quién es:** para el profesor y para los alumnos.

■ **Finalidad:** observar distintos aspectos de la expresión oral en grupo.

■ **Cómo se hace:** esta tabla puede utilizarse cada vez que se hace una representación o una actividad oral, en grupo, evaluable. Permite observar y calificar los distintos aspectos de la expresión oral en cada grupo.

■ Hay una columna sin título para que usted pueda añadir, si lo cree necesario, algún otro aspecto a observar.

	Grupo 1	Grupo 2	Grupo 3	Grupo 4	Grupo 5	Grupo 6	Grupo 7
Preparación: ¿Ha habido mucho trabajo previo?							
Claridad, entonación y gestualidad: ¿Se entiende lo que dicen porque está bien entonado? ¿Vocalizan bien?							
Agilidad y rapidez: ¿Hablan con fluidez? ¿Hablan entrecortadamente?							
Originalidad: ¿Tienen algún detalle distinto? ¿Tienen imaginación?							
Errores más importantes detectados.							

Evaluación 3

COEVALUACIÓN

- **Para quién es:** para el profesor y para el alumno. Lo más recomendable es que, una vez completada, se firme y se haga una fotocopia para cada uno. Así puede quedar constancia del acercamiento de posiciones entre profesor y alumno.

- **Finalidad:** poder comparar la nota que el alumno se pone en cada apartado con la nota que usted le pone y también, comprobar o corregir las percepciones que se tienen del trabajo realizado.

- **Cómo se hace:** puede pasar a cada alumno esta tabla de coevaluación una vez por trimestre.

Alumno/a ....

Grupo ....

TABLA DE COEVALUACIÓN		
	Nota que me pongo yo.	Nota del profesor.
Comprendo los documentos grabados.		
Comprendo cuando habla el profesor.		
Hablo español en clase.		
Participo en los trabajos de grupo.		
Presento los deberes.		
Ordeno mis trabajos.		
Grabaciones realizadas.		
Fecha:	Firma del/de la alumno/a	Firma del/de la profesor/a

GENTE JOVEN NUEVA EDICIÓN 2 TABLAS DE EVALUACIÓN
© Matilde Martínez Sallés y Difusión, Centro de Investigación y Publicaciones de Idiomas, S.L. (2014)

Evaluación de Nuestro proyecto

TeNP1

EL BLOG DE LA CLASE

- Información sobre cada alumno, sobre la escuela, sobre el barrio de la escuela, sobre los proyectos de la clase y sobre sus buenos propósitos.

Alumno/a ....

Grupo ....

Evaluación según los siguientes criterios:				
A. Lenguaje	**B. Contenido**	**C. Presentación**	**D. Hablar español**	
¿Es correcta la gramática? ¿Está correctamente escrito? ¿Hay un buen repertorio de vocabulario?	Mínimo cuatro secciones. ¿Las frases están completas? ¿Es relevante la información? ¿Está bien estructurada?	¿Está limpio? ¿Es original? ¿Está claro? ¿Se ve el trabajo y el esfuerzo?	¿Se ha hablado español durante la preparación de la tarea?	
NOTA /5	/8	/2	/5	**TOTAL** /20

Comentarios del/de la profesor/a	Comentarios del/de la alumno/a

Evaluación de Nuestro proyecto

TeNP2

UNA BIOGRAFÍA

■ Presentar algunos datos biográficos sobre un personaje de interés para los alumnos.

Alumno/a ....

Grupo ....

Evaluación según los siguientes criterios:				
	A. Lenguaje	B. Contenido	C. Presentación	D. Hablar español
	¿Es correcta la gramática? ¿Es correcta la ortografía? ¿Hay un buen repertorio de vocabulario?	¿Las frases están completas? ¿Es relevante la información? ¿Está bien estructurada la información?	¿Está limpio? ¿Está bien presentado? ¿Es original?	¿Se ha hablado español mientras se hacía el trabajo?	
NOTA	/5	/8	/3	/4	**TOTAL** /20

Comentarios del/de la profesor/a

Comentarios del/de la alumno/a

GENTE JOVEN NUEVA EDICIÓN 2 TABLAS DE EVALUACIÓN
© Matilde Martínez Sallés y Difusión, Centro de Investigación y Publicaciones de Idiomas, S.L. (2014)

Evaluación de Nuestro proyecto

TeNP3

JUEGO DE PISTAS

■ Cada equipo esconde un tesoro, prepara un mapa y deja pistas para que otro equipo lo encuentre.

Alumno/a ....

Grupo ....

Evaluación según los siguientes criterios:

	A. Lenguaje	B. Contenido	C. Hablar español	
	En las pistas escritas: ¿Es correcta la gramática? ¿Es correcta la ortografía? ¿Hay un buen repertorio de vocabulario?	Un mínimo de 10 pistas. ¿Las frases están completas? ¿La información es relevante y permite encontrar las pistas siguientes?	¿Se ha hablado español mientras se hacía el trabajo? ¿Y mientras se ha desarrollado el juego?	
NOTA	/7	/7	/6	**TOTAL** /20

Comentarios del/de la profesor/a

Comentarios del/de la alumno/a

UN MUNDO IMAGINARIO

■ Creación y presentación de una civilización imaginaria: su aspecto, dónde viven, qué comen, cómo es su escuela, cómo son sus familias...

Alumno/a ....

Grupo ....

Evaluación según los siguientes criterios:

	A. Lenguaje	B. Contenido	C. Presentación	
	¿Es correcta la gramática? ¿Es correcta la ortografía? ¿Hay un buen repertorio de vocabulario?	Mínimo cinco aspectos de la civilización. ¿Es relevante la información? ¿Está bien estructurada la información?	¿La pronunciación y la entonación son correctas? ¿La interacción es natural? ¿La actuación está bien preparada y la presentación es atractiva?	
NOTA	/8	/8	/4	TOTAL /20

Comentarios del/de la profesor/a

Comentarios del/de la alumno/a

GENTE JOVEN NUEVA EDICIÓN 2 TABLAS DE EVALUACIÓN
© Matilde Martínez Sallés y Difusión, Centro de Investigación y Publicaciones de Idiomas, S.L. (2014)

UNA CAMPAÑA

- Crear una campaña informativa para fomentar hábitos saludables: alimentación, ejercicio, relajación...

Alumno/a ....

Grupo ....

Evaluación según los siguientes criterios:

	A. Lenguaje	B. Contenido	C. Presentación	D. Hablar español	
	¿Es correcta la gramática? ¿Es correcta la ortografía? ¿Hay un buen repertorio de vocabulario?	¿Las frases están completas? ¿Es relevante la información? ¿Está bien estructurada la información?	¿Está bien presentado? ¿Es original? ¿La entonación y la pronunciación son correctas? ¿El audiovisual está bien grabado?	¿Se ha hablado español en el grupo mientras se hacía el trabajo?	
NOTA	/2,5	/2,5	/8	/7	**TOTAL** /20

Comentarios del/de la profesor/a	Comentarios del/de la alumno/a

LA FIESTA DE FINAL DE CURSO

■ Preparar una fiesta de final de curso para la clase o para todas las clases de español.

■ Crear invitaciones y carteles.

■ Crear juegos y actividades para la fiesta.

Alumno/a ....

Grupo ....

Evaluación según los siguientes criterios:

	A. Lenguaje	B. Contenido	C. Presentación	D. Hablar español	
	¿Es correcta la gramática? ¿Es correcta la ortografía? ¿Hay un buen repertorio de vocabulario?	¿Las frases están completas? ¿Es relevante la información? ¿Está bien estructurada la información?	¿Los carteles y las invitaciones informan correctamente y son bonitos? ¿Los juegos son y divertidos? ¿Funcionan?	¿Se ha hablado español en el grupo mientras se organizaba la fiesta?	
NOTA	/2,5	/2,5	/8	/7	**TOTAL** /20

Comentarios del/de la profesor/a

Comentarios del/de la alumno/a

GENTE JOVEN NUEVA EDICIÓN 2 TABLAS DE EVALUACIÓN
© Matilde Martínez Sallés y Difusión, Centro de Investigación y Publicaciones de Idiomas, S.L. (2014)

HÁBITOS DE TRABAJO Y APRENDIZAJE

Colorea las cosas que ya haces de un color y lo que has decidido hacer este curso para mejorar, de otro. Si ya haces o quieres hacer otras cosas diferentes, completa y colorea las hojas vacías.

TRABAJO DE GRUPO

¿Alguien se ha sentido o se ha situado al margen?

¿Ha dominado una persona en concreto?

¿Habéis respetado las consignas y el tiempo acordado?

¿Habéis necesitado ayuda externa?

¿Os ha interesado / motivado la tarea?
¿Por qué?

¿Habéis hablado español entre vosotros?
¿Todos?

¿Quién más?
¿Quién menos?

¿Habéis repartido el trabajo entre todos?

¿Qué criterio habéis elegido?

¿Habéis encontrado vosotros mismos solución a los problemas?

¿Qué os ha gustado más?

¿Ha habido un buen clima de trabajo? (atención, concentración, escucha, etc.)

¿Habéis realizado una corrección previa a la versión final?

Sí, en

No, en

¿Habéis sido eficaces?

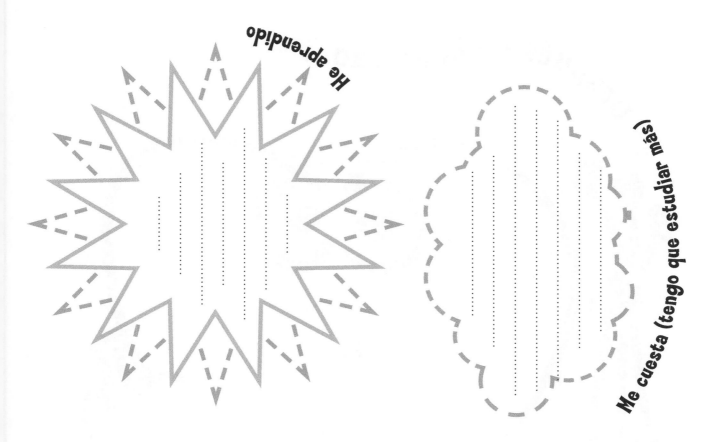

He aprendido

Me cuesta (tengo que estudiar más)

EVALUACIÓN DE UNA UNIDAD

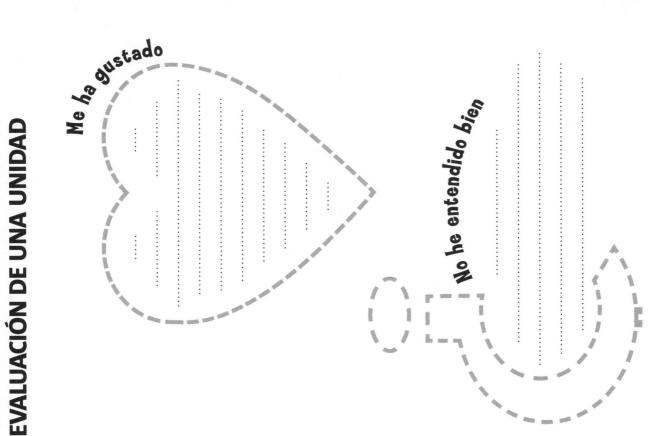

Me ha gustado

No he entendido bien

Después de la unidad...

Me gusta...

....

....

....

....

....

....

Ilustración de Alba Pérez (14 años) Barcelona.

Ta4

AYUDA PARA EL APRENDIZAJE DE LA ESCRITURA

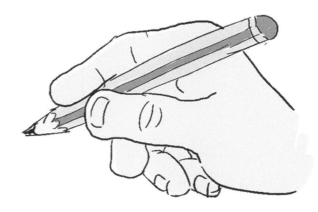

1 ¿Has leído atentamente el enunciado y las consignas? ¿Cuántas veces?

....

....

2 ¿Has entendido qué tipo de texto tienes que producir? (Mural, anuncio, carta, postal, artículo informativo, de opinión, personal, etc.)

....

....

3 ¿Has utilizado alguna técnica de composición? ¿Cuál? (Esquema, palabras clave, torbellino de ideas, diagrama, etc.)

....

....

4 ¿Has hecho borradores? ¿Cuántos?

....

....

5 ¿Has corregido el borrador? (Solo, con el profe, el profe solo, etc.)

....

....

6 ¿Has consultado libros, diccionarios, gramáticas, Internet, etc.?

....

....

Ta4

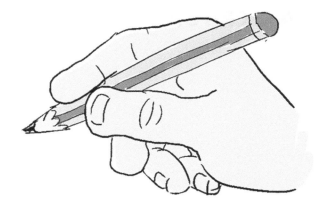

7 ¿Has copiado frases enteras?

....

....

8 ¿Has resumido la información?

....

....

9 ¿Cuánto tiempo has necesitado?

....

....

10 ¿Has respetado el plazo de presentación que tenías?

....

....

11 ¿Te ha gustado escribir el texto? ¿Te ha motivado? ¿Por qué?

....

....

12 ¿Qué te ha parecido más difícil?

....

....

GENTE JOVEN NUEVA EDICIÓN 2 TABLAS DE EVALUACIÓN
© Matilde Martínez Sallés y Difusión, Centro de Investigación y Publicaciones de Idiomas, S.L. (2014)

Ta5

¿CÓMO TE SIENTES?

Después de este módulo, ¿cómo te sientes con respecto a tu aprendizaje del español?

Tarjetas para estimular la expresión oral espontánea

Tarjeta cuadrada

Tarjeta rectangular
= a canjear por 10
   tarjetas cuadradas

Tarjeta triangular
= a canjear por 10
   tarjetas rectangulares.

Equivale a la mejor nota,
a "sobresaliente".

GENTE JOVEN NUEVA EDICIÓN 2 TABLAS DE EVALUACIÓN
© Matilde Martínez Sallés y Difusión, Centro de Investigación y Publicaciones de Idiomas, S.L. (2014)

■ Premio al grupo más eficaz y más rápido.

■ Premio a la mejor colaboración en grupo.

■ Premio al mejor trabajo.

■ Premio al estudiante con un comportamiento más solidario y atento hacia los demás.

■ Premio al estudiante que se distingue por sus conocimientos gramaticales.

■ Premio al estudiante más perspicaz y adivinador.

■ Premio al estudiante que se distingue por su buena ortografía.

■ Premio Goya al actor/actriz revelación.

Soluciones del
Cuaderno de ejercicios

unidad 1

¡ADIÓS AL VERANO!

DESCUBRO, OBSERVO Y USO

1 **Sugerencia**
He visto tucanes.
Me ha gustado mucho el parque nacional Iguazú.
Lo hemos pasado genial.
He tomado el sol en la playa.
He nadado en el océano Atlántico.
Hemos estado en la playa de Ipanema.
(También) hemos ido a México.
Hemos probado los tamales.
Hemos comido muchos tacos y mucho guacamole.
Hemos alquilado un coche para viajar por la costa.
Hemos montado en moto acuática.
Hemos hecho muchos amigos.

2 **A.**

Sugerencia
1. María y su familia han viajado en coche a los Pirineos.
2. Victoria y yo hemos estado con la caravana en un campamento con su familia.
3. Juan ha ido en barco a Ibiza con sus hermanos.
4. Edu ha viajado en avión a Perú solo.
5. Alba ha ido en coche a casa de sus abuelos con su familia.

B.

Sugerencia
1. Mi familia y yo hemos ido en coche a la playa.
2. También he pasado unos días con mis abuelos.
3. Mis amigos han vuelto de las vacaciones muy contentos.
4. He visto a mi primo David y mi prima Olivia.
5. Hemos jugado al fútbol todos los días.

4 **A.**
Ya estamos en el campamento. El viaje hasta Nigrán (Galicia) **ha sido** largo: ¡cinco horas y media de autocar! Pero lo **he pasado** muy bien charlando y jugando con César y Ángel. Ya **hemos montado** las tiendas y **hemos cenado**. Ya son las 12, pero todavía no estamos durmiendo... ¡Jejejeje!
Estos días no **hemos parado**. La verdad es que lo estoy pasando fenomenal. **Hemos hecho** muchas excursiones, **nos hemos bañado** en un río, y nos **han dicho** que vamos a construir cabañas. Hoy **han empezado** las clases de inglés. El profe, Peter, es irlandés y es supermajo. Estamos aprendiendo mucho.

¡Ya **ha pasado** una semana! ¡No me lo puedo creer! **He conocido** a un chico de Ávila, Diego, que también hace teatro como yo. Me va a mandar un vídeo de su última obra. Las clases de inglés, ¡very, very good!
¡Qué día! Hoy nos **han enseñado** a construir cabañas. Bueno, nuestro grupo todavía no **ha terminado** la nuestra pero el instructor nos va a ayudar esta tarde.
No tengo ganas de volver a casa. Lo único que echo en falta es la comida de mi madre y la ducha caliente... ¡Y levantarme más tarde de las siete!
Hoy es el último día... ¡Adiós Nigrán, adiós amigos! ¡Bye, bye, Peter! ¡¡¡No me quiero ir!!!

B.
... no estamos durmiendo...
... lo estoy pasando fenomenal.
Estamos aprendiendo mucho.

C.
... vamos a construir cabañas.
Me va a mandar un vídeo de su última obra.
... el instructor nos va a ayudar esta tarde.

5 **A.**
Locutor: **¿Cuántos años tienes? ¿Dónde vives?**
Adriana: Tengo 14 años y vivo en Madrid.
Locutor: **¿Qué es lo que más te gusta?**
Adriana: Cantar, bailar con mis amigas e ir al cine, bueno y al teatro.
Locutor: **¿Y lo que menos te gusta?**
Adriana: Je, je, ordenar mi habitación.
Locutor: **¿Cuáles son tus sueños?**
Adriana: Me gustaría ser actriz de musicales: actuar, cantar y bailar: ¡este es mi sueño!

B.

Sugerencia
1. Yo vivo en **Bruselas**.
2. A mí me gusta **jugar al voleibol con mis amigos**.
3. A mí no me gusta **levantarme pronto**.
4. Mis planes para este año son **mejorar mis notas de matemáticas** y **aprender a patinar**.
5. En estos momentos estoy **aprendiendo música** pero quiero **tocar más de un instrumento** y tengo muchas ganas de **ir a un concierto de rock**.

6 a. está bailando
b. está haciendo pesas
c. está jugando al fútbol
d. está tocando la trompeta
e. se está duchando
f. está durmiendo
g. está escuchando
h. está leyendo
i. está comiendo
j. está mirando

7 ¡Hola!, ¿os acordáis de nosotros? **Vivimos** en la misma calle, **vamos** al mismo cole y **formamos** un grupo musical. **Tocamos** hip-hop y **ensayamos** y nos **reunimos** en el garaje de Kike. Hoy es 12 de septiembre. Se terminan las vacaciones de verano y **empezamos** el curso el próximo lunes. **Hemos tenido** casi tres meses de vacaciones. Algunos **hemos viajado** y otros nos **hemos quedado** en casa, pero todos lo **hemos pasado** muy bien.

8
a. lejos ≠ cerca
b. diferente ≠ mismo
c. normal ≠ raro
d. mal ≠ bien
e. listo ≠ tonto
f. viejo ≠ nuevo
g. nada ≠ todo

9
a. Una persona muy curiosa y que habla mucho de la vida de las otras personas es un o una **cotilla**.
b. Una persona que vive cerca de tu casa es un **vecino** o una **vecina**.
c. Comer por la tarde, normalmente un bocadillo, es **merendar**.
d. Matar a alguien con un veneno es **envenenar**.
e. Practicar para un grupo musical o un grupo de teatro es **ensayar**.

f. Una persona que está en la misma clase que tú es un **compañero** o una **compañera**.
g. Cambiarse de una casa a otra es hacer la **mudanza**.
h. Una mujer que hace esculturas es una **escultora**.

10 **Sugerencia**
Se llama Artemis. Artemis es el nombre de una diosa griega.
Tiene dos hermanos.
Su madre es escultora.
Su padre es violinista.
Le gusta la música y los gatos.

11
a. El grupo Lalatina vive y estudia en Madrid.
b. La calle Toledo es una de las calles principales del barrio.
c. La Latina es un barrio en el que viven muchos extranjeros.
d. Un mesón es un tipo de restaurante tradicional.
e. El barrio de La Latina está situado en la parte más antigua de Madrid.
f. En La Latina también hay muchos mesones y hoteles.
g. El mercado madrileño del Rastro es muy famoso y antiguo y está muy cerca del barrio de La Latina.

12

Ejemplo: hablar	hablo	hablas	habla	hablamos	habláis	hablan
	estoy hablando	estás hablando	está hablando	estamos hablando	estáis hablando	están hablando
	voy a hablar	vas a hablar	va a hablar	vamos a hablar	vais a hablar	van a hablar
	he hablado	has hablado	ha hablado	hemos hablado	habéis hablado	han hablado
Ejemplo: comer	como	comes	come	comemos	coméis	comen
	estoy comiendo	estás comiendo	está comiendo	estamos comiendo	estáis comiendo	están comiendo
	voy a comer	vas a comer	va a comer	vamos a comer	vais a comer	van a comer
	he comido	has comido	ha comido	hemos comido	habéis comido	han comido
Ejemplo: vivir	vivo	vives	vive	vivimos	vivís	viven
	estoy viviendo	estás viviendo	está viviendo	estamos viviendo	estáis viviendo	están viviendo
	voy a vivir	vas a vivir	va a vivir	vamos a vivir	vais a vivir	van a vivir
	he vivido	has vivido	ha vivido	hemos vivido	habéis vivido	han vivido
ser	soy	eres	es	somos	sois	son
	estoy siendo	estás siendo	está siendo	estamos siendo	estáis siendo	están siendo
	voy a ser	vas a ser	va a ser	vamos a ser	vais a ser	van a ser
	he sido	has sido	ha sido	hemos sido	habéis sido	han sido
hacer	hago	haces	hace	hacemos	hacéis	hacen
	estoy haciendo	estás haciendo	está haciendo	estamos haciendo	estáis haciendo	están haciendo
	voy a hacer	vas a hacer	van a hacer	vamos a hacer	vais a hacer	van a hacer
	he hecho	has hecho	ha hecho	hemos hecho	habéis hecho	han hecho

LEO, ESCRIBO Y ESCUCHO

1 **A.**

1. Me muero de ilusión. Es la primera vez que salimos de viaje todos los de mi clase. Vamos a estar 7 días en un albergue en Cantabria, cerca de los Picos de Europa. No puedo dormir y empiezo este diario.

2. Hemos salido de Valencia muy pronto por la mañana, en autocar y hemos llegado al albergue a las 6 de la tarde. Estamos en un pueblo que se llama Portilla de la Reina. Está rodeado de montañas. Después de la cena nos han presentado el programa. Voy a dormir en la misma habitación que Montse y Sara. Nos lo vamos a pasar bomba.

3. Hoy ha sido el primer día de actividades. Hemos practicado el senderismo. Hemos subido a la Peña Dolores y desde allí hemos visto una extraordinaria panomárica de los Picos y del Valle. Hemos comido bocadillos y hemos andado mucho. Estoy cansadísima.

4. Después de la caminata de ayer, esta noche he dormido de un tirón. Por la mañana hemos estado en el albergue y por la tarde hemos recorrido pistas y caminos forestales en bicicleta de montaña. Los monitores nos han explicado un montón de cosas.

5. Durante todo el día hemos praticado una cosa nueva y muy divertida: escalada con rappel y tirolina. Nos lo han enseñado unos guías muy guapos que son montañeros. Uno de ellos ha estado en el Everest. Primero he tenido un poco de miedo, pero luego ya se me ha pasado y me lo he pasado muy bien.

6. Las lecciones y experiencias de ayer con la escalada nos han servido hoy para practicar un descenso al Desfiladero de la Hermide. Ha sido muy emocionante. El cañón era estrecho y el río estaba muy abajo. Hemos hecho la actividad en pequeños grupos. El monitor que guiaba el mío era Dani, el que ha etado en el Everest. Creo que me he enamorado de él.

7. Hoy es el último día. Mañana volvemos a Valencia. Las emociones de ayer en el desfiladero y la fiesta de hoy me han dejado un poco triste. He descubierto muchas cosas: paisajes, deportes, amigos, un chico guapísimo. Pero sobre todo he descubierto que quiero volver a las montañas. ¡Quiero ser montañera!

B.

	V	F	
1.	☒	☐	Vamos a estar (...), no puedo dormir (...).
2.	☐	☒	Vamos a estar 7 días en un albergue (...).
3.	☐	☒	Hemos salido de Valencia muy pronto por la mañana (...) y hemos llegado (...) a las 6 de la tarde.
4.	☒	☐	(...) hemos practicado una cosa (...) muy divertida (...) me lo he pasado muy bien.
5.	☒	☐	Hemos practicado el senderismo. (...) hemos andado mucho. (...) en bicicleta de montaña.
6.	☒	☐	Creo que me he enamorado de él.
7.	☐	☒	(...) he descubierto que quiero volver a las montañas. ¡Quiero ser montañera!

2 **A.**

Sugerencia
1. En los Pirineos se puede esquiar.
2. Se puede hacer paracaidismo.
3. Se puede hacer senderismo.
4. Se puede hacer *rafting*.
5. Se puede hacer turismo.
6. Se puede montar a caballo.
7. Se puede hacer escalada.

B.

Sugerencia
1. Ya he esquiado.
2. Ya he montado a caballo.
3. Ya he hecho senderismo.
4. Tengo ganas de hacer *rafting*.
5. Quiero hacer escalada.
6. Ya he hecho turismo.
7. Tengo ganas de hacer *snowboard*.

3

a. Martín vive en **Madrid, en el barrio de La Latina**.
b. A Martín le gusta **hacer deporte y leer libros de ciencia ficción**.
c. Martín odia **estudiar matemáticas**.
d. Martín quiere **viajar por todo el mundo**.
e. A Adriana le gusta **cantar, bailar con sus amigas, ir al cine y al teatro**.
f. A Adriana no le gusta **ordenar su habitación**.
g. Los planes del grupo son **hacer un vídeo publicitario de su próxima obra y subirlo a Youtube. También van a actuar en escuelas de primaria**.
h. El grupo en estos momentos está **preparando una obra musical, una adaptación de *Cats***.

PRACTICO MI VOCABULARIO

1 **Sugerencia**

ALOJAMIENTOS	DEPORTES
el hotel	el fútbol
el campamento	el tenis
el apartamento	el *windsurf*
la casa	el voleibol
el albergue	el baloncesto
	el atletismo
	la natación
	el judo
	el aeróbic

MEDIOS DE TRANSPORTE	CAMPAMENTO
el autocar	la tienda de campaña
el autobús	la cabaña
el tren	las excursiones
el coche	el río
el avión	el instructor

2 **Sugerencia**
(hay varias respuestas posibles)

a. Lo he pasado muy bien.
b. Me ha gustado mucho.
c. No me ha gustado nada.
d. No he hecho nada especial.
e. Me he divertido mucho.
f. Me he aburrido un poco.

unidad 2
¿QUIÉN Y CUÁNDO?

DESCUBRO, OBSERVO Y USO

1 José Monge Cruz, conocido como Camarón, **nació** en 1950 en San Fernando (Cádiz, España) en una familia gitana muy pobre. Su padre **murió** joven y a los siete años Camarón **empezó** a cantar por las calles. Unos años más tarde **viajó** a Madrid donde **empezó** a actuar en un famoso tablao: Torres Bermejas. Poco tiempo después **conoció** al guitarrista Paco de Lucía, con quien **mantuvo** una gran amistad durante toda su vida. Su primer trabajo juntos **apareció** en 1968 y **significó** un gran cambio en la historia del cante flamenco.

La trayectoria de Camarón se puede dividir en tres etapas: durante la primera, hasta el año 1968, **siguió** la tradición; después, hasta 1978, **inició** la renovación de su cante; en la tercera, a partir de 1979, **reforzó** sus aspectos más revolucionarios, junto a Paco de Lucía, con el disco *La leyenda del tiempo*, que **significó** una gran transformación del cante flamenco. Durante su vida **grabó** más de diecinueve discos.
Camarón de la Isla **se casó** y **tuvo** cuatro hijos. Lamentablemente, **murió** muy joven, en Barcelona, ya convertido en un mito de la música flamenca.

2 1. Miguel Hernández nació en Orihuela (Alicante, España) en 1920.
2. A los quince años, su padre le sacó del colegio para trabajar como pastor.
3. Pronto empezó a escribir poemas y los publicó en revistas de su ciudad.
4. En el año 1933 (a los 23 años) publicó su primer libro de poemas.
5. En julio de 1936 empezó la guerra civil española. Miguel estuvo con el ejército republicano y se ocupó de temas educativos y culturales.
6. Cuando terminó la guerra fue encarcelado y condenado a muerte.
7. La condena a muerte se cambió por la condena a treinta años de cárcel.
8. Durante cuatro años estuvo en varias cárceles de España.
9. En marzo de 1942 murió de tuberculosis en la cárcel de Alicante.

3 **A.**

Sugerencia
un/a revolucionario/a: Ernesto *Che* Guevara
un/a guitarrista: Paco de Lucía
un actor / una actriz: Antonio Banderas, Salma Hayek
un/a escritor/a: Isabel Allende, Gabriel García Márquez
un/a pintor/a: Picasso, Botero
un/a cantante: Celia Cruz, Juan Luis Guerra
un/a poeta: Miguel Hernández, José Agustín Goytisolo
un/a bailaor/a: Carmen Amaya
un/a científico/a: Santiago Ramón y Cajal

4 **A.**
17/12/1830
El diecisiete de diciembre de mil ochocientos treinta murió Simón Bolívar, el libertador de América.

2/2/1841
El dos de febrero de mil ochocientos cuarenta y uno El Salvador se independizó de España.

20/11/1910
El veinte de noviembre de mil novecientos diez se inició la revolución mexicana.

31/1/1959
El treinta y uno de enero de mil novecientos cincuenta y nueve triunfó la revolución dirigida por Fidel Castro en Cuba.

19/7/1979
El diecinueve de julio de mil novecientos setenta y nueve terminó la dictadura de Somoza en Nicaragua y subió al poder el Frente Sandinista de Liberación Nacional.

11/3/1990
El once de marzo de mil novecientos noventa Patricio Aylwin llegó a la presidencia de Chile y terminó la dictadura militar.

5

TENER	HACER	ESTAR
tuve	hice	estuve
tuviste	hiciste	estuviste
tuvo	hizo	estuvo
tuvimos	hicimos	estuvimos
tuvisteis	hicisteis	estuvisteis
tuvieron	hicieron	estuvieron

DAR	PODER	
di	pude	
diste	pudiste	
dio	pudo	
dimos	pudimos	
disteis	pudisteis	
dieron	pudieron	

6

a. Mi padre nació **el** 24 **de** noviembre de 1965.
b. Picasso nació **en** 1881.
c. Estudié francés **hasta** los diez años, luego empecé a estudiar español.
d. Viví en Buenos Aires **entre** 1996 y 1999.
e. Voy a clases de teatro **desde** el curso pasado.
f. Ramón y Cajal ganó el Premio Nobel **a los** 54 años.

7

● ¡Hola Óscar! ¿Qué tal las vacaciones?
○ Fenomenal. **He estado** en Costa Rica. ¿Y tú?
● Yo **me he quedado** aquí, pero lo he pasado muy bien.
○ ¿Sabes?, **he aprendido** a bucear. La primera semana mi madre y yo **hicimos** un curso de submarinismo y después los dos **fuimos** tres veces más a bucear, con un barco, lejos de la playa. **Nos encantó**.

● ¡Qué envidia! Yo no lo **he hecho** nunca.
○ ¿Y qué **habéis hecho** vosotros aquí?
● Bueno, pues las dos primeras semanas **vino** mi primo de San Sebastián. Es un genio del *skateboard* y lo **pasamos** genial. Todas las tardes en el parque y por las noches a dar una vuelta por ahí con los amigos...
○ ¡Qué guay!
● Sí, sí, en una de esas noches yo **conocí** a una chica y bueno... El resto del verano **ha sido** una pasada.
○ ¡Ah, ahora lo entiendo! ¡Te has enamorado!

8 **A.**

COMPRAR	COMER	VIVIR
compré	comí	viví
compraste	comiste	viviste
compró	comió	vivió
compramos	comimos	vivimos
comprasteis	comisteis	vivisteis
compraron	comieron	vivieron

9

ELEMENTOS	SIGNIFICADO
El toro	La fuerza
La paloma	La paz rota
La bombilla	El avance científico
La mujer del quinqué	La república española
La mujer con los brazos al cielo	El horror de la guerra

10 **Sugerencia**

2. **a.** Mi hermano pequeño ha ganado un premio de dibujo.
3. **f.** Antonio Banderas hizo una película con Salma Hayek.
4. **g.** Quiero estudiar Medicina y poder curar a la gente.
5. **d.** Estoy escribiendo un poema para una chica de mi clase.
6. **c.** Nunca he tenido un accidente con la bicicleta.
7. **b.** Mi abuelo dejó los estudios muy joven.

11 **Sugerencia**
Nació en Siboney, Cuba, el 18 de noviembre de 1907. Lo llamaron Francisco Repilado, pero se hizo famoso como Compay Segundo, su apodo. Fue un músico y compositor muy importante de sones, guarachas y boleros. Algunas de sus canciones más conocidas son *Chan Chan* y *Sarandonga*. Murió el 14 de julio de 2003.

12 **Sugerencia**
Laia Sanz
Ganó su primera carrera a los 12 años.
A los 15 años fue campeona del mundo de trial femenino.

Albert Casals
Ha escrito dos libros
En 2012 hizo un viaje a Nueva Zelanda.

Gustavo Dudamel
De niño empezó a estudiar violín en Venezuela.
Se ha ido a vivir a Los Ángeles, en Estados Unidos.

LEO, ESCRIBO Y ESCUCHO

1 **A.**

1.	a.
2.	c.
3.	a.
4.	b.
5.	c.
6.	b.

3 Nombre: **Ernesto Guevara**
País donde nació: **Argentina**
Qué estudió: **Medicina**
Países donde vivió: **Argentina, Cuba, Bolivia y Guatemala**
Hijos e hijas: **3 hijos y 3 hijas**
Países en los que luchó: **Cuba, Bolivia y el Congo**
País donde murió: **Bolivia**

PRACTICO MI VOCABULARIO

1 **Sugerencia**
Explicar una biografía, en general: nació en…, es…, vivió en…, ganó el premio…, murió en…, desde entonces, hasta ahora, ahora…, ha sido, ha ganado, ha viajado…
Explicar la biografía de un artista: pintó, escribió, ha hecho una película, a los…, desde los… hasta los, empezó (a)…, aprendió (a)…
Hablar de un suceso o una guerra: hubo…, empezó…, terminó…, duró…, fue…, hasta que…, en…, entre… y…

unidad 3
AQUÍ VIVO YO

DESCUBRO, OBSERVO Y USO

1 **A.**
La pelota de rugby está encima de la estantería.
Los libros están encima de la estantería, al lado de la pelota de rugby.
La lámpara está junto al trofeo, encima de la cómoda.
La guitarra está debajo de la cama.

B.
Hay un gato en la cómoda, dentro de un cajón.
El ordenador está en el suelo, delante de la guitarra.
Los auriculares están encima de la silla.
La mochila está en la ventana.
La gorra está a la derecha de las estanterías, encima del cuadro.
Los cómics están dentro del armario.

3
las ⟶ zapatillas
la ⟶ raqueta de tenis
los ⟶ cómics
lo ⟶ monopatín

4 **Sugerencia**
a. Los he guardado en el armario
b. Las he visto encima de la mesa.
c. La he dejado en tu habitación, dentro de la mochila.
d. Los he visto debajo de tu escritorio.
e. Lo he puesto en el armario de tu habitación.
f. La he encontrado en el garaje.

5 **B.**

Sugerencia
Mi barrio es muy bonito y muy tranquilo.
Hay un parque bastante grande.
Hay pocos coches y pocos restaurantes.
Está cerca del centro.
En mi barrio no hay ningún cine.
Mi barrio está muy bien comunicado.

6 A.

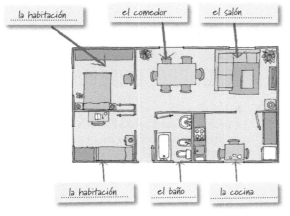

la habitación — el comedor — el salón

la habitación — el baño — la cocina

B.

Sugerencia
1. Hago los deberes **en mi habitación.**
2. Trabajo con el ordenador **en mi habitación.**
3. Desayuno **en el comedor.**
4. Me pongo la ropa **en mi habitación.**
5. Guardo los patines **en la habitación de mis padres.**
6. Me lavo las manos y me ducho **en el baño.**
7. Duermo **en mi habitación.**
8. Escucho música **en el salón.**
9. Hago pasteles **en la cocina.**
10. Estudio **en mi habitación.**
11. Me baño **en el baño.**
12. Descanso **en mi habitación.**
13. Leo **en el salón.**
14. Veo la tele **en el salón.**

7
a. En mi ciudad hay metro pero solo tiene dos líneas. Para ir al cole, yo tomo la línea verde.
b. ¿Tiene comedor tu colegio?
c. Vivo en el 7.º piso pero el edificio tiene ascensor.
d. Al lado de la casa de mi abuela hay **un** parque muy grande.
e. Barcelona es una ciudad bastante contaminada, y casi no tiene parques.
f. En La Latina hay **un** restaurante típico que se llama Viejo Madrid. Es un restaurante muy bueno.
g. Mi ciudad no tiene aeropuerto. Es **una** ciudad pequeña.

9 Sugerencia
No hay suficientes piscinas.
Hay bastantes autobuses.
Faltan escuelas.
No hay ninguna guardería.
No hay suficientes cines.
Hay pocos parques.
También faltan instalaciones deportivas.
Hay demasiados hoteles.
Hay suficientes restaurantes y discotecas.
Hay bastantes centros comerciales y supermercados.
También hay suficientes bibliotecas.
No hay ningún local para los jóvenes.
Hay suficientes iglesias.

11 Sugerencia
Lo que no me gusta de mi barrio es que hay pocas tiendas y está un poco lejos del centro. Es un barrio poco animado.

Lo que me gusta de mi barrio es que es muy tranquilo y está bien comunicado. Además, hay un parque cerca. Puedo pasear y también ir en bici porque no hay muchos coches.

LEO, ESCRIBO Y ESCUCHO

1
a. Al Albaicín.
b. El Albaicín. En Granada.
c. Xochimilco. En México D. F. En México.

2 Sugerencia
En mi habitación ideal todos los muebles son muy modernos. Hay una cama gris junto a una pared. Encima de la cama hay estanterías con todos mis libros y mis cómics y al lado hay una lámpara para poder leer en la cama. Detrás de la cama hay un gran póster de rascacielos. Debajo de la cama hay una alfombra roja. A la derecha de la cama hay un sofá y una mesa pequeña. Encima de la mesa pequeña están los altavoces para oír música.
Junto a otra pared hay un armario y a la izquierda hay muchas fotos de mi familia y de mis amigos.

3
Lucas está en la plaza de la Catedral, en La Habana, Cuba.

PRACTICO MI VOCABULARIO

1
La Vera es una comarca situada **al oeste** de España, en la comunidad autónoma de Extremadura, en la provincia de Cáceres. Tiene 19 **pueblos** y Jaraíz de la Vera es el más importante. **Al noroeste** de La Vera, está la comarca del Valle del Jerte famosa por sus cerezas. La Vera está **cerca de** Madrid (a 220 **kilómetros**) y tiene paisajes naturales muy bonitos. Allí hay **bosques**, cascadas y muchísimas zonas de baño con piscinas naturales.

El **clima** es suave, la tierra muy fértil y hay mucha agua, por eso la vegetación es muy rica. En La Vera podemos encontrar palmeras, naranjos, frambuesas o kiwis.

En primavera y verano, la visitan muchos **turistas**. Hay muchas casas de vacaciones y **hoteles** de turismo rural.

El emperador Carlos I de España eligió el pueblo de Cuacos de Yuste, en la **comarca** de La Vera, para pasar sus últimos días.

unidad 4
OTROS TIEMPOS

DESCUBRO, OBSERVO Y USO

1 **A.**

EL COLEGIO DEL AÑO PASADO	EL NUEVO COLE
Los profesores no le gustaban.	Los profesores son más simpáticos.
Se quedaba a comer más de dos días por semana.	Solo se queda a comer dos días por semana.
Estudiaba inglés y francés.	Estudia inglés y alemán.
Tenía menos horas de Educación Física.	Tiene más horas de Educación Física.
En clase eran más de 25 alumnos.	En clase son 18 alumnos.

2

☐ Ha crecido.	☒ Ha adelgazado un poquito.
☒ Se ha cortado el pelo.	☐ Se ha alisado el pelo.
☐ Se ha dejado el pelo largo.	☒ Está más guapa.
☒ Ha cambiado de estilo.	☒ Ha cambiado de color de pelo.
☒ Se ha rizado el pelo.	☐ Ha engordado un poquito.

3 **Sugerencia**
Mi amiga Emma ha crecido mucho. Antes era más bajita que yo y ahora es más alta. Se ha dejado el pelo largo y se ha puesto gafas. Ahora ya no juega con la consola y ha empezado a dar clases de guitarra.

4
Gregoria ha crecido mucho y ha cambiado de estilo. Lorenzo ha engordado un poco y se ha dejado el pelo largo.
Ifigenia se ha puesto gafas y se ha teñido el pelo de rubio.

5 **Sugerencia**
La escuela de mis padres era más pequeña que mi escuela. En su escuela había una biblioteca, un comedor, un gimnasio, un aula de música y otra de informática. En el patio había árboles y bancos para sentarse. Y también había fuentes para beber.

6 **A.**

Sugerencia
Presente: 2, 4
Pretérito indefinido: 3, 8
Pretérito imperfecto: 1, 6, 7
Pretérito perfecto: 5, 8, 6

7 Atapuerca (Burgos, España) es uno de los lugares arqueológicos más importantes del mundo. Hay fósiles y materiales de entre 800 000 y 120 000 años. Se han descubierto datos muy interesantes sobre nuestros antepasados: no **vivían** en las cuevas sino que las **utilizaban** para comer y para fabricar utensilios. **Se alimentaban** de vegetales, de frutos y de carne cruda, y **fabricaban** lanzas y herramientas de piedra. No **conocían** el fuego y **vivían** en grupos de 8 a 12 personas. Además, parece que no **eran** muy inteligentes: su capacidad craneal **era** de 1000 cm³ (la nuestra es de 1400 cm³, más o menos). ¡Y **eran** caníbales!

8

	LOS GOLFIANOS	LOS SINFÓNICOS	LOS PESTAZOS
Su comida era roja.	X		
Llevaban sombrero.		X	
No se lavaban.			X
Llevaban el pelo corto.		X	
No comían carne.	X		
Cultivaban su comida.	X		
Eran un pueblo muy violento.			X
Les gustaba la música.		X	
Vivían en Golfilópolis.		X	
Pescaban en el río.		X	

9

a. Estoy muy cansado porque he jugado tres horas al fútbol.
b. Los chicos están de vacaciones por eso no tienen que hacer deberes.
c. Ayer tuve un examen de Química y además tuve una presentación de Sociales.
d. Vamos a la fiesta, pero nos tenemos que ir pronto a casa.
e. Marisa juega al tenis y al baloncesto, en cambio a Alicia no le gusta el deporte.
f. Tenía diez años cuando me cambié de colegio.

10

a. **Cuando** no estábamos en el pueblo con los abuelos, estábamos en casa.
b. **Cuando** era pequeño, llevaba el pelo mucho más largo.
c. **Como** hemos ido a la playa estamos muy morenos. Estamos muy morenos **porque** hemos ido a la playa.
d. **Cuando** mis abuelos eran jóvenes, no había televisión.
e. **Como** los mayas eran buenos astrónomos, tenían un calendario muy exacto.
Los mayas tenían un calendario muy exacto **porque** eran buenos astrónomos.

11 **Sugerencia**

a. De vez en cuando llegaban los pestazos, entonces **había muchos problemas.**
b. En la nueva escuela no conocía a nadie, pero entonces **se acercaron dos chicas y me preguntaron cómo me llamaba.**
c. Me gustaba mucho el baloncesto, entonces **me apunté para jugar con el equipo del colegio.**
d. Mi padre fue a vivir a Madrid y entonces **conoció a mi madre.**
e. En los años 90 se popularizaron los teléfonos móviles y entonces **todo el mundo empezó a enviar mensajes para quedar.**

12 a. Cuando no **había** reproductores de MP3 la gente **usaba** walkman para escuchar música. Los primeros reproductores de MP3 **salieron** al mercado a finales de los noventa e inmediatamente **tuvieron** un gran éxito.
b. El año pasado **visité** México con mi familia. Allí **vi** muchas ruinas de la civilización maya, algunas tienen 4000 años de antigüedad. Actualmente todavía existen pueblos mayas, pero ahora son diferentes. Antes **utilizaban** granos de cacao o conchas como monedas y su sistema numérico **se basaba** en el 20.
c. Mi barrio **ha cambiado** mucho. Antes **había** muchas tiendas pequeñas y ahora hay un gran centro comercial. Además **había** dos plazas que ahora son aparcamientos. Este fin de semana **han celebrado / se ha celebrado** una fiesta con un concierto y muchas cosas para comer.

LEO, ESCRIBO Y ESCUCHO

1 **A.**
Historia del chocolate: 6, 3, 2 y 5.
El juego de la pelota: 1, 4 y 7.

B.

Historia del chocolate:

| 1. c. | 2. a. | 3. b. | 4. a. |

El juego de la pelota:

| 1. b. | 2. a. | 3. c. | 4. a. |

2 **Sugerencia**
Los bailongos vivían en los alrededores de Golfilópolis. Tenían las manos muy grandes y los pies muy pequeños. Los bailongos llevaban el pelo corto en invierno y largo en verano.

A los bailongos les gustaba comer de todo, menos naranjas porque eran alérgicos. Eran un pueblo pacífico y muy alegre. Todos los días, después de cada comida, bailaban. Por eso les gustaba mucho recibir la visita de los Sinfónicos.

3 **A.**

Érase una vez
un lobito **bueno**
al que maltrataban
todos los corderos.
Y había **también**
un príncipe **malo**
una **bruja** hermosa
y un **pirata** honrado.
Todas **estas** cosas
había **una** vez
cuando yo soñaba
un **mundo** al revés.

B.

Sugerencia
Érase una vez
un gigante viejo
al que visitaban
los vecinos feos.
Y había también
un zorro tonto
una oveja grande
y un mosquito gordo
y un pollito alto
y un camino corto.
Todas estas cosas
había una vez
cuando yo soñaba
un mundo al revés.

PRACTICO MI VOCABULARIO

1

2. comercio
Morfología: sustantivo masculino singular
Definición: compra, venta e intercambio de cosas
3. construir
Morfología: verbo infinitivo
Definición: hacer, con los elementos necesarios y siguiendo un plan, una máquina, una casa, etc.
4. crecer
Morfología: verbo infinitivo
Definición: aumentar de tamaño
5. descubrir
Morfología: verbo infinitivo
Definición: conocer algo que no se sabía
6. fabricar
Morfología: verbo infinitivo
Definición: producir mucha cantidad de algo
7. madera
Morfología: sustantivo femenino singular
Definición: parte dura de los árboles
8. maíz
Morfología: sustantivo masculino singular
Definición: planta que produce granos amarillos comestibles
9. moneda
Morfología: sustantivo femenino singular
Definición: objeto que se utiliza para pagar
10. pescar
Morfología: verbo infinitivo
Definición: sacar del agua peces

unidad 5
¡EN FORMA!

DESCUBRO, OBSERVO Y USO

1 **A.**

natación   béisbol   baloncesto   hockey

tenis   rugby   fútbol   voleibol

2 **Sugerencia**
1. Juego al fútbol muy bien.
   Corro muy bien.
2. Bailo bastante bien.
   Juego al baloncesto bastante bien.
3. No esquío muy bien.
   No sé patinar.

3

a	b	c	d	e	f
3	2	6	4	1	5

4

			B				P				C
	R	O	D	I	L	L	A				A
B	O	C	A				E				B
	R		Z								E
	E		O	N	A	R	I	Z			Z
	J										A
M	A	N	O								

5 **A.**

Sugerencia
Un deporte paralímpico es un deporte adaptado para personas con discacidad.

B.

NOMBRE	APELLIDO	EDAD	NACIONALIDAD
Luisa	Díaz	20	española
Carlos	Moura	28	argentina

DEPORTE	MEDALLAS	HORAS DE ENTRENA-MIENTO POR SEMANA	OTROS DEPORTES QUE PRACTICA
natación	medalla de plata en Sydney 2000	28	tenis y esgrima
fútbol	–	8	natación

6

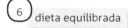 por la ventana

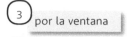 superar los nervios

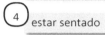 dieta equilibrada

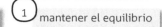 mantener el equilibrio

 cierta frecuencia

 productos lácteos

estar sentado

pantalla

7

a. Empieza el día temprano.
b. Aprende algo nuevo.
c. Valora las cosas que haces bien.
d. Busca tiempo para tu familia y amigos.
e. Planifica el día.
f. Haz algún tipo de relajación.
g. Come sano y variado.
h. Cree en ti.

Sugerencia
Escucha un poco de música todos los días.
Sonríe.
Haz reír a tres personas cada día.
Ordena tu mesa y tu habitación.

8 **A.**

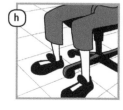

B.
Es recomendable dormir de lado.

12 **Sugerencia**
Todos los días me acuesto a la misma hora.
Siempre me levanto pronto y desayuno tranquilo.
A menudo voy al colegio en bicicleta.
A veces escucho música en mi habitación.
De vez en cuando voy a la piscina.

LEO, ESCRIBO Y ESCUCHO

1 **A.**
1. La salsa.
2. El merengue.
3. El flamenco
4. El tango.
5. El flamenco.
6. El flamenco.
7. El merengue.
8. El tango.

B.
¿Con qué tipo de música se relaciona a Juan Luis Guerra? Con el merengue.
¿Con qué tipo de música se relaciona a Celia Cruz? Con la salsa.
¿Con qué tipo de música se relaciona a Camarón? Con el flamenco.
¿Con qué tipo de música se relaciona a Carlos Gardel? Con el tango.

2 **Sugerencia**
La ranchera es un género musical nacido en México en el siglo XIX, pero se hizo popular en el siglo XX. Hoy es un símbolo de México.
Los cantantes de rancheras sostienen largamente una nota al final de una estrofa o línea.
Jorge Negrete y Lola Beltrán son dos de los nombres más representativos de este género.

El vallenato es un estilo musical originario de la costa caribeña de Colombia. Actualmente es muy popular en todo el país. Suele interpretarse con acordeones, guacharacas y cajas vallenatas.
Hay muchos intérpretes famosos de vallenato tradicional, pero quizá el más internacional es Carlos Vives, que canta una variante comocida como vallenato-pop o vallenato alternativo.

3

¿Qué deporte practican?	Natación.
¿Desde hace cuántos años entrenan para la competición?	3 años.
¿Cuántos días a la semana?	3 días a la semana.
¿Cuántas horas cada día?	3 horas.
¿Les gusta su entrenador?	Sí.
¿Cuáles son sus problemas?	1: La piscina está muy lejos de su casa. 2: Llega a casa a las 8 y es demasiado tarde para hacer los deberes.

CUERPO	SALUD
las piernas	me duele / me duelen
los brazos	romperse el brazo
los pies	la postura
la espalda	llevar una vida sana
los ojos	comer sano
el cuello	llevar una dieta equilibrada
las manos	
la cintura	
la rodilla	
la barriga	
el codo	
la oreja	
la cabeza	
la nariz	
la boca	
la cara	

PRACTICO MI VOCABULARIO

1 **Sugerencia**

DEPORTE	BAILE
hacer atletismo	la danza clásica
esquiar	el flamenco
baloncesto	la escuela de baile
jugar al golf	el bailarín
hacer judo	el *hip-hop*
jugar al fútbol	la danza contemporánea
practicar natación	la coreografía
jugar al béisbol	la salsa
jugar al hockey	la bailaora
jugar al tenis	el tango
jugar al balonmano	el merengue
jugar al rugby	
jugar al voleibol	
jugar al bádminton	
patinar	
entrenador	
hacer kárate	
gimnasia	
entrenar	
calentamiento	
entrenamiento	

YO Y MIS COSAS

1 **Sugerencia**
P: ¿Qué deporte o baile practicas o qué afición tienes?
R: Juego al voleibol con mis amigos.
P: ¿Tienes o has tenido algunos problemas físicos?
R: El año pasado me hice un esguince en un pie.
P: ¿Con qué frecuencia juegas?
R: Tres veces por semana.
P: ¿Cuántas horas entrenas por semana?
R: Unas cuatro horas.
P: ¿Dónde jugáis?
R: Los martes y los jueves jugamos en el parque y los sábados jugamos en la playa porque es más divertido.

APRENDO LENGUAS

1 **A.**

Sugerencia

Verbos regulares divididos en las tres conjugaciones			Verbos irregulares con diptongación
bailar	beber	abrir	dormir
diseñar	responder	consumir	empezar
escuchar	comer	combatir	pedir
crear	aprender	añadir	doler
presentar	depender	vivir	poder
hablar	correr	subir	pensar
comparar	deber	decidir	querer
patinar			cerrar
entrenar			empezar
llevar			recomendar
controlar			recordar
comentar			

Verbos irregulares de otro tipo	Verbos reflexivos	Verbos pronominales
hacer	moverse	doler
tener	relajarse	interesar
ir	cuidarse	encantar
ser	levantarse	
estar		
saber		
ver		
dar		
venir		
salir		
poner		

Unidad 6
¡HOY ES FIESTA!

DESCUBRO, OBSERVO Y USO

1 **Sugerencia**

EL FIN DE SEMANA PASADO	EL FIN DE SEMANA QUE VIENE
El sábado por la mañana fui a jugar un partido de baloncesto.	El fin de semana que viene voy a quedar con mis amigos para ir a patinar.
El sábado por la tarde me quedé en casa para estudiar.	El sábado por la mañana voy a ir de compras con mi madre.
El domingo por la mañana estuve en el parque con mi familia.	El sábado por la tarde voy a ir a casa de un compañero para hacer un trabajo de clase.
El domingo fui a comer a casa de mis abuelos.	El domingo voy a jugar al fútbol con mi hermano.
El domingo por la tarde fui al cine con unos amigos.	

2 **a.** A mí me **gustaría** ser profesor de español. Voy a estudiar español y también otras lenguas.
b. Mmmh... Cómo me **gusta** cenar pizza... ¡Está buenísima!
c. A Isaac le **gustaría** ir al fútbol con nosotros pero no puede. Tiene que ir con sus padres a una fiesta familiar.

d. ● ¿Os **gustaría** hacer un viaje a España a final de curso? Podemos visitar Madrid, Barcelona, Sevilla...
○ A mí me **gustaría** ir a Mallorca.
Los domingos me **gusta** levantarme muy tarde. Me quedo en la cama hasta las 11 h.

5 **a.** ● ¿No ha venido Ana?
○ No, **se** ha quedado en casa. Ya sabes: no **le** gusta mucho hacer deporte y siempre dice que no **le** apetece.
b. ● ¿Vienes o **te** quedas?
○ **Me** quedo aquí en la escuela un rato más. Quiero preguntar**le** una cosa al profe de Historia.
c. ● ¿**Te** apetece tomar un helado? En esa tienda hacen unos helados muy buenos.
○ No, ahora no **me** apetece mucho. Ya me he comido un bocadillo. Pero me parece que a mi hermana sí **le** apetece. ¡Laura! ¿Quieres un helado?
d. ● El sábado vamos a la playa. ¿**Os** apuntáis?
○ Yo no puedo, he quedado con mi prima.
■ Yo tampoco. ¡**Me** gustaría mucho ir pero **me** tengo que quedar en casa! Es el cumpleaños de mi padre.
e. A Ismael no **le** apetece mucho ir a patinar. Dice que **se** va a quedar a estudiar en la biblioteca.

6 **A.**

Sugerir un plan

● ¿Qué hacemos el domingo?
○ ¿Jugamos al fútbol?

Pedir permiso

● ¿Mamá, podemos ver la televisión?
○ No, tenéis que hacer los deberes.

Ofrecer algo para comer

- ¿No tienes ganas de merendar?
- ○ Sí, ¡tengo muchísima hambre!

Invitar

- ¿Por qué no venís a mi casa a jugar?
- ○ Yo no puedo, tengo que ir al dentista.

7
a. una bolsa / un plato de patatas fritas
b. un vaso / una botella de zumo de naranja
c. un plato de verdura
d. un bocadillo / un plato de jamón serrano
e. una botella / un vaso de agua sin gas
f. un bocadillo /plato de queso
g. una botella / un vaso de cola
h. una bolsa de palomitas
i. un paquete / una bolsa de chuches
j. un plato / un paquete de arroz
k. un paquete de galletas

8 El camarero le devuelve 64 euros.

9 Sugerencia
El pan, **ponlo** encima de la mesa.
El pollo, **ponlo** en la nevera.
Los quesos, **ponlos** en la nevera.
La sal, **ponla** en el armario.
El aceite, **ponlo** en el armario.
Las botellas de agua, **ponlas** en la nevera.
La botella de zumo, **ponla** en la mochila.

10 Sugerencia
- Hola. ¿Qué van a tomar?
- ❑ Yo, una bolsa de patatas chips.
- ■ Para mí, una tapa de tortilla de patatas.
- ¿Y para beber?
- ○ Yo, un agua.
- ■ Para mí, una limonada.
- ○ ¿Cuánto es todo?
- A ver... Una bolsa de patatas chips, una tapa de tortilla de patatas, un agua y una limonada. Pues son 8,50 euros.
- ■ Tome.
- ¡Gracias!

11 A.

LEO, ESCRIBO Y ESCUCHO

3
a. De terror.
b. En webentrada.com
c. Se puede vender, comprar o cambiar con otros chicos y chicas juegos y discos. También se puede jugar en línea con chicos de todo el mundo en el cibercafé.

PRACTICO MI VOCABULARIO

1

pasta	carne	leche	frutas
~~pollo~~	pescado	queso	verduras
patatas	huevos	~~chorizo~~	~~leche~~
pan	~~naranjas~~	yogures	legumbres
cereales	**pollo**	**batido**	**zumos**
arroz	**embutidos**	**mantequilla**	**hortalizas**

2 Sugerencia

quedarme en casa para...	ir a casa de amigos a...	ir el domingo a...
- leer - jugar con mi hermano/-a - escuchar música	- ver una película - merendar - tomar un helado	- comer una hamburguesa - dar un paseo por el parque - un museo

quedar con un/-a amigo/-a para...	jugar a...	hacer...
- ir al cine - ir de compras	- la consola - al fútbol - al baloncesto	- deporte - deberes - una fiesta

Transcripciones

Índice de pistas

LIBRO DEL ALUMNO

Unidad	Actividad	Pistas
Unidad 1	2. El blog de Lalatina	01
	3. Los vecinos del número 13	02
	Reglas, palabras y sonidos	03-05
	La revista	06
	Evaluación	07
Unidad 2	1. Biografías	08-09
	3. Momentos importantes	10
	Reglas, palabras y sonidos	11
	La revista	12
	Evaluación	13
Unidad 3	1. No encuentro mi anorak	14
	2. Debajo de la cama	15
	Reglas, palabras y sonidos	16-17
	La revista	18
	Evaluación	19
Unidad 4	1. Antes no había ordenadores	20
	Reglas, palabras y sonidos	21-22
	La revista	23
	Evaluación	24
Unidad 5	1. Yo hago natación	25
	4. Opiniones de un especialista	26
	Reglas, palabras y sonidos	27-28
	La revista	29
	Evaluación	30
Unidad 6	1. ¿Vienes?	31
	3. Vamos a tomar algo	32-36
	Reglas, palabras y sonidos	37-38
	La revista	39
	Evaluación	40-43

CUADERNO DE EJERCICIOS

Unidad	Sección	Actividad	Pistas
Unidad 1	Descubro, observo y uso	5	44
	Leo, escribo y escucho	3	45
Unidad 2	Leo, escribo y escucho	3	46
Unidad 3	Leo, escribo y escucho	3	47
Unidad 4	Leo, escribo y escucho	3	48
Unidad 5	Leo, escribo y escucho	3	49
Unidad 6	Leo, escribo y escucho	3	50-52

LIBRO DEL ALUMNO

unidad 1
¡ADIÓS AL VERANO!

2. El blog de Lalatina

Pista 01

● Hoy, en nuestro espacio *Mundo Joven*, vamos a entrevistar a Martín y Adriana, dos miembros del grupo de teatro Lalatina, que este verano han ganado el premio del Festival de Teatro Juvenil de Mérida. ¡Hola y bienvenidos al programa!
○ ¡Hola y gracias por la invitación!
● Chicos, enhorabuena por tener un grupo de teatro tan activo y con tanto éxito. Luego hablamos de él. Pero lo primero que nos apetece saber es quién está detrás de este proyecto tan interesante para tener nuestra ficha personal del programa. ¿Podéis presentaros?
■ Vale, yo me llamo Martín Salamanca. Tengo 15 años y vivo en Madrid, en el barrio de La Latina.
● Muy bien. Y, aparte del teatro, ¿cuáles son tus aficiones? ¿qué es lo que más te gusta?
■ Lo que más me gusta es... hacer deporte y leer.
● Ahá. ¿Qué clase de libros te gustan?
■ Pues sobre todo los de ciencia ficción.
● Ahá. ¿Y lo que menos te gusta?
■ Mmmh... Estudiar Matemáticas: ¡lo odio!
● Vaya, pues eso es mala suerte. ¿Qué estás haciendo actualmente?
■ Estoy preparando una obra con mi grupo de teatro. Estamos ensayando todos los días porque vamos a estrenar dentro de una semana.
● Ah, ¡estupendo! Entonces tenéis mucho trabajo estos días... Martín, para terminar, dinos: ¿cuáles son tus sueños?
■ Me gustaría viajar por todo el mundo.
● Gracias Martín. Y tú Adriana, ¿qué nos puedes decir? ¿Cuántos años tienes? ¿Dónde vives?
○ Pues me llamo Adriana Tello, tengo 14 años y vivo en Madrid, también en La Latina.
● Y Adriana, ¿qué es lo que más te gusta?
○ Lo que más me gusta es cantar, bailar con mis amigas e ir al cine, bueno y el teatro.
● ¿Y lo que menos te gusta?
○ Ordenar mi habitación.
● Mmmh... A mí tampoco me gusta mucho ordenar. ¿Cuáles son tus sueños?
○ Me gustaría ser actriz de musicales: actuar, cantar y bailar. ¡Este es mi sueño!
● Y contadme, ahora hablando de vuestro grupo de teatro, ¿cuáles son vuestros planes?

■ Queremos hacer un vídeo publicitario de nuestra próxima obra y subirlo a Youtube.
○ Sí y también vamos a actuar en escuelas de primaria. Tenemos muchas ganas de estar con los más pequeños.
● Y en estos momentos, ¿qué es lo que estáis haciendo?
○ Estamos preparando una obra musical.
■ Sí, es una adaptación de *Cats*. Creo que es muy divertida.
● Bueno, chicos, pues muchísimas gracias y os deseamos mucho, mucho éxito.
○ Gracias a vosotros.
■ ¡Gracias y hasta la próxima!

3. Los vecinos del número 13

Pista 02

¿Os acordáis de Kike y de sus amigos? Viven en la misma calle, van al mismo cole y forman un grupo musical. Tocan *hip-hop* y ensayan y se reúnen en el garaje de Kike. Hoy es 12 de septiembre. Se terminan las vacaciones de verano. Kike y sus compañeros se están preparando para empezar el curso el próximo lunes. Han tenido casi tres meses de vacaciones. Algunos han viajado y otros se han quedado en casa, pero todos lo han pasado muy bien.

● Bufff... El lunes, al instituto...
○ ¿No tienes ganas de empezar el curso?
● Yo no. No he terminado los deberes de verano.
■ Yo sí... y tengo ganas de ver a los compañeros de clase, ¿vosotros no?
❑ Yo no tengo ganas de ver a Rodríguez, el profe de mates.
♦ Me han dicho que hay profesores nuevos...
◇ Y tenemos una compañera nueva, ¡nuestra nueva vecina!
■ Sí... Vive en el número 13 y está en segundo.
○ Mirá, ahí está.
▲ ¿Habéis hablado con ella?
● Yo todavía no... Es un poco rara, ¿no?
♦ Chicos, ¿qué hacemos esta tarde? ¿Ensayamos?
■ Vale, ¿a las 5 en el garaje de mi casa?
△ ¡Qué bien, qué bien...! ¡El lunes voy al cole! ¡El lunes voy al cole!

Por la tarde.
● Mira, mira, los nuevos vecinos... ¡Están haciendo la mudanza!
■ ¿Cómo se llama, la nueva vecina?
▲ Artemis, el nombre también es un poco raro, ¿no?
♦ Artemis es el nombre de una diosa griega...
● ¿Ensayamos o qué?
♦ ¡Un momento! Han llegado los nuevos... ¡Estamos investigando! ¿Vamos más cerca?

◇ ¡Sois unos cotillas!

■ Mira, mira... son tres hermanos, y la madre, y el padre... ¡Y tienen cuatro gatos negros!

◇ Chicos, ¿qué es eso? ¡Un cadáver!

▲ ¡Qué tonto eres, Miguel!

◇ Pues yo creo que es algo raro...

▼ Hola, chicos, ¿habéis perdido algo?

■ No, no, gracias..., perdón..., bueno..., digo..., nada. Sí, estamos buscando unas llaves...

Al día siguiente.

▽ Hola, me llamo Artemis. Vivimos en la misma calle, ¿verdad?

◇ Bueno, sí, varios de la clase somos vecinos. Yo me llamo Miguel.

▽ ¿Por qué no venís a merendar a mi casa?

♦ Sí, claro, vamos. Yo voy a llamar a mis padres.

◇ No, por favor, ¡qué miedo! Nos van a envenenar...

▽ Papá, estos son mis compañeros de clase. ¿Mamá, podemos merendar? ¿Sabéis? Mi madre es escultora y mi padre violinista.

▼ Hola, ¿qué tal?

○ ¿Ves Miguel? Tienes demasiada imaginación...

LA MELODÍA DEL ESPAÑOL

Pista 03

1.
1. Iván es francés.
2. ¿Iván es francés?
3. Sales a las cinco.
4. ¿Sales a las cinco?
5. Mañana es lunes.
6. ¿Mañana es lunes?
7. Bilbao está en España.
8. ¿Bilbao está en España?
9. María es la hija de Antonio.
10. ¿María es la hija de Antonio?

Pista 04

2.
1. ¿Mañana es fiesta?
2. ¿Qué día es mañana?
3. Mañana es fiesta, ¿verdad?

Pista 05

3.
1. ¿Tienes hermanos?
2. ¿Cuándo empiezan las clases?
3. Alberto es muy guapo, ¿no crees?
4. ¿Vas a venir a la excursión?

Esta soy yo

Pista 06

Y esta soy yo. (4)

Dicen que soy
un libro sin argumento,
que no sé si vengo o voy,
que me pierdo entre mis sueños.

Dicen que soy una foto en blanco y negro,
que tengo que dormir más,
que me puede mi mal genio.

Dicen que soy
una chica normal
con pequeñas manías que hacen desesperar,
que no sé bien
dónde está el bien y el mal,
dónde está mi lugar.

(Estribillo)
Y esta soy yo,
asustada y decidida,
una especie en extinción
tan real como la vida.
Y esta soy yo.
Ahora llega mi momento.
No pienso renunciar.
No quiero perder el tiempo.
Y esta soy yo. (2)

Dicen que voy
como perro sin su dueño,
como barco sin un mar,
como alma sin su cuerpo.

Dicen que soy
un océano de hielo,
que tengo que reír más
y callar un poco menos.

Dicen que soy
una chica normal
con pequeñas manías que hacen desesperar,
que no sé bien
dónde está el bien y el mal,
dónde está mi lugar.

(Estribillo)

No soy lo que tú piensas.
No soy tu cenicienta.
No soy la última pieza de tu puzle sin armar.
No soy quien ideaste.
Quizá te equivocaste.
Quizá no es el momento.

(Estribillo)

No soy lo que tú piensas.
No soy tu cenicienta.
No soy la última pieza de tu puzle sin armar.
No soy quien ideaste.
Quizá te equivocaste.
Quizá no es el momento
de apuntar lo que hice mal.
Y esta soy yo.
Y esta soy yo...

Comprensión oral

Pista 07

- ● Hola Alicia, ¿qué tal el verano?
- ○ Muy bien, ha sido muy divertido. Y tú, ¿qué tal?
- ● Genial, he ido a la playa con mi familia. Bueno, no todo el verano, solo dos semanas. Y después al pueblo, con mis abuelos.
- ○ Pues yo he hecho un curso de inglés en Irlanda.
- ● ¡Qué suerte!
- ○ Sí, ha estado bien, pero no he aprendido mucho inglés.
- ● Ya, pero seguro que has conocido a mucha gente.
- ○ Sí, sí, pero muchos españoles e italianos y, claro, ¡hemos hablado todo el tiempo una mezcla de italiano y español!
- ● Y ahora, ¿vas a continuar con el inglés?
- ○ Sí, estoy haciendo un curso en una academia. Bueno, y escribiendo correos con los chicos que he conocido para practicar.
- ● Pues vas a sacar unas notas fenomenales este año. Yo estoy jugando ya al tenis, pero de inglés, nada.

unidad 2
¿QUIÉN Y CUÁNDO?

1. Biografías

Pista 08

1.
- ● ¿Tú le conoces?
- ○ No lo conozco personalmente. Pero mi tía Laura, sí.
- ● ¿Laura? ¡Ah! ¿Sí? ¿La que es cámara de televisión?
- ○ Sí. Pues Laura lo conoció en un programa cuando estuvo en Madrid. Fíjate: había viajado a propósito a Madrid desde los Estados Unidos y no protestó.
- ● ¿Y qué te contó sobre él?
- ○ Pues que es muy simpático, y también muy sensible y muy inteligente. Se hicieron muy amigos y la invitó a Venezuela para conocer a su orquesta.
- ● ¡Qué suerte!
- ○ Sí, a mí también me gustaría mucho conocerle...

Pista 09

2.
- ● ¿Cómo es en realidad?
- ○ Uy, es increíble: valiente, inteligente, muy generoso.
- ● ¿Lo conoces personalmente?
- ○ Sí, ¡es amigo mío! Estudiamos en el mismo instituto, pero entonces solo fuimos compañeros. Luego, supe de su vida y de sus viajes por la televisión.

- ● Entonces, ¿cuándo os hicisteis amigos?
- ○ Cuando escribió su primer libro. Fui a la presentación y lo saludé. Me reconoció, y charlando de viajes, vimos que a los dos nos apasiona la aventura. Nos dimos las direcciones y ahora, cuando no está viajando, me llama y nos vemos, hablamos de los viajes que hemos hecho...

3. Momentos importantes

Pista 10

- ● ¡Qué montón de fotos!
- ○ Sí, pero las tengo todas desordenadas.
- ● A ver, a ver... ¡Dale! Quiero ver algunas.
- ○ Bueno.
- ● ¿Y esta? A ver... ¡Qué monas!
- ○ Aquí me dieron un premio por las buenas notas.
- ● ¡Qué uniforme más feo!, ¿no?
- ○ Sí, gris y con calcetines marrones.
- ● ¡Qué horror!
- ○ Mira, aquí estoy yo a los dos años.
- ● ¡Qué rica!
- ○ Sí, fuimos al cumpleaños de mi abuela y yo le cogí el bolso.
- ● Estás monísima. ¿Y esta?
- ○ Es en Inglaterra.
- ● ¿Dónde?
- ○ Cerca de Birmingham. Estuve viviendo y trabajando un año en un colegio, un internado muy tradicional, todo de chicas. Pero lo pasé muy bien. Fue muy interesante para mí.
- ● Ajá.
- ○ Esta es del día de mi boda.
- ● ¿Tu boda? ¿No te casaste de blanco?
- ○ No, ¡qué va! No quise. Me casé de amarillo. Y eso que dicen que trae mala suerte... ¡Ah! Esta es la foto de cuando hice la primera comunión.
- ● ¡Qué pequeñita!
- ○ Sí, a los cinco años. Es que la hice con mi hermana... Esta es de cuando dimos la vuelta al mundo.
- ● ¡La vuelta al mundo! ¿Y cuánto tiempo estuvieron?
- ○ Seis meses ¡y con mochilas! Hicimos mucho deporte de aventura. Bueno, mira, aquí, por ejemplo, estamos haciendo un curso de submarinismo en el mar Rojo.
- ● ¡Qué maravilla! ¿Sabes que es el sueño de mi vida hacer submarinismo?
- ○ ¡Ah! ¿Sí?
- ● Ajá.
- ○ Y esta fue hace unos tres años, cuando mis hijas empezaron también a bailar flamenco.
- ● ¡Qué bonita!, ¿no? ¿Y esta?
- (risas)

CUANDO SE JUNTAN LAS VOCALES

Pista 11

a. ¿Qué es eso?
b. Tengo otro boli.
c. Ha ido Óscar.
d. Esta es mi hija.
e. Va a la habitación.
f. ¿Me haces un bocata de atún?

La historia de Juan

Pista 12

Esta es la historia de Juan,
el niño que nadie amó,
que por las calles creció
buscando el amor bajo el sol.
Su madre lo abandonó.
Su padre lo maltrató.
Su casa fue un callejón.
Su cama, un cartón.
Su amigo, Dios.
Juan preguntó por amor
y el mundo se lo negó.
Juan preguntó por honor
y el mundo le dio deshonor.
Juan preguntó por perdón
y el mundo lo lastimó.
Juan preguntó y preguntó
y el mundo jamás lo escuchó.

(Estribillo)
Él solo quiso jugar.
Él solo quiso soñar.
Él solo quiso amar,
pero el mundo lo olvidó.
Él solo quiso volar.
Él solo quiso cantar.
Él solo quiso amar,
pero el mundo lo olvidó.
Tan fuerte fue su dolor, que un día se lo llevó.
Tan fuerte fue su dolor, que su corazón se apagó.
Tan fuerte fue su temor, que un día solo lloró.
Tan fuerte fue su temor, que un día su luz se apagó.
(Estribillo)

Comprensión oral

Pista 13

Buenos días, chicos y chicas. Bienvenidos, un día más, a nuestro espacio de biografías de personajes importantes.
Hoy vamos a hablar de Santiago Ramón y Cajal. ¿Qué hizo? ¿Por qué pensamos que es importante? Santiago Ramón y Cajal no fue ningún artista, ningún actor, ningún escritor. Fue un médico que dedicó su vida a la investigación. Es decir, fue un científico.
Santiago Ramón y Cajal nació en España en el año 1852. Se doctoró en Medicina y desde muy joven empezó a investigar el origen de muchas de las enfermedades nerviosas y sus trabajos alcanzaron mucha fama entre los científicos de todo el mundo.

Tuvo muchos premios internacionales y, en 1902, recibió uno de los más importantes del mundo: el premio Nobel de Medicina por sus descubrimientos sobre la estructura del sistema nervioso y las neuronas.
Santiago Ramón y Cajal siempre vivió en España donde dirigió distintos organismos de estudios e investigaciones científicas. Murió en Madrid, la capital de España, el año 1934.

Y esta ha sido la biografía de hoy. Santiago Ramón y Cajal: un científico que es todo un modelo de trabajo y esfuerzo intelectual.

unidad 3
AQUÍ VIVO YO

1. No encuentro mi anorak

Pista 14

● Mamá, no encuentro mis botas negras, ni mi anorak…
○ ¿El anorak amarillo…? Lo he visto en la habitación de Nerea, encima de la cama. Y tus botas, las he puesto delante del armario, creo.
■ Y mi mochila verde, ¿dónde está?
○ La has dejado en la cocina. ¿No te acuerdas?
■ ¿Y la gorra? ¿La naranja?
● ¿Tu gorra naranja? En el baño, en la estantería. Mamá… ¿Y mi mochila negra y roja?
○ En el salón, ¿no la ves? Encima del sofá, junto a la lámpara. ¡Uf! ¡Qué desorden!

2. Debajo de la cama

Pista 15

● Esta tarde tengo partido y no encuentro nada. ¿Dónde están mis zapatillas? Las necesito y aquí no las veo….
○ Mira, las has dejado debajo de la cama.
● ¡Ah! ¡Sí! ¿Y mi raqueta de tenis?
○ Mamá la ha puesto encima de tu armario.
● Gracias, Manu.
○ Yo tampoco encuentro nada… Mis cómics, ¿dónde están?
● Los he guardado dentro de esa caja grande. Mira, ahí, detrás de la puerta.
○ A ver…. Pues sí. ¿Y mi monopatín?
● Aquí, en la estantería.
○ ¿Quién lo ha dejado ahí? ¡Vaya una idea!

¿RÍO O RIO? DIPTONGOS

1.

Pista 16

a. quiero
b. nuevo
c. estudian
d. cuaderno
e. bien
f. ciencia
g. reina

3.

Pista 17

a. frio   frío
b. rio   río
c. crio   crío
d. lio   lío

Te llevo

Pista 18

Oye, ¿te vienes a dar una vuelta? No, no vamos a ningún sitio, solamente... por paseo.
Quiero enseñarte cómo es mi barrio. Aquí he crecido, aquí me quedo.

Suelo andar poniendo un pie delante del otro, mantener conversaciones mirando a los ojos.
Los que me comen la oreja me ponen nervioso y prefiero un buen disco de *soul* a un peluco de oro.

Aun me fascina que me hagan los coros y me da miedo pensar que algún día pueda acabarse todo.

El éxito es caprichoso y el curro a veces es suficiente, pero otras, solo es polvo.

Mira por la ventanilla: hay quienes solo ven rutina, yo en cambio veo poesía, en la lucha del día a día, en las relaciones de la gente, en las marquesinas del bus vacías.

Corazones rayados en un banco de un parque hablan de instantes que alguien quiso atrapar en balde.
Fotografías fugaces que describen intenciones loables en lugar de realidades.

Cuando paseo encuentro baches, semáforos y peatones que cruzan por cualquier parte, porque queremos ordenar lo que no es ordenable.
La vida no es un río, ella no entiende de cauces.

La luz verde me dice que pase.
El hombre ese que hace eses me recuerda a movidas en bares.

El alcohol les hace creerse inmortales, la curva del ática ha hecho llorar a tantas madres.

¿Has visto? El chino de ahí está abierto. Dejo el coche en segunda fila, me pillo un batido y vuelvo.
¿Tú quieres algo? Te advierto que aun nos queda un buen rato de conversación y paseo, hey.

(Estribillo)
Sube a mi buga te llevo, vamos sin prisa, por el simple placer del paseo. Mi barrio ha sido mi escuela, mi clase y mi recreo. Aquí crecí y aquí me quedo.
(bis)

Ahí jugaba al *basket*, ahí al fútbol.
Ahí me metía mano con las chicas cuando se hacía oscuro.
Ahí aprendí que siempre hay alguien más chungo.
Ahí me pillaron pintando y corrí como un capullo.

Cada momento lo viví intensamente, todo es importante si sabes sacarle el jugo.

Por eso cojo el coche, vengo y disfruto de los recuerdos, de los hechos que me hicieron adulto.

Veo a los chavales sintiendo que el mundo es suyo, sintiéndose astutos mientras descubren los mismos trucos.

La vida es un *loop*, todo se repite.
La vida es un *loop*, por eso mi rap la describe.

¿Ves ese poli? Era camello.
Esa chica tuvo un hijo a los trece con un compañero. Sus padres les casaron, con la mejor intención desde luego, pero les destrozaron.

Historias de barrio. ¿Quién no conoce a alguien que apuntaba alto, pero que se quedó en el fracaso?

La lotería no toca aquí abajo y llaman suerte a un trabajo al que odiar cuarenta largos años.

Ese edificio no existía.
Esa tía es más joven que yo, aunque parezca mentira.
Baja la ventanilla, eso de ahí es la vida.
¿Cómo iba a quedarme sin material para rimas, no?

Hey, despacio, este es mi barrio.
Monos manchados y abuelas empujando carros.

(Estribillo)

Comprensión oral

Pista 19

Dibuja una mesa en el centro de la hoja de papel.
A la izquierda de la mesa, hay una silla y una ventana.
Al lado de la ventana, una puerta.
Encima de la mesa hay una lámpara y tres libros.
Debajo de la mesa, una raqueta y una pelota.
Encima de la silla hay un gato.
Debajo de la silla, una gorra.
A la izquierda de la ventana hay una estantería.
En la estantería hay libros, dos cajas y un balón de baloncesto.

unidad 4
OTROS TIEMPOS

1. Antes no había ordenadores

Pista 20

- Abuelo, es verdad que cuando tú eras joven no había ordenadores?
- Pues es verdad, claro, no había.
- ¿Y cómo escribíais los *e-mails* o cómo buscabais información?
- No escribíamos *e-mails*, escribíamos cartas, a mano o a máquina. Y la información, la buscábamos en las enciclopedias.
- ¿Enciclopedias?
- Sí, unos libros en los que están todos los datos.
- ¡Anda! No lo sabía. ¿Y es verdad que no había videojuegos? ¿A qué jugabais?
- No, no había videojuegos, ni tabletas ni nada de eso. Jugábamos en la calle: a indios, a canicas… a muchas cosas. En casa también jugábamos: yo tenía un mecano.
- ¿Un mecano?
- Sí, un juego con muchas piezas para construir máquinas. Yo me las inventaba. Y también tenía un tren de juguete, coches pequeños…
- Y ¿a dónde ibas de vacaciones?
- Íbamos unos días al pueblo de mis abuelos, a visitarlos y a estar con ellos. Ayudábamos en los trabajos del campo, estábamos todo el día fuera de la casa, hasta la noche. Íbamos al río a pescar y a bañarnos. Me acuerdo de que eran días muy divertidos y especiales. Cuando no estábamos en el pueblo con los abuelos, estábamos en casa.
- Y ¿no ibais nunca a la playa o a la montaña?
- Sí, alguna vez íbamos a pasar el día a la playa o al campo. Salíamos juntos mis padres, mis hermanos y yo. Hacíamos picnics. También era muy divertido.
- Y ¿no hacíais viajes a países extranjeros?
- No, no. Solo viajábamos por España. En aquellos tiempos, casi nadie viajaba en avión. Eso era cosa de unos pocos.

ENTRE VOCALES

Pista 21

1.
a. bar   haber
b. dos   todo
c. gas   hago

Pista 22

2.
bebo
dedo
gallego

El lobito bueno

Pista 23

Érase una vez
un lobito bueno
al que maltrataban
todos los corderos.
(bis)

Y había también
un príncipe malo,
una bruja hermosa
y un pirata honrado.
(bis)

Todas estas cosas
había una vez,
cuando yo soñaba
un mundo al revés.
(bis)

Comprensión oral

Pista 24

- Abuela, tú, cuando tenías 15 años, ¿conocías a muchos chicos?
- Pues no, Elia, a tu edad yo no conocía muchos chicos. En casa éramos tres hermanas, todas chicas, ningún chico. Además yo iba a un colegio solo de chicas, o sea, que de chicos, nada. Tenía dos primos de mi edad, pero vivían lejos y los veía poco.
- ¿Un colegio solo de chicas?
- Sí, hace muchos, muchos años, en España, en mi época de estudiante, los colegios eran solo de chicos o solo de chicas. Por suerte, ahora en España los colegios son mixtos y los chicos y las chicas están juntos.
- ¿Y no te aburrías?
- No, no. Yo no me aburría. Con mis amigas hacía muchas cosas: jugábamos en un equipo de baloncesto, hacíamos teatro, excursiones, íbamos al cine… Lo pasaba muy bien. No tengo malos recuerdos. Y eso que mis padres no eran como los tuyos. A mí me dejaban muy poca libertad.
- ¿Poca libertad?
- Sí, era lo normal en la educación de las niñas. Y yo era niña. Otro día te lo cuento…

unidad 5
¡EN FORMA!

1. Yo hago natación

Pista 25

- ¿Por qué no hacemos algo diferente el sábado? ¿Qué os parece ir a patinar sobre hielo? ¿A ti, Naroa?

○ Sí, sí, ¡qué buena idea! Yo patino muy bien y sé que han abierto un nuevo sitio cerca del estadio de fútbol.

● Genial, Javi, ¿qué dices?

■ Pues, hombre, yo también patino, pero la verdad es que no muy bien, pero bueno, si todos queréis ir... ¿Tú quieres venir, Claudia?

❑ Yo no sé patinar, pero me gustaría aprender. ¿Es muy difícil?

○ No, es muy fácil.

❑ Vale, yo voy. Y tú Rubén, ¿sabes patinar?

● Yo patino bastante bien.

■ A mí me gustaría ir, pero es que el sábado no puedo. Nos vamos a visitar a los abuelos porque es el cumpleaños de la abuela. ¿Qué tal otro día?

4. Opiniones de un especialista

Pista 26

Vamos a hacer un ejercicio con la mente para aprender a concentrarnos mejor. Esto es muy importante para estudiar y sacar buenas notas. Bueno, y para perder los nervios en los exámenes.

Cierra los ojos y respira tres veces muy profundamente. Venga, conmigo: inspira, espira, inspira, espira, inspira, espira.

Ahora vamos a hacer un pequeño viaje con nuestras mentes. Continúa con los ojos cerrados. Vas a subir a un helicóptero porque vas a ir por toda la ciudad: la plaza, las tiendas... Mira, ya llegamos a tu barrio y ahí está tu casa. Poco a poco, nos acercamos a tu habitación. ¡Ah!, ahí estás tú. ¿Qué haces? ¿Estás tumbado en la cama o estás sentado porque tienes deberes? ¡Ay! Te duele la espalda, ¿verdad? Pues siéntate mejor, más recto. ¿Ahora sí? Realiza unos ejercicios con tu cabeza. ¡Venga! Hacia la izquierda, hacia la derecha. Sí, mucho mejor. ¿Estás cansado? ¿Puedes abrir la ventana? Seguro que necesitas un poco de aire fresco. ¿Estás mejor? Vale, pues ya puedes abrir los ojos.

LAS VOCALES

Pista 27

1.

1. mano	7. equilibrio
2. cabeza	8. mover
3. ojo	9. bailar
4. espalda	10. esquiar
5. tumbado	11. productos lácteos
6. relajación	12. verduras

Pista 28

3.

a. auténtico,	e. superlativo
b. educación	f. murciélago
c. entusiasmo	g. Eustaquio
d. simultáneo	h. Eulogia

Sal a la calle

Pista 29

¿Estás cansado o triste?
¿No sabes qué hacer?
¿Harto de estar tumbado
con la tele o en internet?

(Estribillo)
Sal a la calle,
salta, corre, respira...
¡Mira, mira, mira,
que es muy bonita la vida!

¿Te duele el corazón;
estás sin energía?
¿Aburrido, deprimido,
y harto de la vida?

(Estribillo)
¿Nervioso o agotado,
triste o malhumorado?
¡Llevas mil horas sentado
con un ratón en la mano!
(Estribillo)

Comprensión oral

Pista 30

● Oscar, ¡tienes que abrir la ventana!

○ Ya, pero es que tengo frío.

● Sí, pero llevas mucho tiempo dentro y ya no hay oxígeno. Te va a doler la cabeza.

○ Vale.

● ¿Y por qué no vienes a dar un paseo conmigo?

○ Pues porque tengo que estudiar.

● Ya, pero tienes que moverte, así todo el día sentado, después te va a doler la espalda.

○ Mamá, ahora no tengo tiempo ni ganas de ir a dar un paseo.

● Bueno, pues por lo menos da una vuelta por casa, hijo, pero tienes que levantarte. ¿Estás bebiendo agua?

○ Sí, he bebido una botella entera.

● Muy bien, así me gusta. Ya sabes que beber es muy bueno para la salud.

unidad 6
¡HOY ES FIESTA!

1. ¿Vienes?

Pista 31

● ¿Qué vas a hacer esta tarde? Podemos ir de compras. Necesitas unas zapatillas de deporte, ¿no? Y luego pasamos por casa de la abuela Carmen.

○ Ay, no sé. No tengo ganas de ir de compras. Y en casa de la abuela es un rollo. No, no. Además, tengo muchos deberes de Matemáticas.

● Entonces, ¿te quedas en casa? ¿Por qué no invitas a alguien? A Elsa o a Víctor...

○ No, no tengo ganas. Bueno, es que... ¿sabes? Me

ha dicho un amigo del cole que puedo ir a su casa.
● ¿Lo conozco?
○ No sé, creo que no. Es muy bueno en Matemáticas y así me ayuda con los deberes.
● ¿Y dónde vive?
○ No muy lejos, aquí en el barrio.
● ¿Cómo se llama?
○ Iker. Es muy majo. ¿Puedo ir? Por favor, por favor...
● ¿Y no puede venir él aquí?
○ No, no puede, tiene que quedarse con su hermano pequeño.
● Vale, pero yo te puedo acompañar.
○ Papá, por favor, ¡que tengo 13 años!
● Sí, ¿y qué? Yo te llevo y así lo conozco.
○ Bufffffff...

3. Vamos a tomar algo

1.
Pista 32
● Tengo hambre.
○ Yo también. ¿Te apetece tomar algo?
● Pues sí, ¿entramos aquí?
○ Vale.

2.
Pista 33
● Perdone, ¿dónde están los servicios?
■ Al fondo, a la izquierda.
● Gracias.

3.
Pista 34
■ Hola, ¿qué os pongo?
● Para mí, dos croquetas y una tapa de tortilla.
○ Y para mí... A ver.. Una tapa de calamares y una tapa de tortilla también.
■ ¿Y para beber?
● Yo, un agua.
○ Yo, un zumo de naranja.
■ ¿El agua la quiere con gas o sin?
● Sin gas, por favor.
○ Y pónganos también una bolsa de patatas.

4.
Pista 35
● Perdone, ¿cuánto es?
■ A ver... Dos croquetas, dos tapas de tortilla, una tapa de calamares.... Y para beber, un zumo y un agua... Y una bolsa de patatas. Pues son...

C.
Pista 36
● Perdone, ¿cuánto es?
■ Sí, ahora mismo. A ver... Dos croquetas, dos tapas de tortilla, una tapa de calamares.... Y para beber, un zumo y un agua... Y una bolsa de patatas. Pues son 18,50.
● Aquí tiene.
■ ¡Gracias!

¿Y SI NO SÉ CÓMO SE PRONUNCIA?

1.
Pista 37   a. café   b. mamá   c. árbol   d. química

2.
Pista 38   a. tapiz   d. Salamanca   g. cereal
b. altitud   e. montes   h. guante
c. castigar   f. seguir

Fin de semana

Oye, chico, ¿qué te pasa?
Pista 39

(Estribillo)
¿Qué haces? ¿Dónde estás?
¡Cómo que en casa
te vas a quedar!
¿Te vienes con nosotros?

Vamos a divertirnos.
El fin de semana
acaba de empezar.
¿Te vienes con nosotros?
Vamos a la ciudad.
Oye, chica, ¿qué te pasa?
(Estribillo)

Vamos a reír y a bailar.
Para pasarlo bien
y el domingo disfrutar
no hace falta mucho:
¡con los amigos estar!

Comprensión oral

1.
Pista 40
● Tengo hambre.
○ Yo, también.
● ¿Entramos aquí?
○ Vale, vamos.

2.
Pista 41
● Hola, ¿qué os pongo?
○ Yo, un bocadillo de queso.
■ ¿Tienen bocadillos calientes?
● Sí.
■ Pues para mí, uno de jamón y queso.
● Un mixto. ¿Y para beber?
○ Un agua sin gas.
■ Yo, una naranjada.

3.
Pista 42
○ ¿Cuánto es?
● A ver... un bocadillo de queso y un mixto.
○ Sí, y un agua y una naranjada.
● Ajá, 11 euros.
○ Tome.
● Gracias.
○ Adiós.
● Adiós.

4.
Pista 43
○ Por favor, ¿dónde están los servicios?
● Al fondo, a la izquierda.
○ Gracias.

CUADERNO DE EJERCICIOS

unidad 1

DESCUBRO, OBSERVO Y USO

5

Pista 44

● Gracias Martín. Y tú Adriana, ¿qué nos puedes decir? ¿Cuántos años tienes? ¿Dónde vives?
○ Pues me llamo Adriana Tello, tengo 14 años y vivo en Madrid, también en La Latina.
● Y Adriana, ¿qué es lo que más te gusta?
○ Lo que más me gusta es cantar, bailar con mis amigas e ir al cine, bueno y el teatro.
● ¿Y lo que menos te gusta?
○ Ordenar mi habitación.
● Mmmh... A mí tampoco me gusta mucho ordenar. ¿Cuáles son tus sueños?
○ Me gustaría ser actriz de musicales: actuar, cantar y bailar. ¡Este es mi sueño!

LEO, ESCRIBO Y ESCUCHO

3

Pista 45

● Hoy, en nuestro espacio *Mundo Joven*, vamos a entrevistar a Martín y Adriana, dos miembros del grupo de teatro Lalatina, que este verano han ganado el premio del Festival de Teatro Juvenil de Mérida. ¡Hola y bienvenidos al programa!
○ ¡Hola y gracias por la invitación!
● Chicos, enhorabuena por tener un grupo de teatro tan activo y con tanto éxito. Luego hablamos de él. Pero lo primero que nos apetece saber es quién está detrás de este proyecto tan interesante para tener nuestra ficha personal del programa. ¿Podéis presentaros?
■ Vale, yo me llamo Martín Salamanca. Tengo 15 años y vivo en Madrid, en el barrio de La Latina.
● Muy bien. Y, aparte del teatro, ¿cuáles son tus aficiones? ¿qué es lo que más te gusta?
■ Lo que más me gusta es... hacer deporte y leer.
● Ahá. ¿Qué clase de libros te gustan?
■ Pues sobre todo los de ciencia ficción.
● Ahá. ¿Y lo que menos te gusta?
■ Mmmh... Estudiar Matemáticas: ¡lo odio!
● Vaya, pues eso es mala suerte. ¿Qué estás haciendo actualmente?
■ Estoy preparando una obra con mi grupo de teatro. Estamos ensayando todos los días porque vamos a estrenar dentro de una semana.
● Ah, ¡estupendo! Entonces tenéis mucho trabajo estos días... Martín, para terminar, dinos: ¿cuáles son tus sueños?

■ Me gustaría viajar por todo el mundo.
● Gracias Martín. Y tú Adriana, ¿qué nos puedes decir? ¿Cuántos años tienes? ¿Dónde vives?
○ Pues me llamo Adriana Tello, tengo 14 años y vivo en Madrid, también en La Latina.
● Y Adriana, ¿qué es lo que más te gusta?
○ Lo que más me gusta es cantar, bailar con mis amigas e ir al cine, bueno y el teatro.
● ¿Y lo que menos te gusta?
○ Ordenar mi habitación.
● Mmmh... A mí tampoco me gusta mucho ordenar. ¿Cuáles son tus sueños?
○ Me gustaría ser actriz de musicales: actuar, cantar y bailar. ¡Este es mi sueño!
● Y contadme, ahora hablando de vuestro grupo de teatro, ¿cuáles son vuestros planes?
■ Queremos hacer un vídeo publicitario de nuestra próxima obra y subirlo a Youtube.
○ Sí y también vamos a actuar en escuelas de primaria. Tenemos muchas ganas de estar con los más pequeños.
● Y en estos momentos, ¿qué es lo que estáis haciendo?
○ Estamos preparando una obra musical.
■ Sí, es una adaptación de *Cats*. Creo que es muy divertida.
● Bueno, chicos, pues muchísimas gracias y os deseamos mucho, mucho éxito.
○ Gracias a vosotros.
■ ¡Gracias y hasta la próxima!

unidad 2

LEO, ESCRIBO Y ESCUCHO

3

Pista 46

● ¡Hola Leila! ¡Bienvenida a nuestro programa!
○ Gracias, encantada de estar con vosotros.
● Has estado cinco años investigando para poder escribir la biografía del Che. ¿Qué datos de su vida te sorprendieron más? Cuéntanos cosas de su vida.
○ Bueno, algo que no todo el mundo sabe es que Ernesto estudió Medicina.
● Dices Ernesto, nosotros le conocemos como el Che. ¿Cómo se llamaba realmente?
○ Se llamaba Ernesto Guevara.
● Y no era cubano, como algunos piensan, ¿verdad?
○ No, nació en Rosario, Argentina.
● Y dices que estudió Medicina. ¿Y terminó los estudios? ¿Era médico?
○ Sí, sí, y poco después viajó por Latinoamérica en motocicleta con un amigo suyo, Alberto Granados. Ahora hay una película sobre ese viaje.
● ¿Vivió siempre en Argentina y Cuba?

○ No, no. Vivió también en Bolivia y Guatemala.

● ¿Se casó alguna vez?

○ Bueno sí. Primero se casó con Hilda Gadea con la que tuvo una hija, Hildita. Después se casó con Aledia March, con la que tuvo cuatro hijos más: dos chicos y dos chicas. Con su segunda esposa visitó muchos países: Egipto, India, Japón, Indonesia, Paquistán, Yugoslavia. De una relación fuera de su matrimonio con una joven cubana tuvo otro hijo: Omar. O sea, que en total se le conocen seis hijos.

● Aunque era médico, se puede decir que el Che fue ante todo un revolucionario, ¿no?

○ ¡Sí! No sólo participó en la revolución cubana, también luchó en el Congo y en Bolivia, donde le asesinaron. Ernesto *Che* Guevara fue un personaje excepcional. Además, era una persona muy carismática, brillante... Tenía algo muy especial. Por eso se convirtió en uno de los mitos más internacionales: el héroe, el símbolo de la lucha de los pueblos oprimidos.

● Sí, un personaje fascinante. ¡Qué vida tan interesante! Gracias, Leila. Y ahora vamos a hablar un poco más de tu libro...

unidad 3

LEO, ESCRIBO Y ESCUCHO

3

Pista 47

● ¡Buenos días a todos! Bienvenidos al programa-concurso *¿Dónde está Lucas?* Ya sabéis que el premio es un viaje al lugar en el que me encuentro. Solo hace falta adivinarlo y llamar a nuestra emisora, al número 6 7 9 54 54, repito 6 7 9 54 54. Hoy, queridos amigos, me encuentro en una plaza muy famosa en todo el mundo hispánico. Ya tenemos una llamada. ¿Sí? ¿Quién habla? ¿Desde dónde llamas?

○ Matilde, desde Palma de Mallorca. ¿Puedo hacer una pregunta?

● Sí, Matilde. Ya sabes que puedes hacerme hasta tres preguntas antes de decir el lugar.

○ Esta plaza, ¿está en algún país de América?

● Sí. Está en un país de América. En una isla, para más detalles.

○ ¿Hay una fuente en el centro de la plaza?

● No, no hay ninguna fuente.

○ Creo que lo sé. A ver... ¿hay una iglesia muy grande y muy blanca?

● ¡Síííí!

○ ¿Estás en la plaza de...?

unidad 4

LEO, ESCRIBO Y ESCUCHO

3

Pista 48

Érase una vez
un lobito bueno
al que maltrataban
todos los corderos.
(bis)

Y había también
un príncipe malo,
una bruja hermosa
y un pirata honrado.
(bis)

Todas estas cosas
había una vez,
cuando yo soñaba
un mundo al revés.
(bis)

unidad 5

LEO, ESCRIBO Y ESCUCHO

3

Pista 49

● ¿Vas para casa?

○ Sí.

● Buff, hoy ha sido muy duro el entrenamiento...

○ Sí, ¡ya lo creo! Es que tres horas es demasiado largo. A mí me gustaba más el año pasado cuando teníamos solo dos.

● Sí, yo llego a casa a las ocho y es demasiado tarde para empezar a hacer los deberes.

○ Y tres veces por semana... Yo creo que al año que viene me voy a cambiar a taekuondo, que es solamente dos veces por semana.

● ¡Venga, hombre, con lo bueno que eres!

○ Además, es que la piscina está muy lejos de mi casa y tengo que cambiar dos veces de autobús.

● Pero dicen que la escuela va a poner un minibús para llevarnos directamente.

○ Oye, ¿y tú cuántos años llevas con la natación?

● Pues empecé a nadar muy prontito en la piscina los veranos, pero así en el equipo de competición tres años.

○ Ah, igual que yo. Empecé en mi antiguo colegio y me puse muy contento cuando descubrí que este colegio también tenía un equipo de competición.

● ¿Y qué te parece nuestro entrenador?

○ Pues a mí me gusta mucho. Es verdad que es muy estricto, pero también es comprensivo y nota los días que no estás bien.

● Sí, a mí me encanta. El problema con la natación para mí son los deberes. Y es que yo no entiendo por qué nos dan tantos, de verdad, después de tantas horas de clase...

○ Tienes razón. ¡Es una pasada!

unidad 6

LEO, ESCRIBO Y ESCUCHO

3

 1.

Pista 50 Unos chicos de excursión, una misteriosa casa. Drácula. Si no quieres dormir hoy, ven al cine Principal: *13 fantasmas*.

 2.

Pista 51 La Oreja de Van Gogh en concierto llega a nuestra ciudad. Tu grupo preferido en el palacio de congresos. Reserva tu entrada en webentrada.com. También puedes comprar entradas en las taquillas del palacio.

 3.

Pista 52 ¿Tu habitación está llena de cosas que no usas? Seguro que tienes videojuegos usados que ya no te gustan o música que no escuchas. Pues en Truequecedé puedes vender, comprar o cambiar con otros chicos y chicas miles de juegos y de discos. ¡Ah! Y ahora también nuestro cibercafé, para jugar en línea con chicos de todo el mundo.

Notas